投资理财：通俗经济学系列

# 洞察中国经济的130个关键词

》》我要学会理财·告别投资小白《《

索晓辉　主编

中山大学出版社
SUN YAT-SEN UNIVERSITY PRESS
·广州·

## 版权所有　翻印必究

### 图书在版编目（CIP）数据

洞察中国经济的130个关键词/索晓辉主编．—广州：中山大学出版社，2018.2

（投资理财：通俗经济学系列）

ISBN 978 - 7 - 306 - 05430 - 2

Ⅰ．①洞… Ⅱ．①索… Ⅲ．①中国经济—研究 Ⅳ．①F12

中国版本图书馆CIP数据核字（2015）第207793号

DONGCHA ZHONGGUO JINGJI DE 130 GE GUANJIANCI

出 版 人：徐　劲
策划编辑：曾育林
责任编辑：曾育林
封面设计：曾　斌
责任校对：廉　锋　向晴云
责任技编：何雅涛
出版发行：中山大学出版社
电　　话：编辑部 020 - 84111996，84113349，84111997，84110779
　　　　　发行部 020 - 84111998，84111981，84111160
地　　址：广州市新港西路135号
邮　　编：510275　　传　真：020 - 84036565
网　　址：http://www.zsup.com.cn　E-mail：zdcbs@mail.sysu.edu.cn
印 刷 者：广州家联印刷有限公司
规　　格：787mm×1092mm　1/16　13.25印张　270千字
版次印次：2018年2月第1版　2018年2月第1次印刷
定　　价：40.00元

如发现本书因印装质量影响阅读，请与出版社发行部联系调换

# 序　言
## 给您一把金钥匙

　　大千世界，无奇不有。怪事常常有，近年尤其多，他们越来越让我们觉得困惑，真是百思不得其解。
　　为什么大家都争着举办世界博览会？
　　为什么奥巴马急着嚷着要人民币升值？
　　为什么农民即使种再多的地也还是挣不到大钱？
　　为什么人人都不花钱，社会反而无法发展？
　　为什么同样的东西您买得贵而别人却买得便宜？
　　为什么美国爆发金融危机会影响中国的老百姓？
　　为什么美国的玉米歉收，却导致中国的猪肉涨价？
　　为什么会有比24美元买下曼哈顿岛更赚的事情？
　　为什么创业板上市后，一堆亿万富翁开始出现？
　　为什么在拍卖中获胜的人却是不折不扣的输家？
　　为什么四万亿投资能撬动整个中国十几万亿元的经济？
　　……
　　其实，这些问题您觉得难解，是因为您不懂经济学。学习经济学知识又下不了决心，经济学教程里那些晦涩的语言和深奥的理论实在让人望而生畏，不学又有那么多困惑。该怎么办呢？为了解答您的种种困惑，本书诞生了，它将带您进入通俗经济学知识的殿堂，很快您就会发现原来经济学也不过如此。
　　本书作为一本经济学常识的通俗读物，基本上是以故事和通俗的语言来阐述经济学知识，让您在闲暇之余就将经济学知识收入囊中，免受痛苦求知的折磨。

# 目 录

## 第一章 经济学，经世济民的学问——经济学的基本原理 … 1
人人为自己，上帝为大家——经济学的基础：理性经济人 … 1
天下熙熙，皆为利来——一切竞争的原因：资源的稀缺性 … 2
人们面临权衡取舍——选择 … 4
人们会对激励做出反应——激励 … 6
一切可以买卖的东西——商品 … 7
为什么空气一文不值——价值与价格 … 8
我们购买的究竟是什么——使用价值 … 10
为什么梵高的画在他死后价格倍涨——价值悖论 … 11
分析一切经济问题的两端——需求与供给 … 12
第一个苹果和第五个苹果对你的效用不一样——边际效用递减 … 14
房价为什么涨得这样快——需求弹性和供给弹性 … 15
获得了高薪工作就不能享受闲暇——机会成本 … 17
"看不见的手"——市场机制 … 18
"看得见的手"——政府干预 … 20

## 第二章 像大师一样思考——经济学的思维范式 … 22
亚马逊雨林的蝴蝶振动翅膀，将掀起太平洋的飓风——蝴蝶效应 … 22
强者愈强，弱者愈弱——马太效应 … 23
蜜蜂采蜜，也在无偿地传粉——外部性效应 … 25
私人不愿意提供的服务——搭便车理论 … 26
大家都可以无偿使用的物品——公共产品 … 28
短板，永远决定整体的水平——木桶效应 … 29
为什么程咬金只有三板斧——路径依赖 … 31
应该偏向谁呢——效率和公平 … 33
为什么20%的人掌握着80%的财富——"二八法则" … 34
何时，可以称之为完美——帕累托最优 … 36

贪污，为何屡禁不绝——寻租理论 ………………………………… 37

**第三章　上帝之手，无形之手——市场与买卖** …………………………… 39
　　进行交换的场所——市场 ……………………………………………… 39
　　为销售而生产的经济——市场经济 …………………………………… 41
　　这里没有老大——完全竞争 …………………………………………… 42
　　当我们别无选择时——完全垄断 ……………………………………… 44
　　联手坐庄的学问——寡头垄断 ………………………………………… 45
　　为什么大家都去养猪——供求机制 …………………………………… 46
　　当买方与卖方达成一致——均衡价格 ………………………………… 48
　　不同的顾客，不同的待遇——价格歧视 ……………………………… 49
　　自由交换也有失灵的时候——市场失灵 ……………………………… 51
　　跳不出的旋涡——蛛网理论 …………………………………………… 52

**第四章　买东西，大有学问——消费者的经济学** ………………………… 55
　　活着，就离不开消费——消费品 ……………………………………… 55
　　你有没有发现你抽的烟贵了——消费税 ……………………………… 56
　　要与众不同，就需要付出更多——奢侈品 …………………………… 58
　　面粉涨价了，吃大米的人就会多起来——替代效应 ………………… 60
　　房市火爆，装修也一定会火爆——互补品 …………………………… 61
　　越贵越要买——吉芬商品 ……………………………………………… 63
　　你是否意识到自己占了便宜——消费者剩余 ………………………… 65
　　只为吃穿的人，肯定是穷人——恩格尔系数 ………………………… 67

**第五章　各种奥秘，尽在利益——博弈者的经济学** ……………………… 69
　　华山论剑，未出招已见高下——博弈 ………………………………… 69
　　招，还是不招，囚徒的困境——纳什均衡 …………………………… 71
　　人人不花钱，社会就无从发展——节俭悖论 ………………………… 72
　　付出多，回报少，大家都将不愿付出——公共地悲剧 ……………… 74
　　"优胜劣败"的悖论——劣币驱逐良币 ………………………………… 75
　　"黔驴技穷"的故事——不完全信息博弈 ……………………………… 76
　　不想让来的，全来了——逆向选择 …………………………………… 78
　　最出乎意料的风险——道德风险 ……………………………………… 79

1＋1＞2——正和博弈（协同效应） …………………………… 80
　　你输我赢的游戏——零和博弈 …………………………………… 82

第六章　货币的神奇与魅力——金融活动中的经济学 …………… 84
　　从金银宝贝到美元英镑——货币的产生与发展 ………………… 84
　　谁在印刷钞票——中央银行 ……………………………………… 85
　　1元钱如何变成5元钱——基础货币 …………………………… 86
　　小数字撬动大经济——存款准备金率 …………………………… 88
　　调整经济的"三板斧"——货币政策 …………………………… 89
　　胡雪岩为何会抑郁而死——资本充足率 ………………………… 91
　　美元霸权时代的开启——布雷顿森林体系 ……………………… 93
　　引入外资重要，还是输出资本重要——资本项目 ……………… 94
　　进口多，还是出口多——经常项目 ……………………………… 95
　　3.51万亿美元的财富从何而来——外汇储备 ………………… 97
　　开端是甜美的，后果是苦涩的——通货膨胀 …………………… 98
　　当大家不愿贷款时——通货紧缩 ………………………………… 100
　　麻烦的制造者——热钱 …………………………………………… 101

第七章　一生劳碌，不如几年投资——投资活动中的经济学 …… 104
　　让钱为你挣钱——财产性收入 …………………………………… 104
　　最传统的投资方式——银行储蓄 ………………………………… 105
　　并非为了当股东——股票投资 …………………………………… 107
　　把钱直接借给债务人——债券 …………………………………… 108
　　今天做明天的交易——期货 ……………………………………… 110
　　请专家为你打理投资——基金 …………………………………… 111
　　让自己的生活更有保障——保险 ………………………………… 113
　　股指期货怎么玩——股指期货 …………………………………… 114
　　比24美元买下曼哈顿岛更赚的复利游戏——复利 …………… 116
　　创业者需要先找到"伯乐"——天使投资 ……………………… 117
　　安华农保的"小马甲"——买壳上市 …………………………… 119
　　当掌柜变成老板——管理者收购（MBO） ……………………… 121
　　当你知道"新股不败"时，明白怎么做了吧——打新股 ……… 122

这一次，开始批发亿万富翁——首次公开募股（IPO） …………… 124
跟风是对是错——羊群效应 …………………………………………… 125
人人都在挣钱，我为什么不去呢——财富效应 ……………………… 126
当大家都想投机时——泡沫经济 ……………………………………… 128
航空公司亏损运营的秘密——沉没成本 ……………………………… 129
"不要用买古董的心态去买房子"——胜者的诅咒 ………………… 131
"金字塔"也有崩溃的时候——庞氏骗局 …………………………… 132
大厦的倒塌，可能是因为一声咳嗽——黑天鹅效应 ………………… 134

## 第八章 国强家方富——解读宏观经济指标，判断宏观经济走势 …… 136

国家对经济的调节和控制——宏观调控 ……………………………… 136
政府对经济进行全面干预——凯恩斯主义 …………………………… 137
衡量大国的尺子——GDP ……………………………………………… 139
真正属于自己的价值——GNP ………………………………………… 140
物价是涨了还是跌了——CPI ………………………………………… 142
富人的天堂和穷人的地狱——基尼系数 ……………………………… 143
真正的个人收入——个人可支配收入 ………………………………… 144
诠释自己的幸福——幸福指数 ………………………………………… 146
我们究竟走向何处——人类发展指数 ………………………………… 148
一国的生活水平取决于它生产物品与劳务的能力——生产率 …… 150
四万亿为什么能撬动十几万亿——乘数效应 ………………………… 151
几家欢喜几家愁——通货膨胀的财富效应 …………………………… 152
政府准备要花多少钱——政府预算 …………………………………… 154
政府也会入不敷出——财政赤字 ……………………………………… 155
为什么要交税——税收与税率 ………………………………………… 157
应该征收多少税——拉弗曲线 ………………………………………… 159
调整经济的财政手段——财政政策 …………………………………… 161
如何让先富带动后富——转移支付 …………………………………… 163
或者高物价，或者没工作，政府政策的两难选择
　　——菲利普斯曲线 ………………………………………………… 165

## 第九章　和你的生活成本、工资收入息息相关
### ——国际贸易活动中的经济学 ········ 167

美国玉米歉收，中国猪肉涨价——把世界连为一体的
国际贸易 ·········································· 167
出口对我国为什么那么重要——外贸依存度 ·········· 168
美国人为什么要穿中国人造的鞋子——比较优势 ······ 170
世界贸易的协调者——WTO ······························ 171
两国货币兑换的比率——汇率 ··························· 174
美元到底价值几何——购买力 ··························· 175
谁在决定汇率的高低——购买力平价理论 ·············· 176
奥巴马为何如此关注人民币汇率——本币的升值与贬值 ··· 178
出口与进口的关系——贸易顺差与逆差 ················· 180
进出口贸易的津贴——贸易补贴 ························ 181
低价卖货也有错——商品倾销 ··························· 183
美国为什么要对中国的轮胎加税——贸易壁垒与贸易战 ··· 185

## 第十章　未来的世界将会怎么样——未来经济热点问题展望 ········ 187

当世博会来到中国——会展经济 ························ 187
城乡差距为什么那么大——二元经济 ···················· 188
北京的"黑车"为什么那么多——地下经济 ············· 190
当地球成为"地球村"——经济一体化 ················· 191
大家都要当城里人——城市化 ··························· 193
"笨猪四国"的麻烦——国家破产 ······················· 194
世界需要那么多的钢材吗——产能过剩 ················· 195
奥巴马为什么那么急——人民币升值 ···················· 197
仅仅是可以买到便宜手机吗——山寨经济 ·············· 198
阿里巴巴的成长历程——网络经济 ······················ 199
沃尔玛离不开中国货——中国制造 ······················ 201
为了我们的地球——低碳经济 ··························· 203

# 第一章 经济学，经世济民的学问
## ——经济学的基本原理

 人人为自己，上帝为大家
——经济学的基础：理性经济人

人生来就是自私的、利己的，人有趋利的本性，因此人从事一切活动的目的就是个人利益最大化。经济学正是建立在承认这种"人人为自己，上帝为大家"的基本文化共识和共同信仰基础之上，并以此构造了"理性经济人"的假设，而把基本的信仰、公正和基本价值判断等都交给了上帝。

所谓理性经济人，是指在一定约束条件下总设法使自己的利益得到最大满足的人，或追求效用最大化的人。具体而言，"理性经济人"除了他自己的利益追求、他自己的最大满足以外，并不关心他人，也不同情他人。亚当·斯密曾形象地说明了理性经济人的这一特性："我们不能从屠夫、酿酒家或烤面包师的仁慈中，来祈盼我们的晚餐，而是从他们的自利考虑；我们不要诉诸他们的人道，而要诉诸他们对自己的爱；永远别向他们提到我们的需要，而要向他们提到他们的利益。"

也许很多人会给出一些不符合理性经济人假设的例子来驳斥这个假设，比如，罗密欧与朱丽叶这对莎士比亚笔下的苦命恋人，如果从爱情伟大坚贞的角度来看，绝对是一流的实证例子，但选择自杀殉情来结束爱情却是怎么都和理性行为搭不上边的。还有为搭赠的礼品而买东西的"买椟还珠"行为同样称不上理性。的确，这些行为在我们看来都是不理性的，他们都谈不上是理性经济人。但是，我们忽略了一点，理性经济人的定义中明确的是"自身利益最大化或者效用最大化"，这里的利益、效用通常不是我们所认为的金钱、地位等，而可能是一些诸如感受、感情、快乐之类的无法用金钱衡量的东西。我们看到他们的不理性仅仅是局限于我们所处的角度，我们认为活下来比坚贞的爱情有价值，认为赠品不如所买的商品有价值。而在当事人看来，坚贞的爱情是无价之宝，没有任何东西能好过它，能带来更多的快乐和更大的效用；获得的赠品呢，也许是自己苦苦寻找了很久想要但是又一直买不到的东西。大家想想，如果这样，我们还能说他们不理性吗？还能认为他们是在做傻事吗？

同样，根据这种思路，我们自然也能理解社会上为什么会有"活雷锋"存在了。"雷锋"的收益是"他内心的一种满足"，成本是"他付出的东西"，"雷锋"正是因为一种精神的需要而甘愿无私奉献，他自己更应该感谢别人能给他这样的机会。这一点有些类似于基督教徒的虔诚：不要怕麻烦基督教徒，有什么需要尽管去找基督教徒帮助，你去找他，正好给了他一个帮助别人并实现自我价值的机会。

我们在各大商场、超市经常会看到五花八门的产品附加赠送活动。对于精明的商家，我们不禁困惑，难道他们一夜之间都成为乐善好施的慈善家了吗？我们要在这里提醒大家，理性经济人中关于经济人和利益最大化的假设是永远存在的，商家的慈悲如同太阳会从西边出来一样——概率几乎为零。那么，这种现象为何会发生呢？其实这种看似附加赠送的活动是一种捆绑销售行为，不过是商家为了获得更多利益而采取的行动罢了。

所以，一定要相信：人人为自己，上帝为大家。这也是深刻理解经济学知识所必不可少的一个前提条件。

天下熙熙，皆为利来
——一切竞争的原因：资源的稀缺性

人是自私的，人会为了得到想要的东西而不顾一切，这是为什么呢？因为资源是有限的，资源具有稀缺性，如果不努力争取，那你可能什么也得不到。稀缺性也叫有限性，是指相对于人们的无穷欲望而言，经济资源或者说生产满足人们需要的物品和劳务的资源总是不足的。任何物品想要成为商品必须具有稀缺性的特点，空气对人虽然重要，但是却无法成为商品，因为它随手可得。而钻石呢，因为稀少，物以稀为贵，尽管不是人们生活所必需的，人们也会为了能够获得钻石而愿意出很高的价钱。

第一章 经济学,经世济民的学问——经济学的基本原理

当然,具有稀缺性的东西不仅仅是钻石,但凡是人们想要得到,而供应又很有限的物品都具有稀缺性。或许每个女孩子都做过白雪公主的梦,然而在传说中的白马王子怎么都等不来的严酷现实面前,不禁会去想为什么没有我的白马王子?答案是白马王子也具有稀缺性,不能人手一位。这也就不难解释为什么会出现几个女孩为了争一个男孩做男朋友而吵得面红耳赤了。

近年来,中国现代艺术作品,尤其是油画,在全球拍卖会上连创高价,最突出的例子是徐悲鸿的作品:2005年秋拍,《珍妮小姐画像》在北京保利以2200万元成交;2006年春拍,《愚公移山》在北京翰海以3300万元成交;2006年秋拍,《奴隶与狮》在香港佳士得以5388万港元成交;2007年春拍,《放下你的鞭子》在香港苏富比以7200万港元成交。不到两年拍卖价格涨了两倍,真可谓一季一个价,价格节节高。为什么徐悲鸿的作品会连续拍得如此天价?这就牵扯到经济学的资源稀缺假设。徐悲鸿在中国美术史上是少数几个有领袖地位的艺术家,是中国现代美术的奠基者,他界定了现代中国油画,发扬了中国美术的传统,解决了如何用中国观点、中国面貌创造中国油画的历史课题。这就使得他的作品极具收藏价值,很多人都想拥有。可徐悲鸿的作品就只有那么多,非常稀缺,于是就出现竞价拍卖中被拍出天价的现象。

还有,我们常常会听说某个手机号码或汽车牌照卖出了天价,这也是资源稀缺性的体现。因为这个手机号码或汽车牌照的数字非常独特,而且是唯一的,不会再有第二个。物以稀为贵,这样的商品人人都想买,大家都想争,自然也就会卖出很高的价格。

但是,对资源的稀缺性认识,每个人的观点是不一样的。对于一个没有工作的闲人来说,时间对他而言是廉价的,而资本(也就是金钱)则是稀缺的;相反,对于工作狂来说,时间对他而言可能是奢侈品,而资本则是富足的。对于处于正常社会中的人来说,黄金非常珍贵,但对于一个被困在岛上、面临生存威胁的人来说,馒头则要比黄金珍贵得多。这也就是为什么每个人追求的东西会有所差别了。

虽然我们说稀缺性是一切竞争的根源,但是也正是有了稀缺性社会才会发展进步。稀缺性导致了竞争和选择。大家可以想象一下,如果一个社会资源不是稀缺的,而是极大富足的,那还会有如今这个社会吗?显然没有的,世界会完全变样。自然界中不会有优胜劣汰,不会有厮杀,每种生

3

物都可以得到满足。人们不用工作，不用考虑买房子，因为土地是富足的；不用考虑衣食住行，因为一切资源都是富足的。那这样的世界就没有任何活力，就会变成一潭死水，最终走向毁灭。

显然，用经济学的稀缺性可以解释我们生活中的许多现象，只要我们用心思考和认真观察，就会明白很多看似迷惑、实则简单的事理。

你能想象有一天被这样拍卖的是什么吗？

一切竞争的原因：资源的稀缺性

##  人们面临权衡取舍
### ——选择

如果你有一个可以自由安排时间的周末，你是选择睡懒觉，还是选择约朋友出去踏青？如果你拥有10万元的存款，是选择用来旅游，还是选择置换家用电器？这种权衡取舍的情况随处可见，与我们的生活息息相关，不同的人会做出不同的权衡取舍。为了得到喜爱的一件东西，我们通常不得不放弃另一件东西。而我们平时所说的做出决策，其实就是要我们在一件事物与另一件事物之间权衡取舍。那么，相信这个"鱼和熊掌不可兼得"的道理并不难理解。

我们从小就知道田忌赛马的故事。田忌是齐国的大将，一天他与齐威王约定赛马。当时人们通常都是把马分为上、中、下三等，然后一一较量。可是，齐王每一个等级的马都比田忌的好，所以比了几次，田忌都输给了齐王。后来，一旁的孙膑给他出了个主意，田忌用自己的下等马对齐王的上等马，用上等马对齐王的中等马，用中等马对齐王的下等马，这样必定能够在三局中取得两次胜利。田忌按照这个策略果然三局两胜，赢了齐王。

这个故事从经济学角度来说，正是一个人们对事物权衡取舍的过程，也是人们面临权衡取舍时所应采取的典型策略。一件事情的输赢、得失，关键在于决策人有没有权衡的能力和取舍的魄力。只有冷静客观地权衡事物的利弊得失，我们才能使利益最大化。而不要为了一时或者部分失利去

# 第一章 经济学,经世济民的学问——经济学的基本原理

否定整个事件,看问题要全面、顾大局,不能狭隘片面。

如果田忌怕自己的下等马白白输给对手的上等马,而选择用自己劣势的上等马与对方的上等马硬拼,那么虽然结果可能会保住一匹下等马,但是失去的将是整场比赛。由此可见,要想获得最后的胜利就要学会权衡;有权衡,则必定就会有取舍。正所谓"舍得舍得,有所舍,才有所得"。一个人在生活中面对抉择时,只有保持冷静、清醒的头脑,对事物做出正确的权衡取舍,才能获得最理想的结果。

从田忌赛马的故事,我们应该看到选择是需要智慧的,有一句富于哲理的话叫"得而有所舍,是智慧之心"。佛家之道,舍得者,实无所舍,亦无所得,是谓"舍得"。可见,若要做个有智慧的人,就得明白舍得的道理,也就同样需要学学舍得之道的经济学。

权衡取舍的问题不仅仅是个人问题,同时也是家庭问题、国家问题。对于国家,在权衡取舍方面的一个典型例子就是在"大炮和黄油"之间的选择。当我们把更多的钱用于国防,以保卫我们的国土免受外国(大炮)入侵时,我们能用于提高国内居民生活水平的消费品(黄油)就少了。而对于我们当今的世界,获取高收益与保持清洁适宜的生活环境之间也存在着权衡取舍,而且可以说是很紧迫、很重要的取舍,这也就是为什么近年来气候问题、能源问题、环境问题成为当今世界热议的话题。

经济学家常常用大炮与奶油、食物与衣服、闲暇与工作,以及更多的例子来说明人们面临的各种各样的选择并权衡取舍。可是,我们为什么要做出这样或那样的选择,例如,在某时某刻为什么我们要选择工作而不是闲暇?事实上,因为资源是稀缺的,人们对资源的用途必须做出选择。对于个人的时间资源而言,如果你选择了闲暇,你就不能工作,不能获得收入,自然也就不能消费了。"天下没有免费的午餐",你必须为获得商品、收入而放弃闲暇时间,付出自己的劳动。

面对诸多选择时,无论做出什么样的抉择,遵循的策略原则都是一样的,即根据自己的实际情况和需求,在不与道德和法律相抵触的前提下,进行权衡取舍,做出使自己利益最大化的选择。选择与日常生活、工作、学习甚至商业、政治等领域息息相关,我们要认真学习权衡取舍原理,并将它运用以帮助我们客观地面对生活中各种各样的决策,做出合理恰当的抉择。

## 人们会对激励做出反应
### ——激励

每个人都是有惰性的,在工作了一段时间后都会感到疲劳,有时候会不想工作,或者工作的效率变得很低。为了能使员工,管理者都会采取一些措施来提高员工的积极性以激励员工更好地工作。那么,什么是激励呢?简单地说,就是当外界环境变化时,人们在重新比较成本和收益之后,会相应地改变自己的行为,这些促使人们改变行为的因素就是激励。经济学中假设人都是理性的,他们通常会根据边际成本和边际收益的变动来做出反应。例如,在苹果销售市场上,抬高苹果的价格,会使消费者减少苹果的购买,增加梨和其他水果的购买比例,同时也会让更多的果农种植苹果。阿来的小说《尘埃落定》里面讲到一段故事:一个大的土司家族,安排自己的属地种罂粟,卖了很多钱,然后别的土司跟他学习,把领地都种了罂粟,而这位土司则种了小麦,这一年别人要用罂粟、土地等换他的小麦以避免饿死,他又赚了很多钱。这也是一个激励方面的典型例子。

公共决策者绝不应该忘记激励,因为许多政策改变了人们面临的成本或利益,从而改变了行为。例如,对燃油征税,提高燃油税,会鼓励人们开小型、节油型汽车;它还鼓励人们坐公共汽车,而不是自己开车,并鼓励人们在离家近的地方工作;如果税收足够高,人们就会开始驾驶电动汽车。

为了从边际量上来更进一步地了解"人们会对激励做出反应",我们来看一个关于馒头的例子。原来馒头不要钱,一个人每顿吃4个馒头,总共获得6个单位的满足程度,但实际上他吃3个馒头同样也能获得6个单位的满足程度。现在假设馒头不再是免费的了,每个馒头需要花0.50元,这个人现在吃4个馒头需要花2元,吃3个馒头需要1.50元,但是吃4个馒头和3个馒头带来的满足程度是一样的,同样都是6个单位。如果这个人是理性的,他会怎么选择呢?显然,他应该选择3个馒头,这样花的钱少,但是满足程度并未降低。这个例子同样说明了价格变化,这里是馒头的价格从0元增加到了0.50元一个,也就是边际成本的改变,带来了选择行为的改变。

第一章 经济学,经世济民的学问——经济学的基本原理

读者应该明白了,在原来选择的边际量上,由于成本和收益的变动,带来了激励的改变,从而人们的行为也会随着这种激励的改变而改变。因为经济学假设人们的行为,尤其是理性的行为是根据边际量的成本和收益的比较而做出的,所以任何改变这种成本和收益的因素都会产生激励的改变,也就会对人们的选择产生影响。

一切可以买卖的东西
——商品

源自《中国环境报》的一篇文章让我们看到了世界上最为奇特的商品:

泥土 太平洋上的瑙鲁是一个由珊瑚礁形成的岛国,矿产十分丰富,但岛上没有供农作物生长的土地。为了解决这一问题,瑙鲁出口矿产,同时进口泥土,以便种植农作物。

冰山 世界上最奇特的商品,莫过于丹麦格陵兰岛出口的冰山了。这是10万年前的冰,被认为是纯净的,没有污染,杂质甚少。

水声 美国商人费涅克周游世界,用立体声录音机录下了千百条小溪流、小瀑布和小河的"潺潺水声",然后高价出售。有趣的是,生意兴隆,购买水声者络绎不绝。

空气 日本商人将田野、山谷和草地的清新空气,用现代技术储制成"空气罐头",然后向久居闹市、饱受空气污染的市民出售。购买者打开空气罐头,靠近鼻孔,香气扑面,沁人肺腑。

海水 法国一商人别出心裁,将经过简易处理的普通海水放在瓶子中,贴上"海洋"商标出售。他向家庭主妇宣传在烹调鱼肴时放几滴海水,可使菜肴有特殊的香味。

黄沙 一些阿拉伯国家有广阔的沙漠地带,但这些沙漠中的黄沙不适合建造游泳池,而英国的黄沙却是建造游泳池最理想的材料。在石油丰富的阿拉伯国家兴建游泳池热时,英国的黄沙倍受青睐,价格猛增。

雨水 日本商人发现,水在阿拉伯国家是贵重商品,便着手向阿拉伯国家出口雨水。第一个输入这种商品的国家是阿拉伯联合酋长国。这个国家每年进口大约2000万吨雨水,用来灌溉农作物。

以上这些东西能作为商品吗?相信很多读者跟我一样产生了这样的质

疑，感觉这些东西作为商品很离谱。商品对于我们来说，再熟悉不过了。我们每天吃、喝、穿、住、用、行，样样离不开商品，只要兜里有钱，我们随时可以买到想要的各种商品。但是，究竟什么才是商品？

商品有狭义和广义之分，狭义的商品仅指符合定义的有形产品；广义的商品除了可以是有形的产品外，还可以是无形的服务，如"保险产品""金融产品"等。

作为商品，首先必须是劳动产品。换句话说，如果不是劳动产品就不能成为商品。比如，自然界中的空气、阳光等，虽然是人类生活所必需的，但这些都不是劳动产品，所以它们不能叫作商品。

作为商品，还必须要用于交换。商品总是与交换分不开的。也就是说，如果不是用来交换，即使是劳动产品，也不能叫商品。比如，在古代传统的男耕女织式的家庭生产所种出来的粮食和织出来的布，尽管都是劳动产品，但只是供家庭成员使用，并不是用来与他人交换的，因而也不是商品。

商品要对他人或社会有用。没有用就不会发生交换，有用才能发生交换。

因此，商品可以简单概述为：用于交换的有用的劳动产品。前面所列的奇特商品显然具备商品的基本特性，它们被称为商品也是合情合理的。

此外，还应该将商品与自由物品区分开来。商品是需要通过交换才能得到的，简单来说商品就是需要花钱才能得到的物品。而自由物品是指那些我们不用花钱就可以得到的物品。在这个资源稀缺的世界上，自由物品是一种例外，它们是大自然的恩赐。不幸的是，因为人们不加珍惜，这种恩赐正在一样一样地减少。空气曾经被公认为自由物品，但是随着污染遍及世界的每个角落，自由地呼吸清洁的空气似乎逐渐变成人们的一种奢望。

 **为什么空气一文不值**
　　——价值与价格

价格是商品同货币交换比例的指数，或者说，价格是商品价值的货币表现。价格是商品的交换价值在流通过程中所取得的转化形式。

从本质上来说，价格是一种从属于价值并由价值决定的货币价值形式。价值的变动是价格变动的内在的、支配性的因素，是价格形成的基础。但是，由于商品的价格既是由商品本身的价值决定的，也是由货币本身的价值决定的，因而商品价格的变动不一定反映商品价值的变动。例如，在商品价值不变时，货币价值的变动就会引起商品价格的变动。同样，商品价值的变动也并不一定就会引起商品价格的变动。例如，在商品价值和货币价值按同一方向发生相同比例变动时，商品价值的变动并不引起商品价格的变动。因此，商品的价格虽然是表现价值的，但仍然存在着商品价格和商品价值不相一致的情况。在简单商品经济条件下，商品价格随市场供求关系的变动，直接围绕它的价值上下波动；在资本主义商品经济条件下，由于部门之间的竞争和利润的平均化，商品价值转化为生产价格，商品价格随市场供求关系的变动，围绕生产价格上下波动。

都说价格绕着价值转，但有时候，由于离心半径太大，使人根本就想不到它们之间还有什么关系。这种情况，在虚拟化的证券市场有时表现得尤为淋漓尽致。比如网易股票，上一年 0.51 美元没人要，第二年 70 美元有人抢，而其间网易公司基本面的变化怎么也看不出有近 14000% 的变化。这恰如古时欧洲一株小花忽而可换数房的事情的现代翻版。

价值是价格的基础，商品供给与需求是价格形成和变化的直接条件。价格是市场的"晴雨表"，反映了供给与需求之间的相互作用与变化。供给与需求是使市场经济运行的力量，它们决定了每种物品的产量以及出售的价格。另外，价格的变化与市场环境的变化也息息相关。如果你想知道任何事件或政策将如何影响市场的价格，你就应该先考虑它将如何影响供给和需求。例如：当"非典"袭击中国的时候，全国食醋、消毒液、医用口罩的价格都上升了，一些日用品也成了普通消费者的抢购对象，这主要是因为突如其来的"非典"病毒造成了消费者对这些物品需求的剧增。

同一种东西，在不同的时间里会有不同的价格。汉时盖厕之砖，今日便是至宝。冬日韭菜论两卖，盛夏韭菜按捆抓。同样，同一种东西在不同的地点，其价格也会大大不同。在深圳和香港之间，仅一河之隔，几乎同样的一碗煲仔饭，深圳这边 15 元人民币，香港那边则要五六十元港币。实际上，就是在北京同一个市区内，一件冬衣在一高档商场要价 5888 元，而在相距不到千米的一小店，要价仅 900 余元。至于厂商 5 元卖出的同一盒药，在医院可以 46.90 元售给患者，有时连医生都觉得不可思议。

至此，我们发现时间和空间要素的变化在价格变动上所引起的巨大影响。还有哪些能够极度影响价值、价格关系的重要因素？包装！一颗南非巨钻，未经豪华装饰放在不是特别抢眼的展柜内，标价 1 万美元，久未售出；后用价值近万美元的金盒盛放，璀璨的灯光下"标价15万美元"的字样和说明赫赫在目，很快就被一富商相中买走。在日本，价格几万日元的礼品经常采用里三层外三层的精致包装，据在行的人讲，礼品本身的价值一般也就几千日元而已。试想，如果不考究包装就能使商品卖个好价钱，那世界上谁还会为每年总额高达数百亿美元的包装费用买单！

其他比较常见的影响价值、价格关系的因素有特定垄断、突发事件、性别差异等，所以价格体现价值的理论并不是一个放之四海而皆准的理论，一定要结合当时的时间、地点情形，具体问题具体分析。这就是空气对人类而言如此重要但却一文不值的原因。

 我们购买的究竟是什么
——使用价值

我们前面说了凡是可以买卖的物品都可以称为商品，但是我们为什么要购买商品呢？像理发等服务之类的商品我们似乎什么也没有买到啊。是的，我们购买的商品并不是商品这个实体本身，而是商品的使用价值，我们需要商品的使用价值，所以我们要买它。

被美国界推崇为"欧洲唯一推销专家"的英国人H. M. 戈德曼在《推销技巧》一书中说："商品是一种没有生命的东西，只有当顾客使用并满足了顾客的某种愿望时，才发挥了它的作用。"这里所说的作用也是我们前面所说的使用价值。

所谓使用价值就是指能满足人们某种需要的物品的效用，如粮食能充饥、衣服能御寒等，是交换价值的物质承担者，形成社会财富的物质内容。空气、草原等自然物，以及不是为了交换的劳动产品，虽然没有价值，但有使用价值。使用价值是一切商品都具有的共同属性之一。任何物品要想成为商品都必须具有可供人类使用的价值；反之，毫无使用价值的物品是不会成为商品的。

戈德曼认为："购买一种商品，目的在于满足某种需要。买卖只不过是达到这一目的的一种手段。"换句话说，人们购买的不仅仅是某种物品（或某种服务），而是购买了这种物品的使用价值。例如，为了满足照明的需要，在电力覆盖范围内，顾客购买电线、开关、灯头、灯泡及其他所需物品，才能使用电灯。从表面上看，顾客购买的是上述物品，但实质上顾

第一章 经济学,经世济民的学问——经济学的基本原理

客购买的是照明。又如,节假日购买公园门票,从表面上看,顾客购买的是准许进入公园的凭证,但事实上,顾客购买的是在赏心悦目的公园获得的精神愉悦。还有,顾客购买书籍,表面上看顾客获得了一本自己所有的书,但是人们购买它的实质并不仅仅是为了拥有它,而是因为这本书能够让顾客获得所需的知识,得到思想层面的提高。

人们购买电视机,目的在于丰富业余文化生活;人们购买家具,目的在于方便日常生活,使居室环境优雅;人们购买药品,目的在于治疗疾病,增进健康,等等。

使用价值是由具体劳工创造的,具有质的不可比较性。比如,我们不能说橡胶和香蕉哪一个使用价值更多,它们为我们提供的使用价值不是满足同一种需要的,所以不具可比性。此外,戈德曼还说过:"人类有许多愿望和要求,同样,商品也有许多使用价值。"例如,同样是"购买自行车",甲买自行车的目的是"代步",乙买自行车的目的是"锻炼身体",丙买自行车的目的是"满足拥有豪华型自行车的愿望",丁购买一部旧自行车是因为放在楼下不会被盗……

当然,我们购买的商品中也有例外的,也有不是用来发挥其使用价值的,比如像钻石、古董之类的奢侈品。商品的使用价值是由其自然属性决定的,钻石可以用来炫富,获得心理上的一种满足,这种现象只有在人类社会中才会存在,类似于一种社会属性。像猴子就绝对不会用钻石来炫富,甘愿用一颗钻石去换一大串香蕉。

 为什么梵高的画在他死后价格倍涨
——价值悖论

前面我们谈到,价格和价值会有很大偏差,同样一只股票会在不同的时间相差数万倍,而体现其价值的公司却没有发生实质性的改变。这里,我们来看看一个类似的现象——"梵高的画在他死后价格倍涨"。

印象画派代表梵高一生不得志,在完成其举世瞩目的七幅《向日葵》后以自杀的方式结束年仅37岁的生命。但他的画作却在他死后被世人所追捧,人们争相出高价购买。其中,作品《加歇医生像》在他死后以8250万美元的天价成交,创下当时艺术品拍卖的最高纪录。

这究竟是为什么呢?为什么同样的东西在不同的时期价格上会有如此

之大的差别？这就是经济学中常说的"价值悖论"。"价值悖论"是由经济学领域的鼻祖亚当·斯密于1768年，在他的巨著《国富论》中提出的："没有什么能比水有用，然而水很少能交换到东西。相反，钻石几乎没有任何使用价值，但是却可以经常交换到大量的其他商品。"在日常生活中，水是不可缺少的，而钻石是可有可无的。但是，商品市场上钻石的价格总是要远远高于水。

那如何去解释"价值悖论"呢？要解释这种现象，需要用到经济学中的供求原理。在经济学中，商品的价格是由它的供给与需求来决定的。当一个商品的供给大于需求时，这个商品的价格就低；反之，当一个商品的供给小于需求时，这个商品的价格就高。就供给方面来说，水的数量非常大，且几乎随处可见；而钻石呢，是蕴藏在地表底下，且必须经历漫长的时间和在适当的条件下才能产生，供给非常有限。因此，水的供给大，而钻石的供给小，就会出现钻石没有使用价值但是价格远远高于拥有使用价值的水的现象。当然，在沙漠中，由于水的珍贵和难得性，水就比钻石贵。通过这一点，我们应该明白"物以稀为贵"的道理。

说到供求原理下的价值悖论，这里还有一个很有意思的例子。据说世间有两张清朝大龙邮票，各值10万元，会做生意的必然撕毁一张，另一张就不止两枚之和的20万元，可能是30万元、40万元或是更多。虽然这种以毁灭文明的方式所追求的稀缺性并不为世人所称道，但市场上所谓的"限量版""珍藏版"等邮票、纪念卡都反映了人为创造的稀缺性，也从侧面反映了由于供给、需求之间的差异性而导致的价值悖论现象的出现。

还有，我们文章一开头提到的梵高的画。从经济学的角度来讲，梵高的死意味着他的画作为一种商品的供给是有限的了，而需求相对来说是无限大的，此时需求者为了获得梵高的画，必定会抬高价格，于是就导致了这些仅有的作品价格飙升。从某种意义上我们可以说是梵高的自我毁灭促成了其作品的升值和备受追捧。

 分析一切经济问题的两端
——需求与供给

"需求"和"供给"是经济学家最常用的两个词，是使市场经济运行的力量，它们决定了每种物品的产量以及出售的价格，如果你想知道一件

# 第一章 经济学,经世济民的学问——经济学的基本原理

事情或一项政策将如何影响经济,你就应该先考虑它将如何影响需求和供给。

需求是指消费者在一定时期内、在各种可能的价格下愿意而且能够购买的该商品的数量。而需要是指消费者想得到某种商品的愿望。需求不是自然和主观的愿望,而是有效的需要,它包括两个条件:消费者有购买的欲望和有购买的能力。供给是指生产者在一定时期内、在各种可能的价格下愿意而且能够提供出售的该商品的数量。这种供给是指有效供给,必须满足两个条件:生产者有出售的愿望和供应的能力。在供给和需求两种相反力量的相互作用下,市场会逐步达到一个动态的均衡状态,对应的就是商品的均衡价格,一般来说就是我们购买商品所支付的价格。

相信很多人都听说过"谷贱伤农"的说法,但是这究竟是为什么呢?似乎有些违背常理。按理说,农业丰收了,农民的收入应该会更高些,应该高兴才对。可是,由于全体农业的丰收,造成了粮食产量增加,供给急剧上升,超过了需求量。这样一来,粮食的价格就会下降,农民的收入反而减少了。这是由农业生产的周期性造成的。由于农产品的储存、加工、保鲜等特殊问题,农产品一般都不能存放太长时间。这样一来,在市场交易时就给农民带来天然的讨价还价的劣势。消费者会想"反正你一定要急着卖出去,否则就会坏掉。那么,你对交易的要求比我要迫切",所以消费者会利用这种心理,拼命地压低价格。而在供给量相对过剩的情况下,农民达成交易的要求就会更迫切,价格就会被压得更低。这其实也是谈判学上常见的心理现象。

类似的还有"倒牛奶"现象。自2014年年底以来,国内奶牛养殖户杀牛、弃养现象频频出现。据山东省畜牧兽医信息中心对全省奶站监测的结果显示,2015年1月第1周,全省未按合同正常收购的生鲜乳约4470吨。直接倒掉鲜奶约925吨,非正常淘汰奶牛6270头。2015年6月23日《经济参考报》记者报道,在北京、山东、陕西等多地采访发现,由于原奶价格低迷,一些地区倾倒鲜奶、卖牛宰牛现象仍在持续,部分养殖户损失惨重。人们不禁要问:如今牛奶多得喝不完了吗?其实,全球每年人均奶类消费量为93千克,中国仅为7.2千克。这只是牛奶生产的地区性、局部性、暂时性的过剩。对于"倒牛奶"的现象,很多人会问:为什么不把牛奶分给那些还喝不上牛奶的地区的人呢?其实,把牛奶倒掉是有一定的经济学道理的。试想,如果他们把牛奶无偿地分给居民,有些人因为获得

了牛奶,也许在以后一段时间内,即使牛奶供给相对平衡时也不再买牛奶了,无形中降低了市场上牛奶的需求。另外,如果他们现在无偿地得到了牛奶,那么明年呢?那些有"守株待兔"思想的人肯定会等着你的牛奶发生过剩现象,等着再次喝上"免费的牛奶"。

需求和供给是经济学中最基本的知识,当真正弄清楚两者之间的关系和一些微妙的变化时,你就会发现身边的奇怪事件原来也是有章可循的。

 第一个苹果和第五个苹果对你的效用不一样
——边际效用递减

有一天你特别想吃苹果,吃第一个苹果的时候,你获得了3个单位的满足程度,觉得非常好吃;于是吃第二个,这时候获得了2个单位的满足程度,觉得还不错;然后接着吃第三个,获得了1个单位的满足程度,这时觉得一般了;当吃第四个、第五个……你会发现自己已经吃腻了,甚至觉得苹果恶心,想吐。那么,可能第四个苹果给你带来0单位的满足程度,而第五个苹果甚至带来了负的满足程度。这究竟是为什么呢?同样的苹果,为什么第一个和第五个能带来不同的效用,有不同的满足程度?这是由于边际效用递减,随着吃苹果的个数增加,每个苹果带来的满足程度不断下降,最后甚至可能出现负的效用,也就是说这个时候吃苹果不能带来一丁点儿的满足感,反而会让人觉得恶心。

经济学中的边际效用递减规律是说:在某一时间内,在其他商品的消费数量保持不变的条件下,随着消费者对某种商品消费量的增加,消费者增加一个单位商品的消费所获得的满足程度是在减少的。通俗地讲就是:当你极度口渴的时候十分需要喝水,你喝下的第一杯水是最解燃眉之急、最畅快的;但随着口渴程度降低,你对下一杯水的渴望值也不断减少;当你喝到完全不渴的时候即是边际,这时候再喝下去甚至会感到不适,再继续喝下去会越来越感到不适(负效用)。

大部分的时候,边际效用都是越来越小的,包括钱也是。想想看,如果某人有1000元,他的第一个100元会去买对他来说最有价值的东西;第二个100元,次之;第三个100元,再次之。同样是10万元,对普通打工者的效用比对比尔·盖茨的效用大多了。因为普通打工者的10万元,对他而言,是第一个10万元;而比尔·盖茨的10万元是盖茨的第N个10万元。

这种边际效用递减的原理广泛地存在于日常生活中。比如,为什么新人的工作干劲大,而过几年大家都意志消沉、尽显沧桑了呢?这就是因为如果一个人在一段时间内一直做着同样的工作,重复着同样的劳动,那么,工作带给他的新鲜感和满足程度是一直边际递减的。这也就不难理解一个人为什么很难在一个没有任何变化的工作岗位上工作数十年了。当然,这个也不是没有办法解决的,我们看到,边际递减规律有一个前提条件:"在其他商品的消费数量保持不变的条件下"。那么,只要我们打破这个前提条件,边际递减规律也就不成立了。如果在长时间内一个人的工作没有得到晋升或者变化的机会,不让他产生辞职的心态是有可能的。比如,改变工作内容,让他产生新鲜感;加强公司对员工的关心程度;提高员工的薪水;改变公司奖金的发放原则;等等。打破边际递减规律的条件,对于一个公司的管理者来说是很有借鉴意义的。

还有在婚姻中,之所以会有喜新厌旧的说法,也是由于边际效用递减的缘故。一般来说,结婚头三年都是很幸福的,但到了后来夫妻双方习惯了家庭生活之后,每个人从婚姻中获得的效用都是边际递减的,婚姻不再有新鲜感和刺激感,更多的是安稳和平静。那么,对于生性喜欢追求刺激的人来说,这样的生活太没有挑战意义,于是婚姻中的他很有可能通过和外在异性寻求刺激来填充这种需求。所以,保持婚姻持久的最好方法就是保持婚姻的新鲜度,让感情常新。

总之,边际效用存在于生活的方方面面,我们应该认真学习、理解边际效用及边际效用递减规律,尽量利用边际效用,采取相应的措施,减少和阻止边际效用递减的发生,让经济学规律为我们所用,提高我们的生活质量。

## 房价为什么涨得这样快
——需求弹性和供给弹性

近年来天价房地产已经成为多数国人的噩梦,绝大多数人沦为"房奴"阶层,而房地产已成为必谈的话题。2009 年热播的《蜗居》更是对年青一代买房难的真实写照。为什么现在会出现如此之高的房价呢?为什么房价会从 20 世纪初的低价一跃成为现在的局面呢?

这可以用经济学需求弹性和供给弹性的原理来加以解释说明。

需求弹性是指价格变化对需求的敏感度。各种物品的需求弹性是不一样的，大体可以分为两种。一种是需求富有弹性的物品，即需求量变动的百分比大于价格变动的百分比，或者说需求弹性大于1。例如，某种化妆品降价10%时，需求量增加20%，需求弹性为2，这就是需求富有弹性的物品。另一种是需求缺乏弹性的物品，即需求量变动的百分比小于价格变动的百分比，或者说需求弹性小于1。例如，如果食盐降价10%，需求量仅增加1%，需求弹性为0.1，这就是需求缺乏弹性的物品。而供给弹性是指价格变化对供给的敏感度。各种物品的供给弹性也是不一样的，类似于需求弹性，同样可以分为供给富有弹性的商品和供给缺乏弹性的商品。

决定某种物品需求弹性大小的因素很多，一般来说有以下几种：

（1）消费者对某种商品的需求程度。越是生活必需品如食盐、蔬菜，其需求弹性越小。奢侈品的需求弹性大。

（2）商品的可替代程度。如果一种商品有大量的替代品，则该商品的需求弹性大，如饮料；反之则需求弹性小，如食用油。

（3）商品本身用途的广泛性。一种商品用途越广如水、电，其需求弹性就越大，反之一种商品用途越窄如鞋油，其需求弹性越小。

（4）商品使用时间的长短。使用时间长的耐用品如电视、汽车的需求弹性大，而报纸、杂志等易抛品的需求弹性小。

（5）商品在家庭支出中所占的比例。占支出比重小的商品如筷子、牙签等，其需求弹性小；而电视、汽车等所占支出比重大，需求弹性也大。

影响某种物品供给弹性大小的因素也很多，主要包括以下几方面：

（1）时期的长短。当商品价格发生变化时，厂商对产量的调整需要一定的时间。由于在短期内，厂商的生产设备等无法改变（增加或减少），如果厂商要根据商品的涨价及时地增加产量，或根据产品的降价及时减少产量，都存在程度不同的困难，即供给弹性比较小。但在长期中，生产规模的扩大与缩小，甚至转产都可以实现，即供给量可以对价格变动做出充分的反应，供给弹性也就比较大。

（2）生产规模和规模变化的难易程度。一般来说，生产规模大的资本密集型企业，因受设计和专业化设备等因素的制约，其生产规模变动较难，调整的时间长，因而其产品的供给弹性小。反之，规模较小的劳动密集型企业，则其产品供给弹性相对更大一些。

（3）生产的难易程度与生产周期的长短。一般来说，容易生产的产品,如技术要求低,生产周期很短,则产量调整比较快,供给弹性大;反之,较难生产的产品,如果生产周期长,则供给弹性小。

(4)生产成本的变化。在其他条件不变的条件下,如果生产成本随着产量的增加不会增加太多,则产品的供给弹性就大;相反,如果产品增加促使成本显著增加,则供给弹性就小。

如果商品需求弹性很小,供给弹性大,那么供应商很容易控制价格,抬高商品的价格。反之,需求弹性大,供给弹性小,则商品的价格很难提高。对于房地产而言,就中国人的传统思维,它是生活的必需品,没有替代品,使用的时间长,在家庭支出中所占的比例也不小,显然是一个需求弹性小的商品。那么,房地产开发商可以很容易地利用消费者的这些心理,想尽一切办法地控制供应量,实现不应该出现的较大供给弹性,在这种情况下,房价肯定会飞速上涨,出现天价。

## 获得了高薪工作就不能享受闲暇
### ——机会成本

现在高薪工作和闲暇成了很多人不得不面对的一个问题。高薪工作意味着你能挣很多钱,但是你也因为高薪要放弃很多休息时间,不得不投入更多的时间到工作中,自然也就放弃了更多享受闲暇的机会。每个人的时间都是有限的,除了睡觉的8个小时,每天可支配的时间最多还有16个小时,如果选择了12个小时的工作,那么每天只能享受4个小时的闲暇。这就是经济学中典型的机会成本例子。

选择是要付出代价的,当我们得到一个机会的时候,可能就会失去另一个机会,这个失去的机会在经济学中就被称为"机会成本"。专业地说,机会成本就是获得某样事物所必须放弃的其他事物,也就是我们在一件事情上权衡利弊后做出的最优选择,那个被放弃的而价值最高的选择,就是机会成本。"有得必有失"就是这个道理。机会成本又称为择一成本或替代性成本,是指在经济决策过程中,因选取某一方案而放弃另一方案所付出的代价或丧失的潜在利益。举一个简单的例子:有一块土地,既可以用来种玉米,也可以用来种小麦,若种玉米的收益是100元,种小麦的收益是1000元,那么这块地用来种玉米时,你的机会成本就是1000元;当你用这块地种小麦时,你的机会成本则是100元。

比尔·盖茨的传奇经历，很形象地为我们诠释了机会成本。一开始比尔·盖茨进入哈佛大学的时候，学习的专业是法律，但是他对计算机兴趣浓厚，而对法律一直没有兴趣。19岁时，盖茨就有了一个想法，那就是创办自己的软件公司，但那时他还没有完成哈佛大学的学业。到底是继续读书拿到哈佛大学的学位证书，还是马上离开学校着手开办自己的软件公司呢？经过反复的权衡之后，他毅然决定放弃学业，离开学校开办公司。后来的结果众所周知，在1999年美国《福布斯》杂志的世界富豪评选中，比尔·盖茨以净资产850亿美元登上了榜首。这足以证明当初比尔·盖茨选择的正确性。后来比尔·盖茨回母校参加募捐活动时，被记者问到是否愿意继续回哈佛上学，比尔·盖茨微微一笑，却没有做出任何回答。显而易见，比尔·盖茨已经不愿意为了哈佛的学位证书而放弃自己已有的事业。这个例子中，比尔·盖茨放弃的哈佛法学学位就是他创业的机会成本，显然对于他的事业而言，这点成本不算太高，付出也是值得的。

虽然机会成本听起来有些晦涩难懂，但是它广泛存在于我们的日常生活中，因为只要有选择，就会有机会成本的存在。比如，一个有着多种兴趣的人在上大学时，会面临选择专业的困难；辛苦了五天，到了双休日，究竟是去郊区来个双日游，还是美美地看几张光碟；好不容易有了一个聚会的机会，是一起坐下来聊聊天呢，还是来点儿娱乐节目……难就难在选择了这个，就要放弃那个。简单地说，被放弃的就是选择的机会成本。

正因为选择无处不在，机会成本为我们的选择提供了一个很好的参考条件，无论是个人还是单位、国家，在做出选择的时候，都要认真考虑权衡各方面的因素，充分估量机会成本，细心计算所得所失，最后做出理智的选择，利用我们仅有的资源，为我们实现最大的收益，获得最大的满足感。

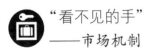

### "看不见的手"
### ——市场机制

"看不见的手"是英国经济学家亚当·斯密1776年在《国富论》中提出的命题。它最初的意思是，个人在经济生活中只考虑自己利益，受"看不见的手"驱使，即通过分工和市场的作用，可以达到国家富裕的目的。后来，"看不见的手"便成为表示资本主义完全竞争模式的形象用语。

第一章 经济学,经世济民的学问——经济学的基本原理

这种模式的主要特征是私有制,人人为自己,人人都有获得市场信息的自由,自由竞争,无须政府干预经济活动。

现代意义中的市场机制则是指市场运行的实现机制,作为一种经济运行机制,市场机制体内的供求、价格、竞争、风险等要素之间互相联系和作用。通过市场价格的波动、市场主体对利益的追求、市场供求关系的变化,调节经济运行的机制,是市场经济机体内的供求、竞争、价格等要素之间的有机联系。

亚当·斯密的后继者们以均衡理论的形式完成了对于完全竞争市场机制的精确分析。在完全竞争条件下,生产是小规模的,一切企业由企业主经营,单独的生产者对产品的市场价格不产生影响,消费者用货币作为"选票",决定着产量和质量。生产者追求利润最大化,消费者追求效用最大化。价格自由地反映供求的变化,其功能一是配置稀缺资源,二是分配商品和劳务。通过"看不见的手",企业家获得利润,工人获得由竞争的劳动力供给决定的工资,土地所有者获得地租。供给自动地创造需求,储蓄与投资保持平衡。通过自由竞争,整个经济体系达到一般均衡。在处理国际经济关系时,遵循自由放任原则,政府不对外贸进行管制。"看不见的手"反映了早期资本主义自由竞争时代的经济现实,认为每个参与者在追求私利的过程中,市场体系会给所有参与者带来利益,就好像有一只慈善的"看不见的手",在指导着整个经济过程。

改革开放前,我国实行的是计划经济,我们所需要的物品当时还不能称为"商品",没有市场,物品的生产由国家计划下达,分配也由国家计划实现。当时,人们凭着各种各样的票证去领取物品。那时候上学,男生和女生每月固定会发放一定的生活票和粮票。生活票可以买一些日常生活用品,像牙膏、毛巾,还有化妆品之类,粮票就只能购买粮食。男生吃饭吃得多,经常到了月底发现粮票不够用,而生活票却还有剩的;女生则恰好相反,吃饭吃得少,到月底粮票还有剩的,但是女生爱打扮,总想多买些化妆品之类的东西,有限的生活票

看不见的手——市场机制

每个人都被无形的大手控制着……

总是不够用。这时候怎么办？那就通过交换，男生有多余的生活票，女生则有多余的粮票，这样互通有无，各取所需，男生和女生的"福利"都提高了。在那个时代，虽然国家仍然实行计划经济，但在人们的日常生活中，市场的力量似乎并没有消失，尽管票证是计划的产物，但票证的交换背后隐藏的物品交换，却体现了市场经济相对于计划经济的优越性。

正是市场经济这只"看不见的手"冲破我国原来那种计划经济的禁锢，合理配置了资源，活跃了经济活动，而社会主义市场经济的快速发展，又有力地推动了我国经济和社会的进步，国家实力大大增强。

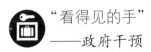

## "看得见的手"
### ——政府干预

尽管有市场机制这只"看不见的手"，市场也不是万能的，市场也会失灵。20世纪30年代的经济大萧条，人们眼睁睁地看着银行一家家倒掉，公司一家家倒闭，工人一个个下岗，而市场自身却无法进行及时有效的调节。这时候，人们才看到了市场机制的不足，开始进入"看得见的手"——政府干预的时代。

相对于市场自由而言的政府干预，以克服市场失灵为己任。政府干预主要是做规制、监管，或者为市场主体间的博弈和市场运作设计一个机制。政府干预中最主要的就是宏观调控。宏观调控是国家对国民经济总量进行的调节与控制，是保证社会再生产协调发展的必要条件，也是社会主义国家管理经济的重要职能。在中国，宏观调控的主要任务是：保持经济总量平衡，抑制通货膨胀，促进重大经济结构优化，实现经济稳定增长。宏观调控主要运用价格、税收、信贷、汇率等经济手段和法律手段以及行政手段来实现。

对于"谷贱伤农"现象，国家往往会在丰收年规定最低收购价以保护农民的切身利益。否则一旦农民利益常年受损，很多农民就会放弃种田，结果就是常年粮食减产，而减产的后果就是整个社会的动乱。从经济学的角度说，对粮食实施最低限价收购，实际上是不经济的行为，因为均衡价格低于收购价格，资源配置没有达到最优。但是由于农业本身是弱势产业，又是关系到国内经济稳定的重要行业，尤其对于中国这样一个农业人口居多的大国来讲，保护农民利益关系到国家的稳定。

## 第一章 经济学,经世济民的学问——经济学的基本原理

政府有时可以通过控制价格来改善市场结果。而政府进行价格控制是因为他们认为有时候市场的结果是不公正的。价格控制往往可以帮助穷人。例如,租金控制法想要使每一个人都住得起房子,而最低工资法想要帮助人们摆脱贫困。那么什么是最低工资呢?简单来说,最低工资就是由政府设置的工人的最低薪金。

当经济不景气时,为了降低劳动力成本,雇主有可能将工人的工资压低至不合理的水平,而工人在害怕失业的情况下,不敢进行讨价还价,如果政府制定了最低工资制度,其低收入的老百姓就可以得到一定的生活保障。政府这个宏观调控的行为还可以维护工人的尊严,确保工人的收入可维持基本生活需要,减少宁愿接受社会援助也不工作的现象,这样一来,他们就可以在一定程度上避免被歧视。最后,最低工资制度还可以维持社会稳定。随着市场的自我调节,普遍薪资可能会不断降低,随即导致普通大众的消费力降低,最后导致经济衰退。所以,最低薪金可以有效防止市场弊端导致的薪资降低。另外,最低工资的保障还可以减少由于经济问题引发的不少社会问题,例如自杀、精神病、家庭问题等。

在2008年的金融危机下,政府是否应该救市成为人们热议的一个话题。到底是应该采取行动还是应该崇尚市场自由的观点呢?最后,我们看到在奥巴马的努力下,美国政府竭尽全力地救助企业,扶持银行,刺激市场,以维持人们对经济的信心,帮助美国经济走出低谷。中国政府在此轮危机中也出台了很多政策,4万亿元投资、减少税收、降低利率、稳定房价等,都是政府救市的表现,大家也看到了政府主导下经济的复苏。

究竟是应该崇尚市场机制还是应该采取政府干预,将会成为一个长期需要讨论的话题,但是在我看来,最合理的方式是将两者有机结合,在坚持市场自由的前提下,也不能排斥政府干预。当市场需要外界的力量恢复时,还是应该采取适当的政府干预以帮助市场走上正轨,使其重新焕发活力。

# 第二章 像大师一样思考
## ——经济学的思维范式

 亚马逊雨林的蝴蝶振动翅膀，将掀起太平洋的飓风
——蝴蝶效应

澳大利亚蝴蝶翅膀的振动，将掀起太平洋的飓风。这是一个用来说明蝴蝶效应的形象比喻。蝴蝶效应是指在一个动力系统中，初始条件微小的变化能带动整个系统长期巨大的连锁反应，是一种混沌现象。蝴蝶在热带轻轻地扇动一下翅膀，就可能对遥远的国家造成一场飓风。对于这个效应最常见的阐述是："一只蝴蝶在巴西轻拍翅膀，可以导致一个月后德克萨斯州的一场龙卷风。"

亚洲1998年发生的金融危机和美国曾经发生的股市风暴实际上就是经济运作中的蝴蝶效应；1998年太平洋上出现的"厄尔尼诺"现象就是大气运动引起的蝴蝶效应。

蝴蝶效应之所以令人着迷、令人激动、发人深省，不仅在于其大胆的想象力和迷人的美学色彩，更在于其深刻的科学内涵和内在的哲学魅力。混沌理论认为在混沌系统中，初始条件十分微小的变化经过不断放大，对其未来状态会造成极其巨大的差别。我们可以用在西方流传的一首民谣对此做形象的说明。

这首民谣说：

丢失一个钉子，坏了一只蹄铁；
坏了一只蹄铁，折了一匹战马；
折了一匹战马，伤了一位骑士；
伤了一位骑士，输了一场战斗；
输了一场战斗，亡了一个帝国。

## 第二章 像大师一样思考——经济学的思维范式

马蹄铁上一个钉子丢失，本是初始条件十分微小的变化，但其长期效应却是一个帝国的灭亡。这就是军事和政治领域中所谓的蝴蝶效应。这听起来有点不可思议，但是确实能够造成这样的恶果。一位明智的领导人一定要防微杜渐，一些看似极微小的事情却有可能造成集体分崩离析，那时岂不是悔之晚矣？而一个明智的人一定善于关注生活中微小的细节，善于未雨绸缪、防患于未然。

今天我们同样会受到蝴蝶效应的影响。从全球来看，2008 年的经济危机就是受到美国次贷危机的影响爆发的。美国次贷危机的"蝴蝶"在北美洲扇动了一下翅膀，世界的各个角落都爆发了或大或小的经济危机，导致了全球性的经济危机。现在消费者越来越相信感觉，所以品牌消费、购物环境、服务态度等，这些无形的价值都会成为他们选择的因素。如果在你的统计中，100 名客户里只有一位不满意，你可以为此骄傲地声称只有 1%的不合格；但对于该客户而言，他得到的却是 100%的不满意。你一朝对客户服务不周，公司就需要 10 倍甚至更多的努力去补救。

今天，不仅仅是企业、国家，甚至个人都会受到蝴蝶效应的影响。而组织和个人自由组合的结果就是：谁能捕捉到对生命有益的"蝴蝶"，谁就不会被社会抛弃。我们需要关注国家的政策动向，未雨绸缪，尽量避免自身利益受到损害。

### 强者愈强，弱者愈弱
### ——马太效应

目前，强者愈强，弱者愈弱。这是一种现象，但是究竟为什么会出现这种现象呢？马太效应或许能给我们一些启示。

马太效应，指强者愈强，弱者愈弱；好的愈好，坏的愈坏；多的愈多，少的愈少的现象，广泛应用于社会心理学、教育、金融以及科学等众多领域。其名字来自《圣经·新约·马太福音》中的一则寓言，故事主要讲的是一位国王远行前，按各人的才干交给三个仆人每人一笔银子，国王回来时，第一个仆人说："主人，你交给我的五千银子，我又赚了五千。"

天秤

于是国王奖励了他。第二个仆人报告说:"主人,你交给我两千银子,我又赚了两千。"于是国王也奖励了他。第三个仆人报告说:"主人,你给我的一千银子,我一直埋在地里,请看,你的银子在这里。"于是,国王命令将第三个仆人的银子赏给第一个仆人,说:"凡是有的,还要加给他,叫他有余;没有的,连他所有的,也要夺过来。"

三个仆人的财富在最开始时是一样的,但是到最后却相差悬殊。差距悬殊的形成有两个方面的因素:内部因素和外部因素。最开始的差距是因为三个仆人自身的投资潜能、风险偏好、努力程度等因素造成的;后来国王的强制执行使得差距进一步拉大,这是由外部因素造成的。三个仆人的财富差距产生了连锁传导的效应,这就是通俗意义上的马太效应。

罗伯特·莫顿归纳马太效应为任何个体、群体或地区一旦在某一个方面(如金钱、名誉、地位等)获得成功和进步,就会产生一种积累优势,就会有更多的机会取得更大的成功和进步。此术语后为经济学界所借用,反映贫者愈贫、富者愈富、赢家通吃的经济学中收入分配不公的现象。

中国社会何以会出现贫富差距的马太效应?大家说法各异,但是所有的原因都可以归结于一点,那就是起点不公。历史的起点对于人们来说是先天的,这一点无从选择。比如,生在贫困人家的孩子,与生在富裕人家的孩子相比,在生活水平、教育环境等条件上起点自然会有很大的差别。又如,地域之间的差异,同样一个人在城市所获得的机会比在农村所获得的机会要多得多,在发达地区所获得的机会比在落后地区所获得的机会也要多得多。与历史的起点不同,制度和教育的起点则是后天的,这样的起点不公完全是可以避免的。中国社会中的起点不公,除了不可回避的历史原因以外,相当一部分是由制度安排不当、教育机会不均等后天因素所引起的。

马太效应在社会中广泛存在。在教育领域,越是教授、专家,得到的科研经费越多,社会兼职越多,各种名目的评奖似乎都是为他们而准备的;越是有名气的高校,投入的建设经费越多;越是好学生获得的学习机会越多,最终便出现了成绩好的愈好,成绩差的愈差。在科学领域,研究成果越多的人往往越有名,越有名的人成果越多,最后就产生了学术权威。在社会领域,最典型的例子就是残疾人,许多残疾人由于自身的缺陷上不了学,上学和受教育对一般人来说是必须履行的义务,可是对他们而言,上学就是梦想。由于残疾,先是失学,然后失业,最后失去生存能

## 第二章 像大师一样思考——经济学的思维范式

力,这就是最明显的马太效应,也是最残酷的马太效应。

马太效应,所谓强者愈强,弱者愈弱,一个人如果获得了成功,什么好事都会找到他头上。大丈夫立世,不应怨天尤人,人最大的敌人是自己。做事态度积极、主动、执着,那么你就赢得了物质或者精神财富,获得财富后,你的态度更加强化了你的积极主动性,如此循环,你才能把马太效应的正效果发挥到极致。

### 蜜蜂采蜜,也在无偿地传粉
——外部性效应

养蜂场养蜂取蜜,蜂儿飞到别人的果园从果树上采蜜,养蜂人因为蜂蜜而获益,而果园的主人也因此受益,因为他的果树经蜜蜂传授花粉能结更多的果实。养蜂场的生产活动,主要是蜜蜂的采蜜劳动,对别人而言却能产生额外的收益。这种现象在经济学中叫作"外部性"。

外部性是指一个人在自己的生产和消费活动中产生了一种对他人的影响,如果是好的影响,就叫正的外部性,或者叫外部经济性;如果是不好的影响,就叫负的外部性,或者叫外部不经济性。比较学术化的表达就是,一个人的行为可能成为他人的效用函数的自变量。这里蜜蜂的劳动就具有正的外部性效应。生活中这样的例子还有很多。

你把自家房子的外形弄得别致独特,并在阳台上种满花草,建筑的美丽和花草的芳香让路人感到赏心悦目,若家家都如此,此地可成优美的景观,引来游客,因此,这样的装饰行为具有外部经济性。相反,若家家户户的门窗都装上钢条保安笼,此地便弄成了监牢的样子,这就是负的外部性。

最典型的是污染问题。比如,有的工厂烟囱浓烟滚滚,造成空气中粉尘弥漫,四邻的人不能开窗,更增加了诱发呼吸系统疾病的可能性。有的工厂把污水直接排入江河农田,发黑发臭的水使鱼虾和农作物死亡。又比如,有个地方在建设高速公路时进行爆破作业,不料惊动了附近一个养兔场,好多兔子受惊后精神失常,导致怀孕的母兔流产,造成了经济损失。这都是外部不经济性。

有的活动兼有正的和负的外部性。比如,你家养狗,使小偷不敢光顾这一带,但增加了这一社区狂犬病传播的可能性。又比如,一家商店播放着舒曼的音乐，大家爱听，但若音量大得要震破耳膜，人家就有意见。

当然，外部性一般不是当事人的本意，他并不是故意要对别人这么做，或者说不是要故意为害别人的，他本来只是为了自己的利益而这么做的。所以这种行为的外部性又叫作"溢出效应"，效果"溢"到别人头上去了。

外部性的存在会促使我们在做任何事情时不能只考虑自己，而是要同时考虑这可能会给他人带来什么影响。对具有外部经济性的好事，我们要设法将它内部化，以使"肥水不流外人田"。当一家新的电影院建成并开张以后，它周围那些小吃店的生意会好起来，这时电影院不妨自建一个餐馆。按钱钟书的幽默说法，"药店带开棺材铺子，太便宜了"。这也是现在许多企业搞多元化经营的一个原因，多元化的项目最好是外部经济性所及之处。而对于外部不经济性的事，我们最好加以避免。当影响的是个人利益时，人家可能要与你打官司；当影响的是公共利益时，法律就要对你的行为进行干预。从宏观的角度来看，有效的制度能防止外部不经济性不良后果的出现。

所以，我们做事情的时候要全面考虑外部性，充分发挥正外部性带来的好处，同时也尽量避免负外部性带来的麻烦。

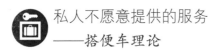

## 私人不愿意提供的服务
### ——搭便车理论

不知道大家有没有在市面上见过彼阳牦牛和神奇牦牛的产品。彼阳牦牛在电视、报纸媒体上进行密集性广告轰炸，而这恰恰给神奇牦牛窥见了行销机会。神奇牦牛悄悄渗透终端，采用终端跟进策略，争取哪里有彼阳牦牛铺货，哪里就有神奇牦牛守阵，也取得了很好的销售业绩。神奇牦牛的包装色调与彼阳牦牛几乎雷同，包装盒面积比彼阳牦牛要大，但价格稍低，其终端展示形象比彼阳牦牛更显牛气。

这种现象就是经济学里常见的搭便车现象。搭便车是指在经济学领域中，厂商和个人不付出任何成本，而坐享他人之利。这一般发生在提供私人不愿意提供的服务——公共产品的服务上。比如，由于罢工的胜利，工人获得加薪，这对所有工人都有好处，但那些参加罢工的工人却承担了所有风险和成本，而没有参与罢工的工人就搭了便车。文章开头的现象是厂家惯用的搭便车策略，一些弱势产品跟进强势产品，借力铺货，最大限度地减少新产品进入市场的阻力，使新产品快速抵达渠道的终端，从而尽快与消费者见面。对没有强大实力的弱势产品而言，搭强势品牌的广告便车是一条切实可行的策略。

搭便车现象并不是现代经济社会所特有的，早在齐国时期就存在了。古时候，齐国的国君齐宣王爱好音乐，尤其是喜欢听竽。齐宣王手下有300个乐师，他经常让他们一起献奏。有个南郭先生，虽然不会吹竽，但是很会吹牛，他跑到齐王那里，说自己吹竽的技术是如何的高超，可以吹得花草翩翩起舞，吹得鸟兽驻足倾听，希望能跟着大家为齐宣王演奏。齐王一听，很高兴，没有对其考查就直接录用了。以后每次南郭先生都和其他乐师一起为齐宣王演奏，别人摇头他也摇头，别人晃脑他也晃脑，并且装出非常投入和动情的样子，就这样享受着优厚的待遇，拿着不错的薪水，得意极了。直到齐宣王的儿子继位，喜欢听乐师单独吹奏，南郭先生才因瞒不下去而灰溜溜地逃走了。南郭先生其实就是一个不折不扣的搭便车者，应该算作搭便车的祖师爷了。他借着别人的技艺，为自己牟取利益。

现实生活中也有很多搭便车的现象。如果某一楼盘销售价格由3万元/平方米降至2万元/平方米，大部分普通民众仍无力购买，反而使得富人花更少的代价取得了房屋，这无法解决

"搭便车"现象

大部分民众的住房问题，反而使富人搭了穷人的便车。某个小区希望能够安装路灯，希望大家能投票支持，并共同出钱出力；而那些反对安装路灯、拒绝出钱出力的人，却在路灯装好后享受到了路灯带来的便利。在改革开放以前，中国实行生产队编制，所有的人都需要到地里去干活，但是大家都希望别人能多做点，自己能歇着，这样能实现搭便车的好处，坐享别人的劳动成果。又比如，在产品上，曾出现过类似于乌江榨菜的乌江榨菜，享受别人的广告带来的效应。

作为一个理性人，搭便车是一个最优的选择，可以减少自己的成本投入，同时还能享受到诸多好处。但是对整个社会来说却未必是件好事，因为，如果人人都想着去搭别人的便车，那还有谁会去努力耕耘呢？这个社会的进步还能由谁去推动呢？

## 大家都可以无偿使用的物品
### ——公共产品

随着义务教育的推行，大家越来越觉得自己的获益增加，人人都获得了受教育的机会，人人都可以享受这个免费的产品。这就是我们常说的，大家都可无偿使用的公共产品。

公共产品是私人产品的对称，是指具有消费或使用上的非竞争性和受益上的非排他性的产品。在西方经济学中，公共产品亦称"公共财货""公共物品"，指能为绝大多数人共同消费或享用的产品或服务。如国防、公安司法等方面所具有的财物和劳务，以及义务教育、公共福利事业等。公共产品具有两个基本特征：一是非竞争性。一部分人对某一产品的消费不会影响另一些人对该产品的消费，一些人从这一产品中受益不会影响其他人从这一产品中受益，受益对象之间不存在利益冲突。例如国防保护了所有公民，其费用以及每一公民从中获得的好处不会因为多生一个小孩或一个人出国而发生变化。二是非排他性。这是指产品在消费过程中所产生的利益不能为某个人或某些人所专有，要将一些人排斥在消费过程之外，不让他们享受这一产品的利益是不可能的。例如，消除空气中的污染是一项能为人们带来好处的服务，它使所有人能够生活在新鲜的空气中，要让某些人不能享受到新鲜空气的好处是不可能的。国防、秩序、环保、科技、教育、文化是几种重要的、典型的公共产品。

公共产品的非排他性和非竞争性，要求公共产品的生产必须有公共支出予以保证；经营管理必须由非营利组织承担。因此，公共产品也主要由政府提供，私人无偿享用。

大部分公共产品，由于不具有排他性，很多人在使用的过程中都不会保护或者爱惜它们。如公共场所的地总是比家里的要脏，公共设施总是会比家里的相同设施先坏掉……但是，在津巴布韦出现了一个例外。

在津巴布韦，大象原本是属于全体公民的，村民们仅仅通过向观看大象的游客收取费用获得收入，但后来他们提出了一种新的保护大象的方法，把大象分给村民，并且允许村民向那些捕杀大象的猎人们收取费用。这种看起来更加残忍的方法却收到了很好的效果，自20世纪70年代中期津巴布韦实行这项政策开始，尽管允许捕猎，但津巴布韦的大象数量却一直在上升，其原因在于大象属于村民时，村民会更加积极地为大象的生命着想，他们更加关心大象，积极配合警察阻止那些企图偷盗象牙的捕猎者。大象的数目越多，村民们从游客那里收到的费用也就越多，保护属于村民私有财产的大象也就更加责无旁贷了。

这个例子告诉我们，如果有一个更加明晰的产权制度来规范和合理使用公共物品，让大家意识到公共物品也有一份是属于自己的，人人都可以通过公共物品获得一定的好处，这时候大家就会改变原来那种"反正不是我的，想怎么糟蹋就怎么糟蹋"的想法，反而会自觉地减少浪费或者过度使用的行为，更加合理地使用公共物品。这样，社会将会因为大家的共同努力而变得更加和谐，环境也变得更加宜人。

 短板，永远决定整体的水平
——木桶效应

你所在的学校规定，如果有一门课程不合格，那么你将失去提前毕业和获得奖学金的机会，哪怕你是一个非常优秀的学生。这门不合格的课程将会成为你学习生涯的一个短板，它决定了你不能提前毕业，也使你没有申请奖学金的资格。这就是我们常说的木桶效应。

木桶效应是由美国管理学家彼得提出的，是指一只水桶想盛满水，必须每块木板都一样平齐且无破损，如果这只桶的木板中有一块不齐或者某块木板下面有破洞，这只桶就无法盛满水。也就是说一只水桶能盛多少水，并不取决于最长的那块木板，而是取决于最短的那块木板。所以，木桶效应也可称为短板效应。它告诉我们：构成组织的每个部分往往是参差不齐的，优劣各异的，而劣势部分往往决定整个组织的水平。"木桶理论"有两个推论：其一，只有桶壁上的所有木板都足够高，水桶才能盛满水；其二，只要水桶里有一块木板不够高度，水桶里的水就不可能是满的。

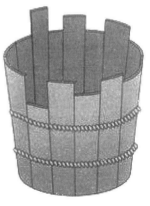

木桶

举个典型的事例，上大学的时候，我们学院的篮球队是全校比较有名的，队里有很多"明星"球员，比如最佳后卫、三分投手、优秀中锋……

但是，我们院队从未拿过冠军，这一直是我们的遗憾，究竟为什么会产生这样的现象呢？我们这个球队虽然有不少的优秀球员，这是我们的"长板"，但是队里的各位都有一个毛病，喜欢自己玩自己的，拿球不传球，不团结，感觉每场比赛都是几个队员的个人秀。四年里，我们一直都没拿到冠军，不是因为我们能力不够，只是因为我们一直只看到了自己的"长板"，认为是"长板"决定着我们成功与否，而忽略了真正起作用的是我们不够团结配合的"短板"。想想如果当时我们能够意识到这个问题，及时弥补我们的"短板"，极力发挥我们的"长板"，就一定能成为一个能够载入学校历史的球队。

著名的管理顾问奥斯汀指出，如果企业将过多焦点放在明星员工身上，而忽略了占公司多数的一般员工，就会打击团队士气，使发挥明星员工的才能与发挥团队合作的精神两者间失去平衡。奥斯汀表示，超级明星很难成为服从团队合作的人。明星之所以是明星，因为他们和其他人的等级不同，他们需要的是不断提高标准，挑战自己。这时主管应该自问：谁对公司比较重要？是几个明星员工，还是一群默默耕耘的员工？企业必须懂得善用明星员工之所长，同时也不扼杀其他员工的贡献。一个真正优秀的管理者，必须善于发现自己负责管理的系统中的"短板"，敢于揭短，善于补短，才能大大提高工作效率和经济效益。

在每个人的工作学习生活中，木桶效应的原理照样适用。通常情况下，一个人成功的要素包括天赋、兴趣、专长、性格、意志、机遇等诸方面，我们可以将其看作木桶周围参差不齐的木板，其中每一块木板都对整个木桶盛水有影响。一个人成就的大小，就像木桶盛水的多少一样，往往不是取决于他的长处有"多长"，而是取决于他的短处有"多短"。他的长处只是表明他具有这方面的特长，仅此而已，并不能代表他在这方面就一定能够有所作为，而他的短处却往往决定他在这方面的成就的大小。

木桶效应告诉我们，只有把自身的"短板"补齐了，"长板"的作用

俗话说，一颗老鼠屎坏了一碗粥。

短板，永远决定整体的水平
——木桶效应

才能得到发挥,我们人生的木桶才能清澈盈满,因为决定人生这个木桶的容量的,永远是最短的那一块板。但是,我们也不能过分强调一定要补齐短板。短板毕竟是因为一些原因才成为短板的,有些原因是不可避免的。这时候,我们就应当正视自己的短板,要选择适合自己的成功路径,扬长避短,真正走上可行的成功之路。

 为什么程咬金只有三板斧
——路径依赖

《隋唐演义》中给人印象最深的应该要数好汉程咬金了。此君极有性格,上阵来先是一阵咒语:此路是我开,此树是我栽,要从此路过……然后不管对方使何兵器,上来就是三板斧。不少初来乍到的对手,往往还没醒过神,已被劈下马来。不过老程这招,对和他交过手的人往往失效,因为人家发现,他搞来搞去就这三下子。这个故事就是典型的路径依赖。

第一个使路径依赖理论声名远播的是道格拉斯·诺思。由于用路径依赖理论成功地阐释了经济制度的演进,道格拉斯·诺思于1993年获得诺贝尔经济学奖。诺思认为,路径依赖类似于物理学中的惯性,一旦进入某一路径(无论是好的还是坏的)就可能对这种路径产生依赖。某一路径的既定方向会在以后发展中得到自我强化。人们过去做出的选择决定了他们现在及未来可能的选择。好的路径会对企业起到正反馈的作用,通过惯性和冲力,产生飞轮效应,企业发展因而进入良性循环;不好的路径会对企业起到负反馈的作用,就如厄运循环,企业可能会被锁定在某种无效率的状态下而导致停滞。而这些选择一旦进入锁定状态,想要脱身就会变得十分困难。

路径依赖理论被总结出来之后,人们把它广泛应用在选择和习惯的各个方面。在一定程度上,人们的一切选择都会受到路径依赖的可怕影响,人们过去做出的选择决定了他们现在可能的选择,人们关于习惯的一切理论都可以用路径依赖来解释。

通过历史上几个路径依赖的典型例子,我们可以看到这一效应对人类生活及现代文明的巨大影响。

现代铁路两条铁轨之间的标准距离是四英尺又八点五英寸(相当于

1435毫米），为什么采用这个标准呢？原来，早期的铁路是由建电车的人所设计的，而四英尺又八点五英寸（1435毫米）正是电车所用的轮距标准。那么，电车的标准又是从哪里来的呢？最先造电车的人以前是造马车的，所以电车的标准是沿用马车的轮距标准。马车又为什么要用这个轮距标准呢？因为古罗马人军队战车的宽度就是四英尺又八点五英寸（1435毫米）。罗马人为什么以四英尺又八点五英寸为战车的轮距宽度呢？原因很简单，这是牵引一辆战车的两匹马屁股的宽度。有趣的是，美国航天飞机燃料箱的两旁有两个火箭推进器，因为这些推进器造好之后要用火车运送，路上又要通过一些隧道，而这些隧道的宽度只比火车轨道宽一点，因此火箭助推器的宽度由铁轨的宽度所决定。所以，今天世界上最先进的运输系统的设计，在两千年前便由两匹马屁股的宽度决定了！

现在我们通用的QWERTY键盘事实上并不是效率最高的设计，为什么我们会一直沿用呢？1936年，美国发明家Dvorak博士历经十余年的研究，发明了一种新的键盘，起名为ASK键盘（美式简化键盘，American Simplified Keyboard，后被称为ASK键盘），声称比打字机发明者、美国人Sholes 1870年设计的QWERTY键盘效率更高。据说，当初Sholes在研制打字机时，是为了解决打字员打字速度过快造成挤塞的问题，故意打乱了字母排列顺序，设计成直到今天仍通行的QWERTY顺序排列。不过，ASK键盘并没有站住脚，而是慢慢地销声匿迹了，QWERTY键盘独霸键盘市场。造成这种现象的原因，正是所谓的路径依赖。QWERTY键盘之所以能在市场上占据统治地位，不是因为它最好，而是因为它最早。

路径依赖在一定程度上让人感觉像是"魔咒"，一个小小的行为居然会影响到几千年后的生活。但是，这个"魔咒"并不可怕，只要你有足够的勇气和信心，你同样可以突破这一禁锢。曾子墨在摩根士丹利事业蒸蒸日上，职业生涯趋于最高峰时，都能摆脱路径依赖，重新做出自己的选择，并在凤凰卫视打造出自己的一片天地；施瓦辛格在影坛叱咤风云时，都可以重新选择走上政坛……这些事例告诉我们：只要你有决心和毅力，一切都将成为可能，路径依赖也不能成为阻碍你的一个因素。

## 应该偏向谁呢
## ——效率和公平

随着社会的发展，改革的深入，效率和公平的关系问题成为人们的话题。有人说，效率与公平犹如鱼与熊掌一般不可兼得。也有人说，效率与公平具有内在统一性，可以两者兼顾。究竟该偏向谁呢？这也成为我们不得不思考的一个问题。

效率指资源投入和生产产出的比率。人类任何活动都离不开效率问题，人作为智慧动物，其一切活动都是有目的的，是为了实现既定的目标。在实现目标的过程中，有的人投入少，但实现的目标多，即我们所说的事半功倍；而有的人投入很大，但实现的目标少，或者实现不了其目标，即我们所说的事倍功半。前者是高效率，后者是低效率。所以效率就是人们在实践活动中的产出与投入之比值，或者叫效益与成本之比值。如果比值大，效率就高，也就是效率与产出或者收益的大小成正比，而与成本或投入成反比例。也就是说，如果想提高效率，必须降低成本投入，提高效益或产出。

公平指人与人的利益关系及利益关系的原则、制度、做法、行为等都合乎社会发展的需要。公平是一个历史范畴，不存在永恒的公平。不同的社会，人们对公平的观念是不同的。公平观念是社会的产物，按其所产生的社会历史条件和社会性质的不同而有所不同。公平又是一个客观的范畴；尽管在不同的社会形态中，公平的内涵不同；不同的社会，不同的阶级，对公平的理解不同；但公平具有客观的内容。公平是社会存在的反映，具有客观性。

效率与公平的关系是辩证统一的。一方面，一个有效率的社会，其资源配置、管理体制、运作机制应该是合理的、公正的。效率的提高为建立更高层次的公平奠定了物质基础。只有不断提高效率，才有社会财富的不断丰富，才有高层次公平形式的脱颖而出。另一方面，一个公平的社会，其资源一定能得到合理的配置，人的积极性、创造性才能得到最大限度地发挥。人们长期持久的工作积极性在相当程度上取决于公平感。如果没有劳动者的积极性，任何效率都无从谈起。总之，效率的提高有助于公平的实现，社会的公平也有助于效率的提高。效率促公平，公平出效率。从这个意义上说，效率与公平是一致的，是内在统一的。但是，现实生活中，效率与公平没有能够很好地协调起来，相反，它们之间的矛盾突出。追求公平，效率就大打折扣，比如改革开放前的生产队编制，虽然实现了公平，但是效率不尽如人意。追求效率，公平便有失公允，比如采取绩效工资的企业，能干的、高效率的员工每个月就能拿到高工资，而效率较低的员工只能守着仅有的一点薪水，这显然提高了效率，但是也拉开了收入差距，从一定意义上说有失公平。公平与效率的矛盾必将影响经济的发展、社会的稳定。强调坚持注重效率与维护社会公平相协调显得非常重要。

因此，当今社会最为明智的选择就是"效率优先，兼顾公平"。在保证效率的前提下，还应当注意实现社会公平，这样有助于协调人们之间的经济利益关系，实现经济社会协调发展，构建和谐社会，充分调动人们的积极性，大力发展生产力，实现社会的共同富裕。

 为什么20％的人掌握着80％的财富
——"二八法则"

早在1897年，意大利经济学家维尔弗雷多·帕累托就发现了一个奇怪的现象。他在对19世纪英格兰地区财富与收入的分配模式进行观察的过程中偶然发现，参与抽样调查的人中20％的人占有80％的收入和财富，而80％的人只拥有20％的社会财富。这种统计的不平衡性在现代社会、经济及生活中无处不在，这就是"二八法则"，又叫"80/20原理"。

"二八法则"是指在任何一组事物中，最重要的只占一小部分，约20％，其余的80％，尽管是多数，却是次要的，因此只要控制住具有重要性的少数因子就能掌控全局。"二八法则"指出原因和结果、投入和产出、努力和报酬之间存在的典型的不平衡现象。这种不平衡现象是因为事物的内部存在着不平衡的力量，必然会有强势和弱势之分，也势必会造成因果关系的不对等。从财富分配的角度来说，就是这种不平衡导致了人们收入的差异。例如，两个人同样投入8小时工作，而产出的成果是绝对不一样的。员工工作8小时获得100元的报酬，而老板工作8小时可能就获得了100个100元——1万元的报酬。

美国著名企业家威廉·摩尔在为格利登公司销售油漆时，第一个月仅挣了160美元。此后，他仔细研究了犹太人经商的"二八法则"，分析了自己的销售图表，发现他80%的收益来自20%的客户，但是，他过去却对所有的客户花费了同样多的时间——这就是他过去失败的主要原因。于是，他要求把他最不活跃的36个客户重新分派给其他销售人员，而自己则把精力集中到最有希望的客户上。不久，他一个月就赚到了1000美元。摩尔学会了犹太人经商的"二八法则"，并且连续9年从不放弃这一法则，这使他最终成为凯利·摩尔涂料公司（Kelly-Moore Paint Company）的董事长。

"二八法则"被推广到了社会生活的方方面面，且深为人们所认同。例如，在销售中，通常是20%的销售人员完成总销售额的80%；在顾客中，20%的大客户，给企业带来80%的收益；在市场上，20%的品牌占了80%的市场份额；在股市中，20%的人赚钱，80%的人亏钱；在财富分配上，20%的人最富有，掌握了80%的财富；在教学中，20%的教学内容，能对学生产生80%的收益；在感情生活中，20%的人，其离婚次数占总量的80%；在家中，无论是地毯还是家用电器，80%的磨损出现在20%的位置上；在穿着上，80%的时间里，你穿的是你所有衣服的20%；等等。

在我们的生活中，"二八法则"无时无刻不发挥着作用，这就要求我们学会思考，学会怎么样付出更少，既能获得个人成功，又能获得事业成功；怎样做得最少，既能享受生活，又能实现生命价值。要尝试把这种四两拨千斤、事半功倍的想法，应用到你的事业和生活等领域中。如果你想取得人生的辉煌和事业的成就，就必须约束自己。运用"二八法则"的最好办法，是为自己形成一定的规则。为了形成自己的规则，你可以从以下几方面去做：

（1）用约80%的时间和精力做约20%的最重要的事情，用约20%的时间和精力做约80%的琐事。

（2）发现自己的兴奋周期，用20%的最佳精力去完成最重要的事情。

（3）少做一些事情，但是一定要做好一些事情，合理运用二八法则，放弃费力不讨好的事情。

（4）面对抉择的时候，要找出关键的20%，实现80%的好处。

（5）寻求捷径，学会站在巨人的肩膀上看问题，用最少的努力去解决问题。

（6）不必每件事情都表现优秀，只要在几件重要的、突出的事情上大放光彩就好了。

## 何时，可以称之为完美
### ——帕累托最优

经济学中的完美，不同于我们现实中的看法，现实中我们认为人人都达到最好的境地即是完美。在经济学中，当达到帕累托最优的状态时就可以称之为完美了。何为帕累托最优状态呢？帕累托最优，也称为"帕累托效率"，是资源分配的一种状态，指在不使任何人境况变坏的情况下，不可能再使某些人的处境变好。这是以意大利经济学家维尔弗雷多·帕累托的名字命名的，他在关于经济效率和收入分配的研究中最早使用了这个概念。

比如，两个人同时要去楼下排队打水、打饭，如果两人分开来做，两个人都要花费排队打水和打饭的累加时间，但如果两人达成一项协议，一个人专门负责排队打水，一个人专门负责排队打饭，那么完成这两项工作的时间就变成了这其中一项行动所花费的时间，这样的结果是使两个人都受益，是一个比较生活化的帕累托最优例子。

帕累托最优的概念中还涉及一个帕累托改进，所谓"帕累托改进"是指一种变化，在没有使任何人境况变坏的情况下，使得至少一个人变得更好。一方面，帕累托最优是指没有进行帕累托改进余地的状态；另一方面，帕累托改进是达到帕累托最优的路径和方法。帕累托最优是公平与效率的理想王国。

生活中帕累托改进的例子比比皆是。就拿坐车来说吧，一辆长途汽车，标准载客量是25人，如果在载客20人的情况下，再上5人，这20人的"处境不会变坏"，而那5人的"处境还变好了"，这就是典型的帕累托改进，此时也正好处在了帕累托最优状态。但是如果在已坐25人的情况下，再上5人，就会使得全体乘客的安全受到影响，这样那25人的处境变差，自然也就不是帕累托改进了。同样，看比赛、逛公园、看电影等等，也是同样适用的。

帕累托改进的特点是自己变好，同时又不使他人变差。正是由于帕累托改进没有损害到他人的利益，其行为所遇到的阻力往往很小。以我国初期的改革开放为例，其政策大多都是帕累托改进，比如"分田到户"和"联产承包责任制"，它们的特点是广大农民获得了切实的好处，而其他行业也没有

## 第二章 像大师一样思考——经济学的思维范式

受到什么损失,所以推行起来阻力不大。但是如果不是帕累托改进,即在使一部分人变好的同时,肯定会使另一部分人变差,阻力就会增大。还有,如果双方同意做一笔买卖,彼此都能获利,而且不存在负的外部性(使第三者受损),那么促成这种交易就是一种帕累托改进,而阻止交易的实现就是偏离了帕累托最优。同时这笔交易也很容易促成,阻力不大。

如果一个经济制度不是帕累托最优,那么就应该进行帕累托改进。一家企业如果能够做到在不损害对手的情况下为自己争得利益,即可认为在进行帕累托改进。如果是两家帕累托改进的企业进行交易,往往就意味着双赢局面的实现。

在经济学上,帕累托最优体现了一种效率和公平的完美结合,是一颗璀璨的明珠,它立足于经济学家天生的实用性,又表达出追求一种美好世界的理想,所以一直为世人称道。"让自己变好,又不会使别人变差",经济学也同样体现出了可取的人文道德。由此看来,帕累托最优的状态是大家苦苦追寻的近乎神往的一个状态。

帕累托最优

但是,需要说明的是,帕累托最优状态是一个过于理想化的状态,现实生活中这是一个基本上很难达到的状态。帕累托改进的存在有一个的苛刻条件,即不允许任何人的利益受到损害,这一点在现实中是很难实现的。因此,帕累托最优状态将永远成为我们心中的理想王国,我们也只能向往、憧憬着这种完美的状态。

## 贪污,为何屡禁不绝
## ——寻租理论

贪污成为每个领导者执政时期都需要重视的一个问题,然而不管采取什么样的措施,出台多么严厉的惩罚条例,贪污还是不断发生。为什么贪污会屡禁不绝呢?为什么贪污事件会从古至今从未停息过呢?为什么会有那么多人"明知山有虎,偏向虎山行"呢?这就涉及经济学中常提到的寻租理论。

租，即租金，也就是利润、利益、好处，在经济学里指一种生产要素的所有者获得的收入中，超过这种要素应该获得的平均利润部分。寻租，即对经济利益的追求，指通过一些非生产性的行为实现对利益的寻求。如有的政府部门通过设置一些收费项目为本部门谋求好处；有的官员利用手中的权力为个人捞取好处；有的企业贿赂官员为本企业得到项目、特许权或其他稀缺的经济资源。寻租是一些既得利益者对既得利益的维护和对既得利益进行的再分配的活动。寻租往往使政府的决策或运作受利益集团或个人的摆布。这些行为有的是非法的，有的合法不合理，往往成为腐败和社会不公及社会动乱之源。

寻租活动有三个层次，下面以出租车为例来进行说明。第一个层次：政府用发放有限数量的经营执照人为地限制出租汽车的数量，那么市场上出租车数量就少于自由竞争水平，牌照管制带来了第一个层次的寻租活动。第二个层次：既然政府官员可以决定牌照的管制，那么争取这个职位就形成了第二个层次的寻租活动。第三个层次：寻租活动是超额收入，（部分或全部）会以执照费的形式转化为政府财政收入，那么争夺这部分财政收入，就形成了第三个层次的寻租活动。由于寻租活动的存在，政府的决策必将或多或少地为自己考虑。

人们通常以为寻租往往是政府或与政府相关的行为，其实这是一种带有偏见的看法。即使在市场中，寻租行为也极为常见，如金融领域的投机交易及其在不确定性中追逐最大价值的行为就是系统性的寻租行为，因而构成市场经济中的寻租结构，这种寻租性的市场和经济结构会提高经济社会成本，恶化经济效率，挤占利润和工资等收入份额，抑制投资和消费需求。这一点在货币信用体系和金融市场中表现得尤为明显。

因此，不论在哪个领域，哪一领导集团下，哪一方面，大家都应该坚决抵制寻租行为，保护大多数人的利益不受侵害。

# 第三章 上帝之手,无形之手
## ——市场与买卖

进行交换的场所
——市场

市场是社会分工和商品经济发展到一定程度的产物。传统观念的市场是商品交换的场所,如商店、集市、商场、批发站、交易所等。市场有狭义和广义之分。狭义的市场是指买卖双方进行商品交换的场所。广义的市场是由那些具有特定需要或欲望,愿意并能够通过交换来满足这种需要或欲望的全部顾客所构成的,概括成公式就是:市场＝购买者＋购买力＋购买欲望。

"市场"一词起源于古时人类对于固定时段或地点进行交易的场所的称呼,而此交易场所是消费者为了减少搜寻成本所形成的。如今,市场具备了两种意义,其中一种意义是场所,如传统市场、股票市场、期货市场等;另一种意义为交易行为的总称。"市场"一词不仅仅只是场所,还包括在此场所进行交易的行为。故当谈论到市场的大小时,并不仅仅指场所的大小,还包括消费行为是否活络。

事实上,市场不仅仅起到提供交易场所的作用,市场还是组织经济活动的一种好方法。就拿"下海"这个词来说吧,下海是指许多人原本为政府机关的工作人员,但他们放弃了稳定的职业保障,选择去从事风险较大的商业行为。这里所指的商业行为,实际上就是我们所说的利用市场经济,发挥市场的作用。

在改革开放初期,很多现在声名显赫的企业家就是在那个时候下海经商的。比如我们耳熟能详的史玉柱,从巨人汉卡到巨人大厦,从脑白金再到黄金搭档,这些成功都得益于他1989年的下海决定。我们知道,中国大部分人是保守的，特别是在那时候，大家都觉得稳定第一，勇于下海的人是很不容易的，他们背负着巨大的压力，在市场经济中创造自己的财富，实现自己的梦想。当初官员下海只是个例，但是现在已经变成了一个庞大的群体。他们的涌现一方面反映了政策的变化和时代的变迁，另一方面也充分体现出了市场给人们带来的好处。

如今下海的，不仅仅有官员还有我们的体操明星，目前做得最成功的应该要数李宁。1994年年初，他成立了李宁体育产业公司。1995年，他成立了李宁集团，他亲任集团董事长兼总经理。2004年，公司正式在香港主板市场上市。

正是因为市场经济有很多优点，所以才有那么多人去下海经商。首先，市场调节就是价值规律的自发调节，企业可以根据市场上某种商品的价格分析供求情况，以此来指导企业生产。另外，市场通过价格机制和利润机制，可以在资源配置和经济结构调整中进行自我调节。还有，市场通过竞争机制，可以推动技术革新和产业结构调整。最后，市场机制不仅仅是在配置资源方面很灵活，还能够给予企业前进的动力，实现优胜劣汰。在市场经济中，中央的决策被企业和家庭的决策所取代。这些企业和家庭在市场上相互交易，价格和个人利益引导着他们的决策，他们仿佛被一只"看不见的手"所指引，获得了合意的市场结果，最终实现了共赢的局面。所以我们要适应市场经济的规律，达到自己的目标。

教育也要符合市场经济，特别是一些职业技术学校的教育，应该使专业教学与市场接轨，这样才能真正地适应市场需要，才能使学生学有所成，在激烈的竞争中处于不败之地。在一定程度上，市场经济就是品牌的竞争、知识的竞争、人才的竞争，而教育可以解决市场经济中人才的问题。只有对人才进行培养，使知识与市场结合起来，才能面临新的挑战。

当然，我们也应该看到市场给社会带来的一些问题。市场经济时代，工业成为主导产业，给我们的社会带来了一些不稳定的因素，如城乡居民的收入差距越来越大、农民的贫困问题日益突出等。另外，随着家庭规模的缩小和职能的剥离，家庭的伦理危机开始出现。夫妻感情日渐淡化和子女赡养老人等问题也随之出现。市场除了会带来一些问题外，也会有失灵的时候。一旦市场失灵的现象出现，短时期内往往不可能具备自我修复的能力。这个时候，政府就要负起责任，采取有效措施干预市场，恢复市场参与主体的信心。

因此，我们应该辩证地看待市场，合理地利用市场。既要意识到作为交易场所的市场给我们的社会带来的好处，也应该看到市场带来的一些不利因素，要学会合理运用市场，在充分发挥市场优势的前提下，采取相应的措施尽力避免市场的弊端。

 为销售而生产的经济
——**市场经济**

近年来，随着经济的不断发展和科技的日益进步，产品更新换代的速度越来越快，市场竞争也越来越激烈，几乎所有行业、所有产品都在降价，从彩电、冰箱到服装、手机、电脑等。降价对消费者来说无疑是好消息，因为消费者可以用更低的价格买到更优质的商品。对生产者而言，降价迫使生产者改善管理，改进生产技术，提高劳动生产率，从而使企业的竞争力增强，使其得以在激烈的竞争中立于不败之地。出现这样的现象完全是因为市场经济是为销售而生产的经济。

市场经济，又称自由市场经济或自由企业经济，是一种经济体系，在这种体系下产品和服务的生产及销售完全由自由市场的自由价格机制所引导，而不是像计划经济一样由国家所引导。在市场经济里并没有一个中央协调的体制来指引其运作，但是在理论上，市场将会透过产品和服务的供给和需求产生复杂的相互作用，进而达成自我组织的效果。市场经济的支持者通常主张，人们所追求的私利其实是一个社会最好的利益。

近年，随着眼镜零售行业的竞争越来越激烈，曾经被媒体列为"十大暴利行业"之一的眼镜行业，其发展也面临着重重阻碍。为了吸引更多的顾客，眼镜生产企业不得不改变传统的高价经营模式，开始想尽一切办法降低生产成本，比如通过超市销售的模式来减少销售渠道，同时更加注重眼镜的加工和服务质量。眼镜生产企业的这一策略使顾客得到了更多的实惠，同时也成功地实现了自身利益的最大化。

平价眼镜超市的低价经营策略，正是市场这只"看不见的手"指引和促进的结果，那么市场为什么能够对经济产生如此巨大的影响呢？这是因为市场是依据经济人理性原则而运行的。在市场经济体制中，消费者根据效用最大化原则自主选择购买何种商品，而生产者根据利润最大化原则自主选择生产和销售何种商品。市场根据价格的变动，促使生产者展开激烈的竞争，优胜劣汰，从而实现引导资源向最具效率的方面配置。

虽然市场经济给消费者和生产者双方带来了双赢的局面，但是市场经济也给一部分人带来了危机。在市场经济时代，随着工业成为主导产业，厂商成为基本的经济组织形式，农业和家庭双双发生了危机。

对农业而言，其经济效益显著下降，城乡居民的收入差距越拉越大，农民的贫困问题日渐突出，农民的社会地位一落千丈，越来越多的农民离开土地涌入城市，成为社会普遍关注的焦点问题。问题的原因当然是非常复杂的，但从根本上来说，则是农业时代向工业时代发展过渡时期的社会经济转型所带来的必然结果。要解决农民的贫困问题，根本出路只能是"非农化"。此时，农业由谁来从事成为一个需要探讨的问题。

其次，世界性的家庭伦理危机日益严重。家庭的规模在不断缩小，"三世同堂"式大家庭已基本成为过去，一对夫妇及其孩子组成的"核心家庭"已取而代之成为目前最普遍的家庭形式。但家庭规模的缩小并没有到此为止，目前还出现了大量非典型不完整家庭，如各种单亲家庭、丁克家庭等。现在，生产经营差不多已经完全由各类厂商所包办，生活消费远远超出了家庭范围，"天伦之乐"已让位于"天涯之乐"，孩子的抚养教育不再由家庭大包大揽，而是由各类托儿所、幼儿园、学校承担了相当大一部分；老人的赡养也不再完全由子女承担，而是由各类托老组织承担了一部分。最叫人难以接受的是，夫妻感情日渐淡化，婚外恋大量涌现，非法色情交易屡禁不止，愈演愈烈。发展至今，除了生育职能基本上完全由家庭承担以外，其他职能都已经全部或部分越出了家庭范围。导致这些问题出现的具体原因当然是非常复杂的，但从根本上来说，也是由于进入工业时代以来，市场经济不断发展的结果。一个基本的事实是，随着生产经营职能完全由厂商所取代，人们正在日益远离家庭，融入社会，最终必然导致家庭的解体。

市场经济真是让人又喜又忧，提高了我们的生活质量，但是也在一定程度上侵蚀着我们的幸福指数。

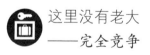

## 这里没有老大
### ——完全竞争

市场上没有老大，也就是说市场上人人都是平等的，买方和卖方都是平等的，那么显然，这种市场是经济学上的理想市场——完全竞争市场。

完全竞争又称纯粹竞争，是一种不受任何阻碍和干扰，购买者和销售者的买卖行为对市场价格没有任何影响的市场结构。完全竞争是这样一种市场结构：市场上有许多生产者和消费者；他们都只是价格的接受者，竞争地位平等；生产者提供的产品是同质的、无差别的；任何资源在市场上都可以自由流动；所有人都掌握着关于市场的全部信息；厂商的进入和退出基本没有壁垒，厂商加入或者退出市场完全自由。例如，许多农产品市场就具有完全竞争市场这些特征。

作为农产品市场的鸡蛋市场也是一个典型的完全竞争市场。从经济学的角度来看，鸡蛋市场有四个显著的特征：第一，市场上买者和卖者都很多。没有一个买者和卖者可以影响市场价格。即使是一个大型养鸡场，在市场上占的份额也微不足道，难以通过产量来控制市场价格。用经济术语说，每家企业都是价格接受者，只能接受整个市场供求决定的价格。第二，鸡蛋是无差别产品，企业也不能以产品差别形成垄断力量。大型养鸡场的鸡蛋与农民家的鸡蛋没有什么不同，消费者也不会为大型养鸡场的鸡蛋多付钱。第三，自由进入与退出，任何一个农民都可以自由养鸡或不养鸡。第四，买者与卖者都了解相关信息。这些特点决定了鸡蛋市场是一个完全竞争市场，即没有任何垄断因素的市场。很明显，鸡蛋市场符合完全竞争的特征，类似的，许多农产品市场也符合这些特征，成为完全竞争市场中的典型例子。

那么，这里还有问题，在完全竞争市场或者近似的市场里，因为同质同价，卖方究竟怎样才能赚取更多的利润呢？难道只能靠运气的青睐吗？的确，在这样的市场里，卖方完全受到市场支配，竞争激烈，在产品完全相同的情况下，卖方就不得不在降低成本上大做文章（比如降低运费、减少商业开支等）。除此之外，卖方还要进行价格外的营销竞争，比如要热情周到地服务，把鸡蛋装进盒子便于顾客提携，给鸡蛋贴上商标等，都可以吸引更多的顾客。

我们知道，现实中并不存在真正意义上的完全竞争市场。但是就像伽利略的理想试验一样，现实中是否存在，能否实现并不重要，重要的是有了完全竞争市场模型，我们对之进行分析，类似于我们有了一个参照物、一把尺子，我们可以借助它，加深对非完全竞争市场的理解，更清楚地认识现实意义中的市场，寻找其中的规律。

## 当我们别无选择时
### ——完全垄断

当只有一个厂家提供一种商品时，我们便别无选择，只能任其宰割。会有这样的情况发生吗？如果真这样，那消费者岂不是很惨？但现实中确实有类似的市场存在，最为典型的就是铁路行业。这类市场是经济学中的另一种极端——完全垄断。

"垄断"一词最早源于孟子"必求垄断而登之，以左右望而网市利"这句话。在古代，人们在市集上做生意。许多行业，都是不止一个商人做的。有些商人想包揽所有客人，就在市集上做高台，叫作垄，他们居高临下能获得许多便利，包揽了许多客人，逐渐地这种行为被称为"垄断"。在资本主义经济里，垄断指少数资本主义大企业为了获得高额利润，通过相互的协议或联合，对一个或几个部门商品的生产、销售和价格进行操纵和控制。在经济学里，完全垄断是指整个行业中只有一个生产者的市场结构。这种市场结构形成的主要条件：一是厂商即行业，整个行业中只有一个厂商提供全行业所需要的全部产品；二是厂商所生产的产品没有任何替代品，不受任何竞争者的威胁；三是其他厂商几乎不可能进入该行业。在这些条件下，市场中完全没有竞争的因素存在，厂商可以控制和操纵价格，而买者是价格的接受者，卖者可以通过控制价格或者产量来最大化自己的利润。

垄断的形成有多种原因。第一，规模经济。如果对于一个市场的全部需求，只能容纳一个厂商获得，那么多一个厂商都会使所有厂商亏损。第二，对生产要素的垄断。一旦生产者控制了整个行业的产品原材料，而其他生产者无法获得这种原材料时，那么该生产者就成为该行业的垄断者。第三，法律保护。例如，专利保护。第四，特许经营。政府在某个行业内授权某家厂商垄断经营某种产品被称为特许权。特许经营的例子很多，大到公用事业、邮政、广播媒体，甚至是奥运商品；小到区域性的垄断商品，比如校园内所售卖的商品等。第五，网络经济。网络经济的方兴未艾使得网络经济成为垄断的另一个原因，这与规模经济比较相似，所不同的是网络经济是通过消费者的购买行为而作用于市场需求方面的，因为人的需求行为是相互影响的。第六，其他。例如，垄断厂商具有原料供货、生

第三章 上帝之手，无形之手——市场与买卖

产技术与管理等方面的优势。垄断厂商还可以通过合并、接管等各种手段来维护其垄断地位。

作为垄断企业，如果国家不加以管制，那么受害的永远都是消费者。消费者作为价格的接受者，同时作为产品的接受者，只能接受生产者提供的产品、定出的价格。如果被垄断的产品是非生活必需品，那么消费者可以通过权衡产品的质量和产品的价格来考虑是否购买。但是，如果被垄断的产品是生活必需品，那么就需要国家出面来进行干预了，否则将会出现天价的生活必需品。

完全垄断

 联手坐庄的学问
——寡头垄断

中国的物价水平基本上是大大低于美国的，但是我们的通信费用却一直比他们贵。如果你有亲戚在美国，打国际长途时一般都会让他们呼过来，而不是你打过去。因为按照目前的数据计算，他们打越洋电话到中国用角甚至分计算，而从中国打出去则需要用元计算，相差几十倍！为什么国内的通信公司能收取这么高的价格呢？那是因为在国内就这么一两家公司能够开展这样的业务，别无他店，你爱打不打，只是可怜了我们这些没有选择权的消费者。这就是典型的寡头垄断。

寡头垄断，又称寡头、寡占，是一种由少数卖方（寡头）主导市场的市场状态。英语中这个词来源于希腊语中"很少的卖者"。寡头垄断是同时包含垄断因素和竞争因素而更接近于完全垄断的一种市场结构。它的显著特点是少数几家厂商垄断了某一行业的市场，这些厂商的产量占全行业总产量中很高的比例，从而控制着该行业的产品供给，因此寡头垄断又称为双占垄断或双头垄断。

相互依存是寡头垄断市场的基本特征。由于厂商数目少而且占据市场份额大，不管怎样，一个厂商的行为都会影响对手的行为，影响整个市

45

场。所以,每个寡头在决定自己的策略和政策时,都非常重视对手对自己这一策略和政策的态度和反应。作为厂商的寡头垄断者是独立自主的经营单位,具有独立的特点,但是他们的行为又互相影响、互相依存。这样,寡头厂商可以通过各种方式达成共谋或协作,形式多种多样,可以签订协议,可以暗中结盟、联手坐庄,让消费者成为任由其宰割的小白羊。

寡头垄断的形成首先是由某些产品的生产与技术特点所决定的,寡头垄断行业往往是生产高度集中的行业,如钢铁、汽车、石油等行业。其次,寡头厂商为保持自身地位而采取的种种排他性措施,以及政府对某些寡头厂商的扶持政策等,也可促进寡头垄断市场的形成。

现实中,寡头垄断常见于重工业部门,比如汽车、钢铁、造船、石化以及飞机制造等部门。这些行业的突出特点就是"两大一高":大规模投入、大规模生产、高科技支撑。这些苛刻的条件使得一般的厂商根本难以进入,再有钱的老板在这些行业门口一站,马上就会发现自己做的只不过是"小本生意"。而且,那些已经历长期(动辄几十、上百年)发展、具备垄断地位的"巨无霸"企业,为了保持对技术的垄断和丰厚的利益,也势必要采取种种高压手段打击竞争对手,绝不允许任何后来者与自己分享这一市场。这是现实,也是一种市场竞争的必然。

长期以来寡头市场的市场价格高于边际成本,企业利润有着稳定、可靠的保障,加之缺乏竞争者的加入,因此寡头企业在生产经营上要缺乏积极性,这会导致其效率降低。但是从另一方面看,由于寡头企业规模较大,往往便于大量使用先进技术,所以又有效率较高的一面。有鉴于此,许多国家都在试图扬长避短,在发挥其高效率一面的同时,制定相应政策法规抑制其低效的一面,如保护与寡头企业密切关联的其他中小企业的权利,打击垄断等,从而促进寡头市场的竞争,一方面可以保护消费者的利益,另一方面也能促进寡头企业的发展。

 为什么大家都去养猪
　　——供求机制

2007年年底到2008年年初,猪肉价格一度达到了历史新高,创下了惊人的高价。国家立即出台了政策对养猪的农户进行补贴,马上我们可以发现很多农户建立起了养猪场,很多原来不养猪的也开始养猪,大家都去养猪了。为什么呢？这就是市场的力量——供求机制决定的。

市场是由商品的供给和需求组成的，且供求双方总是力求彼此相互适应。所谓供求机制是指供给与需求之间所具有的内在联系和动态平衡机制，其最终目标是使价格趋于均衡。供求机制使商品的供求关系与价格、竞争等因素之间相互制约和联系而发挥作用，供求关系受价格和竞争等因素的影响，而供求关系的变动又能引起价格的变动和竞争的开展。供求机制是市场机制的主体。供求联结着生产、交换、分配、消费等环节，是生产者与消费者关系的反映与表现。供求运动是市场内部矛盾运动的核心，其他要素（如价格、竞争、货币流通等）的变化都围绕供求运动而展开。

供求机制对社会经济的运行和发展具有重要的调节作用。一般认为，是市场需求引导并决定着市场供给，而供给则被动地适应需求变化，事实并非完全如此。当一种新产品被生产出来时，如果产量扩张、价格合理，就会创造自身的需求；而当一种产品因某些原因供给量减少时，需求也会相应地萎缩。具体来说，调节供求关系的方式有两种：数量调节和价格调节。这两种调节机制促使厂商向社会提供适用、适量的各类产品，并使供求关系最终趋于平衡，这就是供求机制的作用。

数量调节，也称供给调节，即当商品供过于求时，厂商会主动调减产量，关停一部分生产线，乃至退出这一生产领域，即通过关停并转，减少对这一产品的社会供给量；而当商品供不应求时，厂商会主动扩大生产量，通过满负荷工作、扩大投资、吸引其他企业进入等手段来增加这一产品的总供给量。因此，数量调节使供求关系趋于平衡。

价格调节，也称需求调节。由于供求关系的变化往往体现为价格的变化，在供过于求时，生产者为销售产品展开激烈竞争，价格就会下跌，导致市场需求增加；在供不应求时，购买者在市场上竞相购买商品，从而价格上涨，导致市场需求减少。因此，价格变动使供求关系最终趋于平衡。但是，由于受到多种因素变化的影响，这种平衡是暂时的、总体上的平衡。平衡是相对的，而不平衡才是绝对的。

当猪肉价格攀高时，明显是因为市场上的猪肉供不应求，消费者有较高的需求，但是只有较低的供给去满足，因此猪肉的价格被抬高。这时候，大家都看见养猪有利可图，加上国家此时也出台政策对养猪的农户进行补贴，于是很多农户都转向了养猪，也就出现了大家都养猪的现象。这一现象的出现完全是因为供求机制在起作用，因为猪肉市场存在着需求与供给的矛盾，于是在供求机制的作用下，增加供给，使需求与供给趋向于平衡。这样，随着供给的增加，需求大致稳定，猪肉的价格也就慢慢地回落了。2010年年初，又发现有很多农户减少养猪数目，以此来适应这个市场。2010年5月以来，还出现了接近于白菜价的猪肉价，这也是2007年大量增加养猪数量，导致了过量供给而造成的。近年来猪肉价格的变化以及农户养猪的状况活生生地体现了供求机制是如何实现数量调节和价格调节的，这些调节最终使得猪肉的供求关系趋于平衡，猪肉价格趋于合理。

## 当买方与卖方达成一致
### ——均衡价格

近年来，社会上出现了一些农产品价格反常的现象。究竟为什么会出现这些情况呢？很多价格都显得有些蹊跷，但仔细分析还都有根有据，都是符合供求关系的均衡价格。

均衡价格是商品的供给曲线与需求曲线相交时的价格，也就是商品的供给量与需求量相等、商品的供给价格与需求价格相等时的价格。在市场上，由于供给和需求力量的相互作用，市场价格趋于均衡价格。如果市场价格高于均衡价格，则市场上出现超额供给，超额供给使市场价格趋于下降；反之，如果市场价格低于均衡价格，则市场上出现超额需求，超额需求使市场价格趋于上升直至均衡价格。因此，市场竞争使市场稳定于均衡价格。均衡价格在一定程度上反映了市场经济活动的内在联系，特别是均衡价格理论中关于供给的价格弹性和需求的价格弹性的分析，对企业的生产经营决策有重要的实用价值。

2007年的玉米价格高于小麦价格是合情合理的。当年，宝鸡市玉米种植面积仅为232万亩，与往年相比面积有所减少。在风起云涌的农业产业结构调整大潮中，许多乡镇和粮农压缩了玉米的种植面积，改种了如苹果、西瓜等收益高、见效快的经济型作物，导致了玉米总体产量的下降。尽管科技不断发展，玉米单产有了一定的提高，但是由于种植面积小了，全市玉米年产量不但没有明显增长，而且有些年份产量还比过去少一些。虽然产量减少了，但现实中玉米的需求量却在不断上升，其原因包括以下两个方面。其一，猪肉价格的疯涨调动了广大养殖户养猪的积极性，养殖业使玉米饲料消费量大增。其二，随着技术的创新，玉米在现代人的眼中已不仅仅是用来填饱肚子的主食了,通过工业深加工可以制造出多种产品,如玉米淀粉、玉米油、玉米蛋白和燃料乙醇等。这使得工业对玉米的需求强劲增长。因此,玉米的供给严重小于需求,导致价格失去了平衡,这时价格必然要大幅上涨,以达到平衡。而小麦的功用比较单一,需求没有大的变化,且产量稳定,供需基本平衡,价格也就不会上升。这样一来,玉米价格比小麦价格高就不足为奇了。

2010年年初,北方好多地区的白菜价格飙升,让人产生了菜比肉贵的感觉。这主要是因为几场大雪造成了白菜的供应困难,供给减少,而需求基本稳定,自然也就会抬高价格,出现高价白菜。而猪肉的价格也因为前几年养猪数量的增加而导致2009年以来的猪肉供过于求,从而降低了猪肉价格。于是在2009年冬天出现了白菜猪肉价的局面。这用经济学的供给价格来解释还是能说得通的。至于大米的价格上升也是因为2010年西南好多地区干旱,导致大米减产,于是很多原本打算卖米的农户也不卖了,打算留着以后自己吃,于是供给减少;而需求呢,同样是基本不变的,这样就会出现均衡价格上升的状况,自然也就有了米价的攀升。

因此,我们不难理解,市场均衡价格的形成,取决于供需双方。均衡是市场的必然趋势,也是市场的正常状态。而脱离均衡点的价格必然形成供过于求或供不应求的失衡状态。由于市场中供求双方竞争力量的作用,存在着自我调节的机制,失衡将趋于均衡,最终市场将保持在这种动态均衡的状态下。

## 不同的顾客,不同的待遇
### ——价格歧视

你有没有遇到去买衣服对会员顾客打折而对你不打折?有没有遇到去吃饭对女士打折而对男士不打折?有没有遇到去公园给学生半价票而给你全价票?……相信很多人都遇到过这种情况,这就是经济学里所谓的价格歧视,不同的顾客会受到不同的待遇。

一般说来,价格歧视是指一家厂商在同一时间对同一产品或服务索取两种或两种以上的价格。它还可指一家厂商的各种产品或服务价格之间的差额大于其生产成本之间的差额。在完全竞争市场上,所有的购买者都对同质产品支付相同的价格。如果所有消费者都具有充分的知识,那么每一固定质量单位的产品之间的价格差别就不存在了。因为任何试图比现有市场价格要价更高的产品销售者都将发现，没有人会向他们购买产品。然而，在卖主为垄断者或寡头的市场中，价格歧视则是很常见的。最典型的例子是飞机票，商务旅行的票价总要比一般旅行的票价高，因为航空公司对于时间要求比较紧的商务顾客收取100%的票价，而对提前订票、时间弹性比较大的顾客采取打折的票价。价格歧视分为三个等级：一级价格歧视是针对每一个不同的消费者收取不同的价格；二级价格歧视是针对不同的购买量收取不同的价格；三级价格歧视是针对不同的市场收取不同的价格。

在学校附近，经常会出现可以办学生卡的消费场所，只要你出示学生证证明你的学生身份就能够打折。当你拥有了学生卡之后，你再去这些场所大多都能享受到打折的优惠。比如，一些理发店推出学生五折的优惠，肯德基提供学生低价套餐的优惠，公园给出学生享受半价门票的优惠。这就是典型的一级价格歧视。

不知道你有没有参加过团购？团购有什么好处呢？团购是说只要你批量购买，那么你将享受比单个购买要低的价格。这也就是二级价格歧视，当你购买不同数量的商品时，享受的单价是不一样的。

很多人买火车票的时候都愿意去火车站买，一些代售点也有卖呀，为什么要去火车站买呢？理由很简单，代售处购买火车票要收取一定的手续费。尽管火车票在两个地方的成本是一样的，但是还是出现了价格的差异，这就是三级价格歧视，在不同的市场上，同一种商品的价格不一样。

按普通人的心理规律，得了便宜的并不觉得特别高兴，而多付了钱的却会觉得很吃亏，所以作为消费者，人们一般都反对商家的价格歧视而要求公平待遇。但价格歧视对商家来说却是有好处的，只要有可能，商家就要实行价格歧视的定价策略。价格歧视之所以对他有好处，是因为每一个消费者都有不同的需求价格弹性，只要商家能够在市场上将他们有效地分割开来，实行价格歧视就可以"捕获"更多的顾客，把能够支付高价的顾客与只能支付低价的顾客一网打尽，获取最大可能的利润。

消费者总是有区别的，每类顾客对商品价格的敏感程度是不同的。有的人贫穷或节俭，对价格斤斤计较；而有的人富有或大方，对价格满不在乎。对前者实行低价，可以让他们也成为商家的顾客；对后者实行高价，他们也不会因之而放弃购买。

第三章 上帝之手，无形之手——市场与买卖

因此，价格歧视作为营销学中的一种定价手段，是一种策略，商家可以借助它吸引尽可能多的消费者，得到尽可能大的利润。而消费者呢，也应该认清许多经济现象的本质，了解商家的用心，最大限度地保护自己的权益。

 自由交换也有失灵的时候
——市场失灵

非典时期，商品的价格出现不正常的上涨。以北京为例，首先是与医治非典有关的药品和医疗器械、用品的价格迅速上涨，人们熟知的有中草药板蓝根、医用口罩、消毒剂、温度计等，后来到 2003 年 4 月下旬，以蔬菜、粮食为主的生活必需品也开始大幅涨价。这就是典型的市场失灵的表现，价格的上涨只有一部分是正常的因供求不平衡而造成的现象，而其余大部分价格上涨就主要是市场失灵所造成的。

市场失灵是指市场无法有效率地分配商品和劳务的情况。当市场带来的不是社会总福利的增加，而是种种缺乏效率的现象——诸如垄断、环境污染、失业问题、劣质商品和服务等时，市场中这只"看不见的手"就无法再发挥其作用了。这也就是经济学家常说的"市场失灵"。

非典时期，价格的不正常上涨究竟是什么原因造成的呢？

第一，非典时期，这类商品的需求急剧增加，供应商在一定程度上形成了能够控制市场的力量。在追逐暴利的本能左右下，多数供应商达成某种默契，共同抬高价格。你爱买不买，你嫌贵不买，反正有人争着买。

第二，是由信息不对称造成的。即使消费者很会砍价，最后还是会给商家留下非常可观的利润空间。本来连续多年的买方市场下，这种信息不对称已经被商家之间的充分竞争甚至过度竞争消弭了。但是，非典之后，各种谣言流传，在相当程度上扰乱了正常的市场信息传播。尤其是 2003 年 4 月下旬，北京要封城、戒严之类的谣言满天飞，加剧了人们原本就有的恐慌心理，从而出现了波及全市的抢购风潮。一些卖菜的小商贩有意趁火打劫，口口声声地说"明天就没地儿进菜了"，使这种消息的扭曲、失真达到了空前的高度。

在这样的形势下，如果你还指望市场能够发挥"看不见的手"的作用，那么似乎有点痴人说梦的意思。此时，政府不得不采取措施，否则整

个市场就会一片混乱。当然,那时候北京的市场已经混乱不堪了,不仅仅是价格的飞涨,还出现了伪劣商品满天飞、商家经营不消毒等现象,使得市场到了政府不得不出面干预、矫正的地步。

"看不见的手"不能发挥作用了,北京的疫情也在加剧,这时政府果断地针对问题采取措施,做了大量工作,堪称及时、有力,效果显著。

第一种是价格管制。对属于市场调节价的防治非典的部分医药用品及相关商品实行价格干预措施,规定这些商品的销售利润率、购批差率、批零差率和最高限价范围等,相关生产经营者必须严格执行各级物价部门的有关规定。

第二种是组织货源增加供应。这是一种对市场势力釜底抽薪的做法,这种做法不仅能迅速平抑市场,而且没有副作用。北京出现抢购风潮和物价暴涨后,在北京市委、市政府的调度安排下,流通主渠道积极组织货源,保障北京蔬菜、粮食市场的正常供应,市场价格很快应声下落。另据报道,商务部采取了五项措施,确保基本生活物资和防治非典重要物资的市场供应。

第三种是通过官方新闻发布会及新闻媒体的报道澄清事实,消除谣言,这正是改变信息不对称、不完全状况的重要手段。谣言一除,消费者的恐慌心理大大减弱,市场势力有意无意控制信息、利用信息的企图不攻自破。从这个角度说,及时、准确地向公众通报非典信息不仅具有政治意义,而且深具经济意义。

不仅是非典时期的市场失灵下,政府采取了及时、有效的措施,短期内恢复了市场正常秩序,在2008年金融危机后,政府也及时做出行动,尽快恢复市场稳定。市场失灵是常见的,也不可怕,可怕的是出现问题后政府不采取任何行动,而仍然放任市场失灵。当市场失灵的现象出现时,短时期内往往不可能具备自我修复能力。这时,政府就要负起责任,采取有效措施干预市场,恢复市场参与主体的信心,同时也让市场迅速地走上正轨。

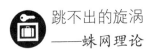

跳不出的旋涡
——蛛网理论

现在愿意当农民的年轻人越来越少了,很多年轻人都选择外出打工,不是因为农民这个身份听着不好听,主要还是因为农民这个职业确实不是

# 第三章 上帝之手，无形之手——市场与买卖

一个挣钱的职业，中国最穷的人大部分都是农民。

现在随着农民数量的减少，农民能耕种的地的面积在增加，可是为什么还会出现不挣钱的现象呢？我们来看看一个常发生在农产品上面的现象。农民种菜种粮，如果去年的玉米、黄瓜涨价，今年肯定会有很多农民种玉米和黄瓜。结果到收获之后，这些农民才发现自己的如意算盘打错了，因为种的人太多，玉米和黄瓜出现了市场饱和，结果价格大跌，农民没赚到什么钱。到了第三年，很多农民因为吃亏都放弃了种玉米和黄瓜，可是因为种的人少了，玉米和黄瓜市场空缺严重，价格上涨，很多农民因为没有种植这两种作物，结果还是没有赚到钱。以此类推，农民就很难赚到钱。经济学家们把这种农产品频频陷入丰产却不增收的怪圈现象，叫作"丰收悖论"，即农民在丰收年获得的收入却比平常年低，甚至比歉收年还要低的一种矛盾现象。

造成这种矛盾现象的就是蛛网理论，农民永远跳不出挣不到钱的这个旋涡。那么，什么是蛛网理论呢？

蛛网理论是指某些商品的价格与产量变动相互影响，引起规律性的循环变动的理论。蛛网理论最早是由美国的舒尔茨、荷兰的 J. 丁伯根和意大利的里奇于 1930 年各自提出的。由于价格和产量的连续变动用图形表示，犹如蛛网，1934 年英国的卡尔多将这种理论命名为"蛛网理论"。

蛛网理论是一种动态均衡分析理论。根据古典经济学的理论，如果供给量和价格的均衡被打破，经过竞争，均衡状态会自动恢复。而蛛网理论却证明，按照古典经济学静态下完全竞争的假设，均衡一旦被打破，经济系统并不一定能够自动恢复均衡。其根据的假设是：①完全竞争，每个生产者都认为当前的市场价格会持续下去，自己改变生产计划不会影响市场；②价格由供给量决定，供给量由上期的市场价格决定；③生产的商品不是耐用商品。这些假设表明，蛛网理论主要用于分析农产品。

从蛛网型波动中，我们得到了这样一个启示：不能让农民单独面向市场。因为，他们没有足够的力量做出较正确的市场预测，也不能在某种程度上控制市场或承担得起市场风险。在市场经济的大海中，农民就像是一叶掌握不了自己命运的扁舟，单独去闯市场恐怕凶多吉少。

根据西方的经验，要想让农民走出这种蛛网理论的局限，并不能光靠其自身力量，在农民和市场之间建立一个有效的中介组织才是好的解决办法。我国的市场化程度和社会经济制度与欧美国家不同，所以这种中介组

织所采用的形式和发挥的作用也不会完全一样，但也会有些共同特征：

第一，这种中介组织不该是政府的下属，或由政府间接掌控的二级机构。

第二，应当是农民自愿组织的，不能名为自愿，实为强制。

第三，该中介组织应当是非营利的，利益最大化不是它的目标。当然，为了支付必要的开支，它也可以在经营中收取少量的费用。

跳不出的旋涡

蛛网理论

我们必须从以上这些共同特征出发，探讨适合中国国情的类似中介组织。通过它将农民和市场联系起来，让农民从价格波动的困境中走出来，真正摆脱束缚我国农民的"蛛网"。

# 第四章　买东西，大有学问
## ——消费者的经济学

 活着，就离不开消费
　　——消费品

我们每一天的生活都离不开消费，我们用水、用电、用气，还有我们吃的、用的、穿的，每一样使用的东西都需要通过消费获得。我们无时无刻不在使用着消费品，消费品对于我们来说再熟悉不过了，但是什么样的东西才是消费品呢？

消费品，亦称"消费资料"或"生活资料"，是用来满足人们物质和文化生活需要的那部分社会产品。消费品按满足人们需要层次分，有生存资料（如衣、食、住、用方面的基本消费品）、发展资料（如用于发展体力、智力的体育和文化用品等）、享受资料（如高级营养品、华丽服饰、艺术珍藏品等）；按使用时间长短分，有一次性或短期使用的普通消费品和可供长期使用的耐用消费品。

一般来说，我们需要把消费品和投资品相区分，前面提到了消费品主要是用来满足人们物质和文化生活需要的社会产品。而投资品则是指用于满足消费者投资需要的社会产品，也就是说购买后不需要追加新的使用价值，也不需要附加新价值，即可择机出售获利（也可能亏损）的商品。投资品不是用来消费的，购买它是为了获得更多收益。投资品包括两类：一是纯投资品。这类投资品没有使用功能，只有投资功能，如股票（或股权）、期货、金融衍生产品等。一般把纯投资品之外的商品称为"使用品"，这里所谓的"使用品"类似于我们常说的"消费品"，是用来使用的。二是复合投资品。这类投资品既有使用功能，也有投资功能，如房地产、金银首饰、收藏品等。即说房地产、金银首饰等既是投资品也是消费品。

但是房地产究竟是消费品还是投资品一直是大家争论的一个话题。

从人们的生活习惯来看，衣、食、住、行是人类消费的最基本方面，因此衣服、食品、住房、交通等成为人们最重要的消费品。所以，根据人们的生活习惯，把住房列入如同汽车、钻石一样的耐用消费品，应当更加符合人们的心理。因此，应当把住房作为消费品。

但是，房地产具有保值、增值的功能，不少人如果有足够多的钱购买住房，就会手持两套或者两套以上的房子，自己住一套，另外的房子用于出租，获得一些短期回报；当房价足够高的时候，甚至还有可能卖掉它，获得额外的收益。这时候房地产就成了十足的投资品。

从消费和投资的含义界定上看，消费在于直接满足人们的生活需要；而投资作为储蓄的转化形式，是通过资金或物质财富垫支以最终获利的途径。投资实际上是对现期消费的抑制，投资是为了实现收益，从而更大限度地满足消费的目的。可见，消费才是人类生存的目的，而投资则是由消费派生出来的，是实现未来时期更好地消费的一种手段。对于房地产而言，它具有投资性和消费性的双重性质。居住是人类消费最重要的内容之一，居住需求可以通过自己拥有住房和租赁住房实现；同样的，作为住房所有者，他可以选择完全由自己居住或出租部分甚至全部房屋；或者住房拥有者可以选择在一个时期自己居住，而在另外时期将房屋出租出去。在这里，房屋所有者选择自己居住和出租是有本质区别的，前者属于满足自己需要的消费行为，后者则属于抑制自己消费、增加收益的投资行为。这种区分如同消费和投资的区分一样容易理解。因此，我们认为住房拥有者将房屋用于自己消费时，住房就属于消费品；用于出租时，就应当属于投资品；合租时一部分用于消费，而另一部分用于投资。

 你有没有发现你抽的烟贵了
——消费税

截至 2015 年，我国烟草消费税分别于 1994 年、1998 年、2001 年、2009 年、2015 年进行过五次调整。2009 年的调整中为了适当增加财政收入，完善烟产品消费税，在生产环节，调整了计税价格，提高了消费税税率，同时，卷烟批发环节还加征了一道从价税，税率为 5%。时隔六年再度上调烟草消费税，经国务院批准，自 2015 年 5 月 10 日起，将卷烟批发环节从价税税率5%提高至11%，并按0.005元/支加征从量税。

卷烟批发环节的消费税率上调后，全部卷烟批发价格统一提高6%，同时按照零售毛利率不低于10%的原则，同步提高零售指导价。此次调整后，考虑到自然增长、结构调整等因素，预计2015年终端零售环节的卷烟平均价格比去年提高10%以上。

目前我国经济增速面临下行压力，包括税收在内的财政收入出现下滑，上调烟草税是增税的一种手段。同时我国是世界上最大的烟草生产国和消费国，也是受烟草危害最严重的国家之一，历次调整也是为了凸显政府以重税控烟的决心。全国吸烟人数超过3亿，15岁以上的人群吸烟率为28.1%，7.4亿非吸烟人群遭受二手烟的危害，每年死于吸烟相关疾病的人数达到136.6万。

世界卫生组织曾发布数据显示，烟草价格每增长10%，放弃吸烟的成年烟民增加3.7%，放弃吸烟的青少年烟民增加9.3%，而这一数字在发展中国家则要翻一番。对于价格敏感的青少年，"以税控烟"效果更为明显。

消费税为什么能起到抬高烟价的作用呢？这就是由消费税的性质所决定的。

消费税是指政府向消费品征收的税项，可向批发商或零售商征收。消费税是在对货物普遍征收增值税的基础上，选择少数消费品再征收的一个税种，主要是为了调节产品结构，引导消费方向，增加国家财政收入。国家可以根据宏观产业政策和消费政策的要求，有目的、有重点地选择一些消费品征收消费税，以适当地限制某些特殊消费品的消费需求。由于消费税最终都是由消费者来承担的，因此消费税的征收必然会导致商品价格的提高。对于消费者而言，如果商品价格提高了，可能就会选择降低需求，从而少抽烟。

但是，香烟不像一般的东西，它会让消费者产生烟瘾，也就是说香烟的需求弹性是比较小的，即使价格有较大的变化，其消费的数量也可能不会产生较大变化。香烟的价格对很多消费者而言都是不敏感的，可能该吸的还是照吸，因此通过提高消费税税率，在一定程度上说，对消费者香烟消费的抑制作用是有限的。要达到很好的抑制吸烟的效果，最根本的办法是提高全民文化素质，加强吸烟有害的教育，改善医疗条件，从立法上规范卷烟生产和销售，扩大公共场所禁烟区，推广科学有效的戒烟方法。只有这样，才能做到真正、长期地控制烟草带来的危害。

由于消费税有抑制消费需求的作用，因此国家还对诸如奢侈品、化妆品、一次性筷子、汽油、柴油、小轿车等消费品征收消费税，以减少这些产品的消费需求，调节消费结构，引导大众进行理性消费，同时又有缩减贫富差距、促进社会公平、增加财政收入的作用。

要与众不同，就需要付出更多
——奢侈品

目前，有这么一群人，就喜欢买贵的，但是很多东西其实没有多大的用处，其价格跟其所能带来的价值完全不相符，当然这不是价值悖论所造成的，这主要是因为这些东西的生产成本比较高，低价销售必定会造成生产厂商的亏本倒闭。这类东西就是我们常说的奢侈品。它们由于其特殊的生产材料、生产流程等，与一般的同功用的物品不一样，会显得更有档次，因此消费者也要为这种"与众不同"而支付更高的价格。

"奢侈品"一词用以描述在各种商品的生产和使用过程中超出必要程度的费用支出及生活方式的某些方面。沃夫冈·拉茨勒在畅销书《奢侈带来富足》中这样定义"奢侈"："奢侈是一种整体或部分地被各自的社会认为是奢华的生活方式，大多由产品或服务决定。"现在，奢侈品在国际上的概念是"一种超出人们生存与发展需要范围的，具有独特、稀缺、珍奇等特点的消费品"，又称为"非生活必需品"。

在中国人的概念里，奢侈品几乎等同于贪欲、挥霍、浪费。其实，从经济意义上看，奢侈品实质上是一种高档消费行为，本身并无褒贬之分。从社会意义上看，奢侈品消费是一种个人品位和生活品质的提升。经济学将奢侈品定义为对其需求的增长高于收入增长的物品。它涵盖的范围很广，从牛肉、人参到奔驰车，都有可能是奢侈品。不过，通常人们认为奢侈品是那些非常昂贵的物品，即大部分人消费不起的物品。有些奢侈品既不是必需的，又没有太多的实际用途，如名牌箱包、高级成衣和高档汽车。私人飞机和豪华游艇当然也属于奢侈品的范畴。

人类追求奢侈品包括以下三个主要动机。一是奢侈品的价值比较持久，因而可以作为贮藏财富的有效工具。例如，珠宝在保值方面的作用与黄金类似。二是奢侈品可以显示一个人的社会地位，这是人类区别于其他动物的一个特征。对于大多数物种来说，它们通过体型的大小来决定其地位。在人类社会中，地位不仅仅取决于体型，竞争是多方面的，其中一个方面即可通过奢侈品来体现。三是人类对美的追求也是产生奢侈品需求的重要因素。

奢侈品之所以被称为奢侈品，主要包括以下原因：

第一，富贵的象征。奢侈品的品牌魅力是富贵豪华的。奢侈品（Luxury）源于拉丁文的"光"（Lux）。所以，奢侈品应是闪光的、明亮的，让人享受的。奢侈品通过其品牌视觉识别系统传达了这些内容。从社会学的角度上说，奢侈品是贵族阶层的物品。它象征着有地位，有身份，有高人一等的权力。它是贵族形象的代表。如今，虽然社会民主了，但人们的"富贵观"并未改变，奢侈品正好可以满足人们这种本能的需求。劳斯莱斯汽车就有贵族车的象征。

第二，看上去就觉得好。奢侈品所服务的产品必须是"最高级的"。这种"最高级"必须从外观到品质都能逐一体现。奢侈品的高级性应当是看得见的。正因为其奢华"显而易见"，它才能为主人带来荣耀。所以说，奢侈品理当提供更多的"可见价值"——让人看上去就觉得好。那些购买奢侈品的人完全不是在追求实用价值，而是在追求全人类"最好"的感觉。奔驰汽车如此，香奈儿时装也如此。

第三，个性化。奢侈品牌往往以己为荣，它们不断树立起个性化大旗，创造着自己的最高境界。奔驰追求顶级质量，劳斯莱斯追求手工打造，法拉利追求运动速度，而凯迪拉克追求豪华舒适。它们独具匠心，各显其能。正是因为商品的个性化，才为人们的购买创造了理由；也正因为奢侈品的个性化很不像大众品，才更显示出其尊贵的价值。

第四，专一性。奢侈品牌是十分专一的，它绝不可以随意扩张使用。所谓品牌的专一性，指的是品牌只服务于某一个产品或某一类产品。我们很难看到一个奢侈品牌分跨两个行业使用，而且还取得成功的。品牌多元化经营本身就是品牌管理的大忌，更何况是一个奢侈品牌呢？皮尔·卡丹（我们并不认为它是一个真正的奢侈品牌）曾经延伸到酒业上，生产了一种皮尔·卡丹葡萄酒，结果失败了。如果路易威登敢这样做，也一定好运不长。人头马要是成功地推出一种洗发水，宝洁一定会七窍生烟了。

第五，距离感。作为奢侈品必须制造望洋兴叹的感觉，让大多数人产生可望而不可即的感觉是奢侈品牌营销的使命。在市场定位上，奢侈品牌就是为少数"富贵人"服务的。因此，要维护目标顾客的优越感，就应当使大众与它们产生距离感。距离产生美。奢侈品牌要不断地设置消费壁垒，拒大众消费者于千里之外。要使认识品牌的人与实际拥有品牌的人在数量上形成巨大反差，这正是奢侈品牌的魅力所在。所以，可以这么说，奢侈品牌就是"梦寐以求，少数拥有"。

奢侈品也正因为其所具备的这些特点而需要付出更大的代价才能得到它。年轻人或许也喜欢奢侈品，觉得它能显示出拥有者地位的高贵，但是我们还应该意识到，年轻人属于奋斗的一代，很多东西还与自己的身份不相符，需要通过努力去实现自身价值，才能拥有属于自己的"奢侈品"。

### 面粉涨价了，吃大米的人就会多起来
——替代效应

大家都知道，北方人主要吃面粉，南方人主要吃大米，它们都是主食，因为南北的差异，大家饮食也有不同。但是，当面粉涨价的时候，一个普通的北方人还会坚持吃面粉吗？我想应该是不会了，很多人可能会选择吃大米，毕竟两个都是主食，所产生的效用都是一样的，面粉贵，当然选择吃大米来代替了。这就是经济学中的"替代效应"。所谓"替代效应"是指一种商品的名义价格发生变化后，将导致消费者所购买的商品组合中，该商品的数量减少，该商品与其他商品之间发生替代。

替代效应在生活中非常普遍。我们日常的生活用品，大多是可以相互替代的，我们可以根据其价格的变化情况，从经济实惠的原则出发，安排我们的生活。萝卜贵了多吃白菜，苹果贵了多买橙子。买不起真名牌，用仿名牌来替代，也能让我们的心理产生极大的满足。如果 CD 唱片的价格上涨了，我们可以用电台的音乐节目，甚至现场的音乐会等来替代 CD 唱片。有时替代效应也与价格无关，比如发生禽流感以后，鸡蛋和鸡肉就很少有人再买，而用猪肉等来替代。一般来说，越是难以替代的物品，价格就越是高昂。产品的技术含量越高价格就越高，因为高技术的产品只有高技术才能完成，就像彩电必须是彩电厂才能生产，而馒头谁家都会做，所以价格极低。艺术品价格高昂，是因为艺术品是一种个性化极强的物品，几乎找不到替代品。达·芬奇的名画《蒙娜丽莎》只有一幅，所以珍贵异常，价值连城。

## 第四章 买东西,大有学问——消费者的经济学

首先价格会影响商品是否被替代,但是商品能否被替代也会反过来影响商品的价格。我们前面谈到的高技术产品、艺术作品等就是因为其不可替代性而具有了高价格。通过这一点,我们也可以总结出来人力资本的规律。如果你是一个难得的人才,在你的圈子里很少有人能够替代你,那么你肯定是圈子里的香饽饽,老板见了又是笑脸,又是加薪的,那你还怕自己没有好工作吗?作为年轻人,我们应该意识到这一点,争取多学习,把自己培养成一个不可替代的人才,自己有一门手艺,能够不断学习提高,自然也就不用担心在哪里工作、能工作多久、薪水多少的问题了。

在现实生活中,替代效应是各种博弈的根源,它在人们工作生活中无

替代效应

处不在,无时无刻不在起着巨大的作用。企业间的竞争,其实就是要让自己的产品替代别人的产品,企业不断地推陈出新,就是让自己的产品更加超前而不被别的企业产品所替代。而我们个人呢,要想从替代和被替代的竞争中胜出,就必须努力再努力,不断提高自己,发展自己。

 **房市火爆,装修也一定会火爆**
**——互补品**

近年来,买房的人很多,房市很火,装修建材企业也很火。新房子卖得多了,需要装修的人自然也多了。道理虽然简单,但是这在经济学上还是有根有据的。房子和房子的装修属于具有互补品关系的商品,两者是同时出售的,有了房子不得不装修,要装修不得不先买房子,所以当房子卖得多的时候,自然房子装修生意也会很好。

经济学上,互补品是指两种商品必须互相配合,才能共同满足消费者的同一种需要,如照相机和胶卷。以前,在相机必须使用胶卷的时候,消费者购买相机必定会购买胶卷,如果相机的价格比较贵,那么消费者或许就会考虑不买相机或者等降价后再买,于是胶卷的需求量也就下降了。因此,作为互补品的两种商品,一种商品的价格会影响另一种商品的需求

量，并且是一种反向的作用关系。

互补品是指它的销售能带动你的销售的产品。比如说软件卖得多，硬件也就会卖得多。如果软件做得非常好，有的人为了玩这个软件就会买一台电脑。比如 eBay 的拍卖社区建得非常好，以前不知拍卖怎么回事的人也想把自己不用的东西拍卖出去，因此他自己就会买一台电脑。从这个角度讲，eBay 也是电脑的互补品。电信业抓得非常紧的是增值服务，网站也是这样，社区建得好，才能增加网站的黏性，观众多，访客流量大，广告才有价值。

根据互补品的这种特性，对于销售商而言，还有一种特殊的经营战略——互补品战略。例如，大楼里的设备和材料：空调、门窗、水泵、水泥、钢材、弱电设备、强电设备等都是××的互补品，因此作为××公司一方面在销售××的同时还可兼销以上互补品，但为保持所销产品的同等档次，销售的上述互补品必须是高档品牌（建议选择几个高档次的品牌兼销）；另一方面公司可与上述互补品销售机构建立合作，鼓励他们兼销互补品，甚至把他们变成互补品的经销商或分公司。这种品牌战略被称为"互补品战略"。

拥有核心技术的企业毕竟是很少的，中国的企业未必都要掌握核心技术，如果能够给拥有核心技术的厂商提供非常重要的互补品，这也是非常好的战略。

互补品战略有点像傍大款。比如汽车的配套产品非常多，金融、停车场、汽油、公路等都是汽车的配套产品。汽车刚出来的时候卖得不是很好，因为有钱人都坐马车。而且那时候汽车的技术不是很稳定，路也都是很泥泞的路，汽车在这样的路上行驶颠簸得厉害。因此，通用汽车厂和固特异轮胎联合起来，成立了高速公路协会，建设了高速公路，其目的是让车在高速路上开，使乘客感觉很刺激、体验到拥有汽车的好处。这样，通过提供配套产品——公路，主要产品——汽车的价值就很好地体现了出来。然后，消费者就游说政府去修高速公路，公路修好了，汽车也好卖了。

所以，作为装修业的经营者，在看到房市火爆的时候一定要看到装修业的前景，正确理解互补品的含义，抓住时机，大力发展装修业。"互补品"不仅仅是一个经济学名词，同时也是一个成功之道。

第四章 买东西，大有学问——消费者的经济学

越贵越要买
——吉芬商品

1845年在爱尔兰大饥荒时期，出现了一件奇怪的事，土豆价格在上升，但需求量也在持续增加。根据需求法则，消费者对商品或劳务的购买数量一般随着价格的上升而减少。这里的土豆所表现出来的特性显然有悖于一般商品的正常情形。这就是由英国统计学家罗伯特·吉芬最早发现的"吉芬难题"，具有这种特点的商品——价格上升引起需求量增加的物品被称为"吉芬商品"。

在经济学中，当一种商品的价格发生变化时，会对消费者产生两种影响：第一种是使消费者的实际收入水平发生变化，从而改变消费者对这种商品的需求量，这就是收入效应；第二种则是使商品的相对价格发生变化，从而使得消费者选择价格低的替代品而放弃原来价格高的商品，这就是替代效应。对于所有商品来说，替代效应都是与价格呈反方向变动的，而且在大多数情况下收入效应的作用小于替代效应的作用，需求定理一直有效。但是，在少数特定情况下，某些低档商品的收入效应作用要大于替代效应作用，正因为如此，经济学中将商品分为正常商品和低档商品两大类，正常商品的需求量与消费者的收入水平呈同方向变动，而低档商品则相反。

让我们回到引发"吉芬难题"的爱尔兰土豆上来。爱尔兰1845年饥荒使得大量的家庭因此陷入贫困，像土豆这样的仅能维持生活和生命的低档品，无疑会在大多数贫困家庭的消费支出中占一个较大比重，土豆价格的上升更会导致贫困家庭实际收入水平大幅度下降。在这种情况下，变得更穷的人们为了生存下来，就不得不大量地增加对低档商品的购买而放弃正常商品的购买。相比起土豆这种低档商品来说，已经没有比这更便宜的替代品了，这样发生在土豆需求上的收入效应作用大于替代作用，从而造成土豆的需求量随着土豆价格的上升而增加的特殊现象。解开了"吉芬难题"，我们也能完全理解吉芬商品的产生了，一种商品只有同时具备"低档品"和"收入效应大于替代效应"这两个条件时，才可以被称之为"吉芬商品"。

其实，生活中的吉芬现象并不少见，最突出的就是这几年来的房市。

房价涨得越来越快，而买房子的人却越来越多，许多没钱的人也在想方设法购买，借钱、按揭、攒钱……无不希望自己"有房一族"的美梦早日成真。在股市上也经常看到吉芬现象。当某一只股票的价格持续上涨的时候，经常看到的局面便是人们争相抢购这种股票，以便能够赶上"牛市"多赚一笔。相反，当一只股票的价格持续下跌的时候，购买它的人反而会明显减少，而拥有它的人也都希望尽快抛出，以便避开"熊市"。另外，日常生活中还有一种所谓的"雨伞现象"。刚下车的乘客突然遇到大雨，早有准备的小贩趁机推销自己的雨伞，而且价格明显超出平时。结果是价格虽然上涨了，雨伞却卖得很不错。

但是，吉芬商品究竟有没有违反一般商品的需求规律呢？需求定律的定义是"在其他条件不变时，需求价格与需求量呈反向变动关系"。这里需要指出它的前提，即"其他条件不变"，这个不变其实涵盖了关于需求的许多概念，如"需求弹性"和"供给弹性"。以上述"雨伞的需求量上升"为例，雨伞销量的上升，关键原因不是价格上涨，而是由于外部环境的变化——天降大雨，即"需求定律"中的"其他条件"发生了变化，此时消费者对雨伞的"需求弹性"急剧降低，对价格不再敏感。因此，在这种情况下，只要价格高得不是很离谱，消费者都会选择购买。试想如果雨不是很大，附近又有商店，那肯定很多人都会选择到商店去购买雨伞，那么小商贩的雨伞将无人问津了。这一道理也同样适用于爱尔兰的饥民。土豆价格上涨，但是人们收入有限，还是只能选择土豆。同时，在饥荒的压迫下，他们预期价格还会上涨，于是就会去抢购，这样一来，就会出现土豆价格上涨但是需求量也增加的局面。从这个角度来考虑，吉芬现象并没有推翻需求定律。

吉芬现象

我们在看问题的时候，不仅要看到现象还要看到本质，只有认清本质后，才能更加清晰地了解现象，而不至于被现象所迷惑。同时，我们看问题的时候，还需要注意一些前提假设条件，虽然这些东西微不足道，但往往就是这些条件的改变而导致了完全不同的结果。

## 第四章 买东西,大有学问——消费者的经济学

 你是否意识到自己占了便宜
——消费者剩余

小灵通曾在中国火爆一时。它属于一种无线市话业务,具有利用已有的固定电话网络,实现无线接入的功能。换句话说,使用小灵通相当于把家里的固定电话揣在自己兜里,而且可在市内随便走动,非常方便。其最主要的优点是资费低廉:每3分钟才0.20元,月租费只有15~25元,并且单向收费,话机价格更为低廉,不少地方都是由运营商"送机入网"。虽然其具有无法漫游、在有的城市信号不太好等缺点,但对于大多数消费者来说,小灵通在价格上的巨大诱惑使其弱点几乎可以忽略不计,因为省钱是最实惠的。也正是因为这样,小灵通火了好几年,拥有广阔的销售市场。

小灵通的火爆,用通俗的话说就是因为它便宜,但是用经济学的话来说就是因为它提供了较多的"消费者剩余"。

"消费者剩余"是纽约大学教授马歇尔在《经济学原理》一书中提出的概念。所谓消费者剩余,是指一种物品的总效用与其总市场价值之间的差额,换言之,就是消费者愿意为一种物品支付的钱减去消费者实际支付的钱。马歇尔在《经济学原理》中为消费者剩余下了这样的定义:一个人对一物所付的价格绝不会超过,而且也很少达到他宁愿支付也不愿得不到此物的价格。因此,他从购买此物所得的满足,通常超过他因付出此物的代价而放弃的满足,这样他就从这种购买中得到一种满足的剩余。他宁愿付出以得到此物的价格,超过他实际付出的价格的部分,是这种剩余满足的经济衡量。这个部分可以称为消费者剩余。

就小灵通而言,小灵通用户愿意接受的价格应该是接近于一般移动电话的价格。当时在绝大多数地区,预付费的移动电话市内话费为每分钟0.60元,不收月租费,后付费为每分钟0.40元,月租费50元。而价格最低的手机话机也要上百元,高的甚至要数千元。而小灵通的综合使用费用明显低于普通移动电话,所以消费者都欣然接受。因为,消费者愿意为小灵通支付的资费要比普通手机低15%~20%,而小灵通的实际资费水平仅相当于普通移动电话通话费的1/6。而且,市面上的小灵通话机的平均价格只相当于普通手机的一半左右。两者互相比较,人们很容易看到小灵通

使用者获得的消费者剩余是多么可观。

所以，对于消费者而言，消费者剩余越多，消费者会觉得自己赚得越多，感觉自己在买东西的时候占了大便宜，消费者的获益大。相反，厂商要想实现自己的最大利益，自然是要尽量让消费者获得较少的消费者剩余，这样自己的利润才够可观。

例如，在我国奶粉这种产品一直是低价销售，每小袋奶粉的价格在30元上下。改革开放以来，外国生产商大量进入中国，它们也运用消费者剩余的概念寻觅发大财的机会。一些奶粉生产商了解到中国奶粉的价格低，但是有一部分中国母亲生下孩子后，由于缺乏母乳，她们对适合婴儿食用的高质量奶粉的需求十分迫切。于是，这些外国公司研制出添加各种营养成分的较高质量的奶粉，使用更漂亮、防潮的包装方式，以每袋80～100元的价格销售。年轻的中国母亲为了婴儿的健康成长，愿意花较多的钱去买质量较好的外国婴儿奶粉。这样，中国母亲在购买婴儿奶粉时的消费者剩余就转移到了外国生产商的口袋里。外国生产商利用消费者剩余的概念确实发了一笔大财。

当然，这种情况是消费者愿意支付一定的消费者剩余作为购买的代价。但在现实生活中，我们却经常会碰到这种消费者剩余被剥夺的情况，因为我们一些个人的急迫需要而不得不放弃一些消费者剩余。就像临近春节我们面对票价的上涨虽然义愤填膺但还是要买；又如我们兴高采烈地和朋友来到旅游景区才发现票价涨得离谱，但都已经来了，大多数情况下我们会不得不选择任其宰割；我们愤怒于电话的高额话费却不得不用……其原因都在于我们需要它、讨厌它但不得不用它。不难发现这些状况大多发生在具有垄断性质的行业和商家中，它们可以仗着自己的垄断优势用牺牲消费者剩余为代价获得他们的超额利润。

目前，市场体系中这种剥削消费者剩余的现象还很严重，主要是因为很多企业都是垄断企业，垄断经营，消费者处于弱势地位，不得不为获得必要的消费品而支付这些属于自己的消费者剩余。作为消费者，我们一方面呼吁反垄断；另一方面也要学会揣测商家的心理，保护自己的合法利益，不让贪婪的商家得逞。

第四章 买东西，大有学问——消费者的经济学

 只为吃穿的人，肯定是穷人
——恩格尔系数

在农村，大家见面都会问："你吃饭了吗？"可见，吃在农村里是大家比较关心的问题，只要吃饱了一切都好。只有在能吃饱过后，人们才会去考虑穿的问题、娱乐的问题。在改革开放前，能穿一件新衣服是基本不可能的，道理很简单，因为吃都吃不饱，还穿什么新衣服呀。吃是人们最基本的生活保障，如果人们的收入大部分都用来吃或者连吃都不够，那人们的生活就不好，肯定是穷人。这在经济学上可以用恩格尔系数来说明。

恩格尔系数是食品支出总额占个人消费支出总额的比重。19世纪德国统计学家恩格尔根据统计资料，对消费结构的变化总结得出一个规律：一个家庭收入越少，家庭收入中（或总支出中）用来购买食物的支出所占的比例就越大；随着家庭收入的增加，家庭收入中（或总支出中）用来购买食物的支出比例则会下降。推而广之，一个国家越穷，每个国民的平均收入中（或平均支出中）用于购买食物的支出所占比例就越大；随着国家的富裕，这个比例呈下降趋势。

民以食为天，吃是人类生存的第一需要。在收入很低时，人们会把大部分的收入花在食物上，但收入逐渐增加时，消费重心就会往穿、用、娱乐等其他方面转移。因此，越富有的人在食品之外的消费就越多，所以恩格尔系数越低表示越富裕，越高表示越贫穷。根据联合国粮农组织提出的标准，恩格尔系数在59%以上为贫困，50%～59%为温饱，40%～50%为小康，30%～40%为富裕，低于30%为最富裕。改革开放以来，我国城镇和农村居民家庭恩格尔系数已由1978年的57.5%和67.7%分别下降到2005年的36.7%和45.5%。2008年，我国城镇居民家庭食品消费支出占家庭消费总支出的比重为37.9%；农村居民家庭为43.7%。我国的恩格尔系数较前几年都有所降低，这表明我国的生活质量在不断提高，逐步迈向小康。

尽管如此，恩格尔系数在运用的过程中还应该注意一些问题，毕竟这个衡量指标不是万能的，它有时会造成一些假象，出现失灵的情况。例如在我国特别是贫穷地区，人们长期以来形成了"勒紧腰带过日子"的习惯。这种习惯会降低恩格尔系数，但人们的生活水平并没有提高。众所周

知，在家庭收入不增加或增加十分有限时，家庭总支出规模基本不变，但由于诸如学费、电费、水费、医药费、燃气费等刚性支出急剧增加，一个现实的选择就只能是压缩食品支出。这种情况在中国特别是西部落后地区尤其普遍，为了应付急速增长的学费、药费和房费等刚性开支，省吃俭用成为中国百姓的通常选择，与其说这是中国人的一种美德，不如说是一种无奈。正是这种无奈，直接导致收入与恩格尔系数"双低"现象的产生。此外，不同地区的消费习惯也影响恩格尔系数。"穿在上海，吃在广东"，是对上海和广东两地消费习惯的高度概括。广东的恩格尔系数较高，与这种历史上形成的消费习惯不无关系。恩格尔系数恰恰忽略了消费习惯的差异。

因此，在我国运用这一标准进行国际和城乡对比时，要考虑到那些不可比因素，如消费品价格比价不同、居民生活习惯的差异以及由社会经济制度不同所产生的特殊因素。对于这些横截面比较中的不可比问题，在分析和比较时应做相应的剔除。另外，在观察历史情况的变化时要注意，恩格尔系数反映的是一种长期的趋势，而不是逐年下降的绝对的倾向。它是在熨平短期的波动中求得长期的趋势。

# 第五章　各种奥秘，尽在利益

## ——博弈者的经济学

 华山论剑，未出招已见高下
——博弈

鬼谷子想试徒弟智力，拿出5个饼让孙膑和庞涓去吃，每人每次最多只能拿两个饼，全部吃完后才能再拿。庞涓急切地拿了两个饼，而孙膑只取了一个饼，吃完又去拿了两个饼。最终，孙膑吃了3个，庞涓只吃了2个。这是一个典型的博弈故事，一人先行动，另外的行动者观察到先行者的行动然后再行动。开始看，庞涓一下子占了两个饼，但算总账还是孙膑有心计。故事内容很简单，但是体现出了博弈的策略思想——了解对手如何战胜你，然后战而胜之。这就是要猜测出对手战胜你的方法，然后在这个知识的基础上采取有效的行动战胜对手。

博弈是指在一定的游戏规则约束下，基于直接相互作用的环境条件，各参与人依靠所掌握的信息，选择各自策略（行动），以实现利益最大化和风险成本最小化的过程。简单说就是人与人之间为了谋取利益而竞争。

通俗地讲，博弈就是指在游戏中的一种选择策略的研究，博弈的英文为"game"，我们一般将它翻译成"游戏"。而在西方，game 的意义不同于汉语中的游戏。在英语中，game 是人们遵循一定规则的活动，进行活动的人的目的是让自己赢。而在和对手竞赛或游戏的时候怎样使自己赢呢？这不但要考虑自己的策略，还要考虑其他人的选择。生活中博弈的案例很多，只要涉及人群的互动，就有博弈。

比如，一天晚上你参加一个派对，屋里有很多人，你玩得很开心。这时候，屋里突然失火，火势很大，无法扑灭，此时你想逃生。你的面前有两个门，左门和右门，你必须在它们之间选择。但问题是，其他人也要争抢这两个门出逃。如果你选择的门是很多人选择的，那么你将因人多拥挤、冲不出去而被烧死；相反，如果你选择的是较少人选择的，那么你将有望逃生。你将如何选择呢？这里你要首先猜测别人的想法，考虑他们会选择哪个门，然后再来决定自己选哪个门，这就是一个典型的博弈。

在生活中，博弈可能会给你制造出假象，让你不知道如何选择，也可能给你一些宝贵的提示，让你很快找到明智、合理的选择。

当年英国将流放澳洲的犯人交给往来于澳洲之间的商船来完成，因为英国政府提前把这些费用交给了商船，结果商船主和水手没有一点心理顾忌，经常虐待犯人，致使大批流放人员死在途中。后来英国政府决定，运送犯人的费用要等到犯人送到澳洲后才由政府支付给商船。仅这样一点小小的改变，几乎再也没有犯人中途死掉的事情发生了。

生活中遇到的很多问题看似很难解决，却不见得没有解决方法，而且有时候完全可以仅仅改变一点点，就会让最后的结局转变很多。在上面这个例子中，英国政府仅仅改变了一下支付报酬的方式就让商船不得不顾忌到犯人的生命安全，是非常聪明的博弈方式。反之，如果政府改换运送商船，也许得到的结果依然不会有太大的改变。

因此，博弈的关键在于把握问题的实质，如果让这个关键点起到应有的作用，你的博弈就算成功了。运送犯人的商船一开始之所以敢虐待犯人是因为钱已到手，无所顾忌，一旦英国政府把钱的交付日期推迟到犯人运送完毕，他们就有所顾忌，不敢再胡作非为了，自然也就出现了完全不一样的结果。

博弈的关键在于不断判断对方的策略，同时修改自己的应对策略。面对一个博弈事件，在决策前思维主体应尽可能预测事态发展可能出现的一切情况，即"下棋看三步"，具有前瞻性，在此基础上充分揣摩对方的心理，对比选择最佳方案，付诸实施。在博弈论中各种模型都是理想化的，现实中可能不存在完全一样的模型，需要大家认真揣测博弈论所传递的思想，应用时再综合考虑各种因素，那么要想做一个正确的选择也就不难了。

第五章 各种奥秘，尽在利益——博弈者的经济学

##  招，还是不招，囚徒的困境
### ——纳什均衡

有一天，某富翁在家中被杀，财物被窃。警方在侦破此案的过程中，抓到了汤姆、杰克两个犯罪嫌疑人，并从他们的住处搜出了被害富翁家中丢失的财物。面对真实呈现在眼前的物证，他俩承认了自己的偷窃行为。但是，他们却矢口否认杀害富翁，辩称是先发现富翁被杀，他俩只是顺手牵羊偷了点东西而已。

针对两人的狡辩，警方采取了将两人隔离审讯的办法。为了分化瓦解对方，检察官分别对两人说了以下一段话："本来你们的偷盗罪证据确凿，可以就此判你们1年刑期。但是，根据将功赎罪制度，如果你们主动坦白并且揭发同伙的杀人罪行，我们将对你们进行从宽发落，判你们无罪释放，但你的同伙要被判30年刑期。如果你顽抗到底，拒不坦白，而一旦被同伙检举出你的杀人行为，那么你就要受到严惩，将被判30年刑期，你的同伙将无罪释放。当然，如果你们两人都坦白，那么你们都将只被判15年刑期。"

故事讲到这里，大家可能会想，既然对两个囚犯来说，只判一年刑期就是最好的结果，那么两人都选择不招供就是这个故事最好的结局，也就是我们常说的纳什均衡。经济学上，纳什均衡是指在给定其他人选择的条件下，每个局中人都会选择对自己最优的那个选择，从而使自己利益最大化。这个故事的结果到底是什么样的呢？两人都招供了，都被判了15年。这就是博弈论上有名的"囚徒困境"，也是纳什均衡的典型案例。

"囚徒困境"之所以被称为"困境"，也正是因为这个博弈的最终结局恰恰是最坏的结果。出现这样的结果，让大家都感到意外，我们一般都认为两人都不招供是最好的选择，但是对于每个人而言，从各自的角度出发，却认为招供是对自己最好的选择。这里有两个基本假设：汤姆和杰克都是理性人，每个人都是从自己的角度出发，选择对自己更有利的策略；两人无法进行沟通交流，要在不知道对方所选择结果的情况下，独自进行选择。因此，两名囚犯都做出招供的选择是对他们个人而言最佳的选择，即最符合他们个人理性的选择。出现这样的结果也恰恰是警方所希望看到的。警方采取的游戏规则必然会让两名囚犯坦白罪行，认罪伏法。对于一

个博弈来说，游戏规则非常重要，适宜的规则才能够达到目的。在我们的日常生活中莫不如此，规则制定者往往利用条件制定出有利于自身的规章制度。

虽然"坦白从宽，抗拒从严"的道理人人都懂，但从博弈论的角度来看，实际上就是一个"囚徒困境"的应用。"囚徒困境"被看成博弈论的代表性案例，不仅因为其简单易懂，还在于它的现象在日常生活中广泛存在。

相信大家都有过这样的经验：当我们在公路上遇到塞车的时候，如果大家都规规矩矩地排在车道内，而有一个人违规驶入人行道，那么他就会得到便宜。但如果每个人都有这样的想法，并且付诸行动，则人人都要吃亏。这样的情况经常在我们的日常生活中出现，即每个人都守规矩，那么

"囚徒困境"是纳什均衡的典型案例

一个不守规矩的人就会获得好处；但若每个人都不守规矩，则人人都会失利，纳什均衡也永远不能实现。

我们应该从这个小故事看到问题的本质：一个只追求个体利益的个人或者企业，迟早会陷入"囚徒困境"。事实已经说明，只有合作，采取基于群体利益的策略，才会带来真正的共赢局面，获得所谓的"纳什均衡"，否则一个企业如果只是单纯为了一己之利，终将变成市场里的"囚徒"，得到属于他的"15年刑期"。

 人人不花钱，社会就无从发展
——节俭悖论

18世纪，荷兰的曼德维尔博士在《蜜蜂的寓言》一书中讲过一个有趣的故事。一群蜜蜂为了追求豪华的生活，大肆挥霍，结果这个蜂群很快兴旺发达起来。而后来，由于这群蜜蜂改变了生活习惯，放弃了奢侈的生活习惯，崇尚节俭，结果却导致了整个蜜蜂群体的衰败。这个故事简单地概括引申就是：人人都挥霍，那么社会将会繁荣；而相反，人人都不花钱，那么社会将无从发展。这就是经济学里的节俭悖论。

## 第五章 各种奥秘，尽在利益——博弈者的经济学

在西方经济学说史上，节俭悖论曾经使许多经济学家倍感困惑，但经济学家凯恩斯从故事中却看到了刺激消费和增加总需求对经济发展的积极作用，认为节俭对于个人来说可能是件好事，可以增加个人财富；但是如果整个国家的人都节俭，那么将会使每个人都变得很贫穷。这看起来似乎很不合情理，究竟怎样才能理解这个悖论呢？

我们都知道，节俭是一种美德，也是个人积累财富最常用的方式。如果某个家庭能勤俭持家，减少浪费，增加储蓄，那么这个家庭往往可以致富。但是，公众节俭对国家并不见得是好处。如果每个人都很节俭，那么大多数企业生产的产品就会卖不出去，企业只有倒闭，职工也只有下岗，大家没有收入，就会导致整个国家的人都很贫穷。20世纪30年代资本主义大萧条就是一个生动的例子，人们由于担心经济恶化，都攒着钱不消费，留着以后花，可越是这样，危机扩展得越快，最终造成一场大的经济浩劫。简单地说，节制消费、增加储蓄会增加个人财富，对个人是件好事；但由于会减少国民收入、引起经济萧条，对整个国民经济发展却是件坏事。

经济学不等同于简单的数学相加，不能简单地认为个人的财富增加了，整个社会的财富就会增加。在经济学里，一加一不一定等于二。也就是说，对单独个人有益的事情不一定就对全体有益；在有些情况下，社会成员个人的精明可以导致整个社会受损。我们在考虑问题的时候，需要跳出惯性思维，全面综合地看问题，才能得出合理的结论。

那么在任何情况下，节俭悖论都是存在的吗？答案是否定的，节俭悖论主要还是存在于经济萧条时期。如果人类社会总是处在充分就业状态，那么我们把国民产品用于当前的消费越多，可用于资本形成的产品就越少。如果产出可以假定总是处在其潜在水平，那么传统的节俭理论就是绝对正确的，即从个人和从社会角度来说都是正确的。也就是说，节俭悖论的存在，是有它的社会经济发展的特定条件的，并不是说任何时候都如此。

总之，我们应该辩证地看待节俭和消费的问题，综合考虑所处的环境和所具备的前提条件。虽然节俭是中华民族的传统美德，但是消费也是必要的。只有增加消费量，才能真正拉动经济，提高国家的综合国力；而不去消费，就有可能像文章开头的蜜蜂那样，带来整个民族的毁灭。但是，消费应该控制在自己的经济能力和经济条件的范围内，不是奢侈地去浪费。我们要大力提倡理性消费，也要理直气壮地反对盲目消费。

## 付出多,回报少,大家都将不愿付出
### ——公共地悲剧

有一个关于牧民与草地的故事,说的是当草地向牧民完全开放时,每一个牧民都想多养一头牛,因为多养一头牛增加的收益大于其购买成本,是有利润的。尽管因为平均草量下降,增加一头牛可能使整个草地的牛的单位收益下降,但对于单个牧民来说,他增加一头牛是有利可图的。可是如果所有的牧民都看到这一点,都增加一头牛,那么草地将被过度放牧,从而不能满足牛的需要,导致所有牧民的牛都饿死。这个故事就是公共地悲剧。

公共地悲剧指人们都只追求自己利益的最大化,过度的追求导致公有物的透支,最终的结果是任何人的需要都得不到满足。公共地悲剧最初由加勒特·哈丁提出,他说:"在共享公有物的社会中,每个人,也就是所有人都追求各自的最大利益。这就是悲剧的所在。每个人都被锁定在一个迫使他在有限范围内无节制地增加牲畜的制度中。毁灭是所有人都奔向的目的地。因为在信奉公有物自由的社会当中,每个人均追求自己的最大利益。公有物自由给所有人带来了毁灭。"

虽然,公共地悲剧早在农业的诞生或者私人产权发明时就早已为人们所了解,但是人们似乎并没有认识到它深刻的内在含义。比如,那些在西部山区租用国家土地的牧人就没能很好地理解它,他们仍然不停地向政府施压,要求增加放牧的牲畜数量,不知道过度放牧会引起土壤侵蚀和杂草丛生。同样,全球海洋也因为公共地哲学而不断受到威胁。比如,沿海国家仍然主动响应着"公共海洋"这一号召,他们一边嘴上声称自己坚信"海洋资源取之不尽,用之不竭",一边让鱼类和鲸类一个接一个地濒临灭亡。

究竟该如何来解决这种公共地悲剧呢?在解决公共地悲剧方面,国家公园是一个典型的例子。目前,国家公园毫无保留地对全体开放。公园本身是有限的,只有一定的空间,但人数似乎是无限制地增加,公园的价值对游客来说就是逐渐减少的。坦白地说,我们应该立即停止将公园作为公共地对待,否则它们对任何人都将无价值可言。我们应该做什么?我们有几个选择:可以把公园变卖,使之成为私人财产;也可以继续把它们当作

第五章　各种奥秘，尽在利益——博弈者的经济学

公有财产，但是分配进入公园的权利。分配的依据也许是基于人们的富裕程度，这可以通过一个拍卖机制来实现；也可以依据人的才能，只要以一些大家公认为标准的约束作为保障即可；或者根据先入为主的原则，采用排队的方式解决。以上这些也许都会受到人们的反对，但是我们必须从中做出选择，否则我们口口声声说的公共地——国家公园将不断遭受破坏。

看来解决公共地悲剧的关键就是将公共地的利益与个人的利益相结合，让公共地在公共的基础上有一些私有的性质。只要公共地的利益牵扯到个人身上，那么大家就会自觉起来，好好保护，倍加珍惜。

"优胜劣败"的悖论
——劣币驱逐良币

古罗马时期，人们在交易时习惯从金银钱币上切下一角，这意味着在货币充当买卖媒介时，货币的价值含量减小了。古罗马人不是傻瓜，他们很快就觉察到货币越变越轻。当他们知道货币减轻的真相时，就把足值的金银货币积存起来，专门用那些不足值的货币。这个例子说明：坏钱把好钱从流通领域中排挤出去了。为控制这一现象的蔓延，政府发行了带锯齿的货币，足值货币的边缘都有细小的沟槽。如果货币边缘的沟槽被锉平，人们就知道这枚货币被动过手脚。在中国，早在公元前2世纪，西汉的贾谊也曾指出"奸钱日繁，正钱日亡"的事实，这里的"奸钱"指的就是劣币，"正钱"指的是良币。拿经济学的话来说，这就是"劣币驱逐良币"，违背了正常的"优胜劣败"的规律。

劣币驱逐良币的现象最早为16世纪英国财政大臣格雷欣所发现，也被称为"格雷欣法则"，他观察到：消费者保留储存成色高的货币（贵金属含量高），使用成色低的货币进行市场交易、流通。劣币驱逐良币是经济学中的一个著名定律，它指出：在铸币时代，当那些低于法定重量或者成色的铸币——"劣币"进入流通领域之后，人们就倾向于将那些足值货币——"良币"收藏起来，最后良币将被驱逐，市场上流通的就只剩下劣币了。

即使到了近代，劣币驱逐良币的规律依然发挥着重要作用。在1792年，美国处于建国初期，当时政府规定实行金银复本位制度，银币和金币的铸造比例为15∶1，这个比例大致就是当时市场上金银的比价。但是随

着时间的推移，白银开始贬值，在国际市场上要用15.5盎司的白银才能换回1盎司的黄金。这时人们再买东西的时候都只用银币付钱，把金币收藏起来或拿到国际市场上兑换成更多的白银，就这样金币被银币驱逐出流通领域，美国变成了银本位制。后来美国一看黄金就快流光了，于是国会出台政策规定此后的美元铸造时含金量减低，这才逆转了当时的局势。

但是，劣币驱逐良币的现象不仅在铸币流通时代存在，在纸币流通中也有。大家都会把肮脏、破损的纸币或者不方便存放的镍币尽快花出去，而留下整齐、干净的货币。这种现象在现实生活中比比皆是。譬如，平日乘公共汽车或地铁上下班，规矩排队者总是被挤得东倒西歪，几趟车也上不去，而不守秩序的人倒常常能够捷足先登。最后遵守秩序排队上车的人越来越少，车辆一来，众人争先恐后，搞得每次乘车如同打仗，大家都苦不堪言。再比如，在有些"大锅饭"盛行的单位，无论水平高低，努力与否，业绩如何，所获得的待遇和奖励没什么差别，于是年纪轻、能力强、水平高的就都另谋高就去了，剩下的则是老弱残兵、平庸之辈，这也是"劣币驱逐良币"。再有，官场上的腐败现象如同瘟疫一样蔓延，不贪污受贿、不损公肥私只能吃苦受穷。而且，在众人皆贪的时候，独善其身者常常被视为异己分子，无处容身，要么被迫同流合污，要么被排挤出局，这还是劣币驱逐良币原则在起作用。

生活中的种种现象看似很奇怪，但是仔细揣测一下其中的本质，你会发现它们都是有据可依的，理解起来自然也就不觉得费力了。

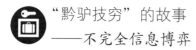

"黔驴技穷"的故事
——不完全信息博弈

贵州这地方本没有驴，有个多事的人用船运进来一头驴，运到之后却没有什么用途，就把它放在山脚下。一只老虎看到它是个高大、强壮的家伙，就把它当成神奇的东西了，隐藏在树林中偷偷观察。过了一会儿，老虎渐渐地靠近它，小心谨慎地，不知道它究竟是个什么东西。有一天，驴大叫起来，老虎吓了一大跳，逃得远远的，认为驴子要咬自己了，非常害怕。老虎来来回回走动，但终究不敢向驴进攻。老虎又渐渐靠近驴子，进一步戏弄它，碰撞、依靠、冲撞、冒犯它。驴禁不住发起怒来，用蹄子踢了老虎。老虎因而很高兴，心里盘算着说："它的本事也就如此而已！"于

## 第五章 各种奥秘，尽在利益——博弈者的经济学

是跳起来大声吼叫，咬断了驴的喉咙，吃光了它的肉，然后才离开。这就是"黔驴技穷"的故事，在这个故事里老虎不知道驴子的情况，于是就展开了跟驴子博弈的过程。这就是博弈论中所说的"不完全信息博弈"。

不完全信息博弈是指至少有一个参与者不完全知道另一个参与者的情况，就是说在不完全信息博弈里，参与人并不完全清楚有关博弈的一些信息。大多数纸牌游戏都是不完全信息博弈。在桥牌里，你并不知道伙伴手中的牌，也并不知道坐在左右的两位对手手里的牌。你在做决策时，必须在没有确切信息的情况下对其他三位手中的牌做一个估计。

《三国演义》中，还有一个很有名的不完全信息博弈的例子，就是"空城计"。三国时期，诸葛亮因错用马谡而失掉战略要地——街亭，魏将司马懿乘势引大军15万向诸葛亮所在的西城蜂拥而来。当时，诸葛亮身边没有大将，只有一班文官，所带领的五千军队也有一半运粮草去了，只剩2500名士兵在城里。众人听到司马懿带兵前来的消息都大惊失色。诸葛亮登城楼观望后，对众人说："大家不要惊慌，我略用计策，便可叫司马懿退兵。"

诸葛亮传令，把所有的旌旗都藏起来，士兵原地不动，如果有私自外出以及大声喧哗的，立即斩首。又叫士兵把四个城门打开，每个城门之上派20名士兵扮成百姓模样，洒水扫街。诸葛亮自己披上鹤氅，戴上高高的纶巾，领着两个小书童，带上一张琴，到城上望敌楼前凭栏坐下，燃起香，然后慢慢弹起琴来。

司马懿的先头部队到达城下，见了这种气势，都不敢轻易入城，便急忙返回报告司马懿。司马懿听后，笑着说："这怎么可能呢？"于是便令三军停下，自己飞马前去观看。离城不远，他果然看见诸葛亮端坐在城楼上，笑容可掬，正在焚香弹琴。左面一个书童，手捧宝剑；右面也有一个书童，手里拿着拂尘。城门里外，20多个百姓模样的人在低头洒扫，旁若无人。司马懿看后，疑惑不已，便来到军中，令后军充作前军，前军作后军撤退。他的儿子司马昭说："莫非是诸葛亮家中无兵，所以故意弄出这个样子来？父亲您为什么要退兵呢？"司马懿说："诸葛亮一生谨慎，不曾冒险。现在城门大开，里面必有埋伏，我军如果进去，正好中了他们的计。还是快快撤退吧！"于是各路兵马都退了回去。

"空城计"很好地诠释了不完全信息博弈。司马懿完全不知道诸葛亮城中无大军的情况，诸葛亮给他看的不过是一个可能会有埋伏的假象。这

一点是基于诸葛亮对司马懿的认识："司马懿知道诸葛亮是谨慎的人，不会冒险，有这样的现象，必然是有埋伏。"而诸葛亮的高明之处正是猜到了司马懿的想法以及司马懿可能采取的行动。于是，他布下了这个局，顺利地骗过了司马懿，守住了城，整个事情的发展过程以及结局都在诸葛亮的掌控之中。这也是博弈的奥妙所在，可以在了解别人的情况下，采取相应的行动，让别人在自己的想法下行动，最终也就能够达到目的。

博弈，不仅仅属于经济学，同时也属于我们的生活，更广泛用于军事科学。我们需要好好学习博弈知识，了解其中的奥秘，认识问题的本质，让它更好地服务于我们的生活和工作，做到学以致用。

## 不想让来的，全来了
—— 逆向选择

在二手车交易市场上，买家和卖家所掌握的有关车子质量的信息是极不对称的。因为卖家知道自己所要出售的车子的真实质量，而买家在一般情况下对车子的真实质量是难以判断的，所以只能通过仔细观察外观、听卖家的介绍和进行简单的现场测试来了解车子的质量信息，但这些信息是极其有限的。在这种情况下，买家就只愿意根据平均的质量水平来支付价格。而一些好车由于质量好、价格又高，买家则会自动地望而却步，转而去寻找其他价格相对较低的车子。而往往质量越差的车子价格才会越低，价格越低的车子也越容易吸引买家的目光，最终达成交易。这样，劣质品会卖得越来越好、越来越有规模，而优质品却会被驱逐出市场。这被美国经济学家阿克洛夫称为"逆向选择"，这样的选择方式违背了正常优胜劣汰的市场竞争原则。

简单地说，逆向选择是指由于交易双方信息不对称和市场价格下降产生的劣质品驱逐优质品，进而出现市场交易平均质量下降、数量减少的现象。假设市场上平均分布着价值1000～2000元的商品，普通消费者分不清不同商品的质量优劣，于是用平均价格1500元去购买。此时贵于1500元的商品就没人愿意卖了，于是平均质量下降了，消费者出价跟着降低，最终就只有最低档的物品可以成交了。用生活中的语言来形容就像是：不想让走的，全走了；不想让来的，全来了。

实际上，逆向选择的经济学现象不仅存在于二手商品交易中，在现实

## 第五章 各种奥秘，尽在利益——博弈者的经济学

生活中同样存在一些和常规不一致的现象。比如一个漂亮而又有才华的女孩，会被很多男孩暗恋，但是往往由于她的条件太好，反而让很多男孩望而却步、不敢表白。因为他们可能会想："这么漂亮的女生，又这么有才气，哪轮得到我来追呢！"于是便会退而求其次。可是他们却都忽略了女孩本人的真实想法，说不定，这个漂亮女孩正因为大家对她的望而却步还需要再单身数载。这个和常规不一致的现象其实也可以解释为经济学中的逆向选择。

此外，在保险市场同样也存在着严重的逆向选择现象，往往是经常发生事故、需要保险赔偿的人购买了保险。那么，究竟能否找到事半功倍的解决问题的途径呢？

因为信息的不对称，导致了逆向选择；因为逆向选择，导致了市场上的产品整体质量下降。那么，就需要相关部门人士努力促使双方的交易信息对称，尽量增加交易双方的信息透明度，以改变逆向选择的尴尬状况。例如，优质商品的厂商可以提供更多的承诺和措施，或以广告的形式向消费者传递该商品具有高质量的信号；厂商可以通过完全中立的质量监督、认证机构，帮助消费者认识、鉴别产品，使消费者信服。此外，厂家还可以通过签订质量保证合同来使消费者安心购买产品。这样，就可以使真正的劣质商品无法再披着"好质量的外套"，充斥整个市场了。

### 最出乎意料的风险
### ——道德风险

荣获 2001 年度诺贝尔经济学奖的斯蒂格利茨在研究保险市场时，发现了一个经典的例子：美国一所大学的学生的自行车被盗比率约为 10%，于是几个有经营头脑的学生发起了一个对自行车的保险，保费为保险标的 15%。按常理，这几个有经营头脑的学生应获得 5% 左右的利润。但该保险运作一段时间后，这几个学生发现自行车被盗比率迅速提高到 15% 以上，他们也严重亏本，很难再做下去了。何以如此？原因在于，投保的学生由于车子丢了能够获得全额赔付，就比较不在乎车子会不会被盗，采取的防范措施也就更不严密了。比如本来上两把锁的学生，现在怕麻烦就只上一把；本来不会停放到那些特别混乱、小偷经常出没的地方的学生，现在也无所谓了。投保的学生因不完全承担丢车的责任，采取了对自行车安

全防范不作为的行为。而这种不作为的行为，就是道德风险。原本想着投保了，就有了不会丢车的保障，但后来居然又出现了丢车的问题，真可谓最出乎意料的风险。

道德风险并不等同于道德败坏。道德风险是20世纪80年代西方经济学家提出的一个经济哲学范畴的概念，即"从事经济活动的人在最大限度地增进自身效用的同时做出不利于他人的行动"。或者是指当签约一方不完全承担风险后果时所采取的自身效用最大化的自私行为。道德风险亦称"道德危机"。

道德风险的事情在我们的生活中无处不在，大到国家层面的道德风险，比如金融危机的大部分原因是道德风险造成的；小到我们雇人劳动。究竟该怎么样才能避免道德风险给我们带来的诸多问题呢？

要避免道德风险，在思想上需要做到全面提高思想觉悟；在实际操作中要实现权力与责任对等，同时加强监督。要加强学习教育，首先要做到两个提高：一是提高思想水平，二是提高辨别能力。要培养识真假、明善恶、辨是非的能力，对社会上的不良风气要有高度的敏感性和超强的抵抗力，要自我把握、自我完善。其次是自我学习和相互交流相结合。要通过相互交流、共同提高的形式形成良好的学习氛围。要学习周围的好典型，树立正确的世界观、人生观、利益观，打牢思想基础，提高自己的思想道德品质；同时要做到剖析一些错误的思想认识，筑牢思想防线，排除侥幸心理。要强化制度执行，在进行"委托—代理"合同设计的时候，一定还要充分考虑权力与责任的关系，做到权力与责任对等，这样人们在行使权力的时候才会更加谨慎，而不至于造成随处可见的道德风险。最后，我们执行合同的时候，还可以采取相应的措施，比如加强监督等，以此来让合同方更好地履行合同义务，减少道德风险的发生。

## $1+1>2$
## ——正和博弈（协同效应）

我们经常可以看到，一个区域里如果有沃尔玛、家乐福、红旗、家润多、华联等几个大型超市，它们经常会打促销战，造成销售净利率下降。为此，它们组成一个价格联盟来限制各自的竞争行为。然后，设置了一个惩罚机制，如果顾客在5公里之内在同等规模的超市内发现更低价，超市

## 第五章 各种奥秘，尽在利益——博弈者的经济学

将双倍退还差价。这样消费者就承担起了发现价格下降的信息提供者的职能，如果一个超市降了价，其他超市会联合进行更大幅度的降价，从而可以约束单个厂商的行为。这样一来，各大超市都不会降价，大家都会有一个合理的利润空间，这种结果显然要比大家争相降价打价格战的局面好。这在经济学上叫"协同效应"，博弈中称为"正和博弈"。

正和博弈亦称为合作博弈，是指博弈双方的利益都有所增加，或者至少是一方的利益增加，而另一方的利益不受损害，因而整个社会的利益有所增加。这也就是我们所谓的"一加一大于二"的效果。合作博弈研究人们达成合作时如何分配合作得到的收益，即收益分配问题。合作博弈采取的是一种合作的方式，或者说是一种妥协。妥协之所以能够增进妥协双方的利益以及整个社会的利益，就是因为合作博弈能够产生一种合作剩余。这种剩余从这种关系和合作方式中产生出来，且以此为限。至于合作剩余在博弈各方之间如何分配，取决于博弈各方的力量对比和技巧运用。因此，妥协必须经过博弈各方的讨价还价，达成共识，进行合作。在这里，合作剩余的分配既是妥协的结果，又是达成妥协的条件。

生活中正和博弈的例子很多，比如民航联手提价，国际石油输出国组织联合限制产量的现象等。正和博弈的现象主要常见于寡头市场，因为寡头市场的经营者比较少，而且规模比较大，如果进行恶性竞争会导致大家都伤痕累累，所以一般都会出现厂商联手的局面，共同去追求协同效应。显然，正和博弈所谓的正和是对于生产厂商而言的，生产厂商从中获得了更多的利润，而对于消费者来说显然是被严重剥削了。那么，究竟要怎样才能更好地避免正和博弈的现象出现呢？

对于多见于寡头市场的正和博弈，只能由政府出面才能最大限度地打击生产厂商，更好地保护消费者的利益。比如当时民航各公司联手涨价没几天，国家就出台了相关规定，打压这种现象，民航市场立即又恢复正常。对于国际石油输出国组织这种国际组织，要想很好地保护消费者的权益，就显得有些困难了，毕竟各国都是利益的相关者，很少有谁能够真正摆正自己的位置，站在公正的角度去说话。同时，石油作为一种有限的资源，是由于天然的因素造成了寡头现象，所以石油价格严重脱离市场，各石油输出国联合剥削消费国，一直以来都是一个让大家头疼的问题。

## 你输我赢的游戏
### ——零和博弈

打麻将的时候，玩牌的时候，猜硬币的时候，总有倒霉蛋会输，但是在有人输的时候也会有人赢，不可能出现大家都输或者大家都赢的局面，如果有筹码，输家输掉的筹码与赢家赢得的筹码必然是相等的。这就是我们日常生活中常见的零和博弈，一个你输我赢的游戏。

零和博弈是博弈论中的一个概念，指参与博弈的各方在严格的竞争条件下，一方的收益必然意味着另一方的损失，博弈各方的收益总和永远为零，双方不存在合作的可能。零和博弈也可以说是将自己的幸福建立在他人的痛苦之上，零和博弈的结果是一方吃掉另一方，一方的所得正是另一方的所失，整个社会的利益并不会因此而增加一分。

如果不计算股票交易中交给券商们的手续费和交给政府的税收，那么股票市场也是一个零和博弈，在股票市场上总有赢家和输家，而赢家赢的钱就是输家输的钱，但是如果考虑到各种交易费用，股票市场就是一个不折不扣的负和博弈了，一方赢得的钱加上另一方输掉的钱小于零。在零和博弈中一方的快乐总是建立在另一方的痛苦之上，而且这个快乐和痛苦总是对等的，所以零和博弈又被戏称为"快乐守恒定律"。

人生就是个零和游戏，付出多少肯定会收获多少。种下善因，收获的也可能是恶果；在这个人生游戏里，"好人有好报""吃得苦中苦，方为人上人"不是绝对。在我们真实的生活里，我们不难发现这样的例子：你付出了，依照游戏规则，应该有收获；不过收获的可能是我们认为的"好"，也可能是黑暗、邪恶、消极。

现在越来越多的人开始关注零和博弈，不是因为它是一个有趣的经济学原理，而主要是因为人们发现在社会的方方面面都有与零和游戏类似的局面，胜利者的光荣后面往往隐藏着失败者的辛酸和苦涩。从个人到国家，从政治到经济，似乎无不验证了世界正是一个巨大的零和游戏。这种理论认为，世界是一个封闭的系统，财富、资源、机遇都是有限的，个别人、个别地区和个别国家财富的增加必然意味着对其他人、其他地区和国家的掠夺，这是一个"邪恶进化论"式的弱肉强食的世界。

但20世纪人类在经历了两次世界大战，经济高速增长、科技进步、全

第五章 各种奥秘，尽在利益——博弈者的经济学

球化以及日益严重的环境污染之后，零和游戏的观念正逐渐被双赢观念所取代。人们开始认识到"利己"不一定要建立在"损人"的基础上。通过有效合作，皆大欢喜的结局是可能出现的。比如，两个生产同一种商品但是有不同优势的国家，可以不用再以打压对方的方式相互竞争，而是采取合作的方式，综合双方的优势，真正实现共赢。但从零和游戏走向双赢，就必然要求各方要有真诚合作的精神和勇气，在合作中不要耍小聪明，不要总想占别人的小便宜，要遵守游戏规则，否则双赢的局面就不可能出现，最终吃亏的还是自己。

有输必有赢——零和博弈

零和博弈

# 第六章 货币的神奇与魅力
## ——金融活动中的经济学

**从金银宝贝到美元英镑**
**——货币的产生与发展**

或许大家都知道，古代人用金银等宝贝作为货币来买东西，但是我们从一出生看见的情形就是用钱来买东西，国内用的是人民币，如果出过国，或许还见过用美元、英镑、日元等来买东西。那究竟货币发展到今天经历了一个什么样的过程呢？是一开始就有大家约定的成型的货币吗？人类历史中都出现过什么样的货币？

人们使用货币的历史产生于物物交换的时代。在原始社会，人们使用以物易物的方式，交换自己所需要的物资，比如用一只羊换一把石斧。有时候受到用于交换的物资种类的限制，人们不得不寻找一种能够被交换双方都接受的物品，比如一只羊换一把石斧，一把石斧换一堆盐，这里石斧就具备了货币的功能。货币的前身就是普通的商品，它在交换的过程中逐渐演变成一般等价物。货币就是商品，但又不是普通的商品，而是特殊的商品。货币出现后，整个商品世界就分裂成两极，一极是特殊商品——货币，另一极是所有的普通商品。

历史上曾经有过很多作为货币使用的物品，如中国人用龟壳、贝壳、布帛、烟草，法国人用兽皮，阿兹特克人用可可豆，印度原始居民用杏仁，危地马拉人用玉米，巴比伦人用大麦，蒙古人用砖茶等。这些物品之所以能被分离出来充当货币使用，是因为随着人类社会分工和交换行为的日渐频繁，易货交换需要一种大家普遍愿意接受的物品作为媒介。

经过长年的自然淘汰，在绝大多数社会里，作为货币使用的物品逐渐被金属取代。使用金属货币的好处在于，它的制作需要人工，无法从自然

第六章 货币的神奇与魅力——金融活动中的经济学

界大量地获得；同时还容易建立重量和质量标准，易于储存。数量稀少的金、银逐渐成为主要的货币金属。古代希腊、罗马和波斯的人们把金银切割成大小不同的薄片，在上面刻制印标，准确标出每一片的重量。在交易中，人们只要看一下这片贵重金属上面的标志，就可得知它的价值。

但是，随着经济的进一步发展，金属货币的重量和体积都令人感到烦恼。它不易携带，而且在使用过程中还会出现磨损。据不完全统计，自从人类使用黄金作为货币以来，已经有超过两万吨的黄金在铸币厂里，或者在人们的手里、钱袋中被磨损掉。人们逐渐发现金属也不适合用来作为货币。于是，作为金属货币的象征符号——纸币出现了。世界上最早出现的纸币，是中国北宋时期四川成都的"交子"。目前世界上共有200多种纸币，流通于193个独立的国家和地区中。纸币因为其自身的价值和其所代表的价值不等同，被称作"信用货币"。因为国家的不同，于是就出现了人民币、美元、英镑、日元、韩币……今天，一些新的货币形式正在出现，如最新的电子货币等。

货币的产生和发展经历了一个漫长的过程，是人类社会不断发展、进步的产物。货币是商品经济的必然产物，并伴随着商品经济的发展而发展。在现代社会中，货币已经成为人们生活中每时每刻都不可或缺的东西，人们会根据不同需要使用不同形式的货币。

谁在印刷钞票
——中央银行

如果你没钱了怎么办？那肯定是找父母。如果父母没钱了呢？那就找银行贷吧。如果银行也没钱了，那怎么办呢？这时候只能求助于中央银行——一国最高的货币金融管理机构。中央银行是"发行的银行"，也就是说没钱的时候中央银行可以发行货币，印钞票。那是不是可以随时都印钞票呢？究竟是什么转动起了印钞机呢？这就需要我们了解一下，中央银行这个发行的银行究竟是个什么样的机构。

中央银行是一国最高的货币金融管理机构，在各国金融体系中居于主导地位。中央银行的职能是宏观调控、保障金融安全与稳定、提供金融服务。中央银行是"发币的银行"，对调节货币供应量、稳定币值有重要作用。中央银行是"银行的银行"，它集中保管银行的准备金，并对它们发放贷款，充当"最后贷款者"。中央银行是"国家的银行"，它是国家货币政策的制定者和执行者，也是政府干预经济的工具；同时为国家提供金融服务，代理国库，代理发行政府债券，为政府筹集资金；代表政府参加国际金融组织和各种国际金融活动。

中央银行所从事的业务与其他金融机构所从事的业务的根本区别在于，中央银行所从事的业务不是为了营利，而是为实现国家宏观经济目标服务，这是由中央银行所处的地位和性质决定的。中央银行的主要业务有：货币发行、集中存款准备金、贷款、再贴现、证券、黄金占款和外汇占款、为商业银行和其他金融机构办理资金的划拨清算和资金转移的业务等。

中央银行因为有调节货币供应量、稳定币值的作用，所以中央银行的印钞机是不能随意地向市场提供钞票的。

当流通中的货币不能满足人们的交易活动时，也就是说货币的供应量不够时，中央银行就会利用它的方式向市场增加流通货币，满足需求，这样根据供求定律，也就不会出现供不应求、币值上涨的局面了，因此也就达到了稳定币值的作用。而当流通中的货币过多时，中央银行就会收回一部分货币，这样使得流通中货币的供给与需求平衡，币值也不至于因为供过于求而下跌。这就是简单的中央银行发行货币的机制，显然不是将印钞机印出来的钱都投放到流通领域，而是需要经过中央银行的监控，以此来稳定币值。

就中央银行的发行功能而言，中央银行的存在不仅仅是为了印制货币，更多的还是调节货币供应量，保证流通中的货币不多也不少，正好满足整个市场的需要，这样一国的货币也就能保持稳定的币值，从而稳定整个宏观经济。所以，更为确切地说，中央银行是发行货币而不是印制货币。

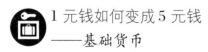

## 1元钱如何变成5元钱
——基础货币

在经济学里有个说法：当中央银行投入1元钱到流通领域的时候，这1元钱将会变成5元钱在流通领域发挥作用。这种现象真的存在吗？究竟1元钱是怎样变成5元钱的呢？这就需要好好了解经济学中基础货币的概念了。

第六章 货币的神奇与魅力——金融活动中的经济学

基础货币，也称货币基数、强力货币、始初货币，因其具有使货币供应总量成倍放大或收缩的能力，又被称为"高能货币"，是指一个经济体系里所有的现金，主要包括银行里的储备现金、人们手中持有的现金，以及一些正在市场上流通的现金。注意只能是现金而不能是存款什么的。

我们设想央行有一栋大房子，房子内有一台大印钞机印了1万元人民币的钞票，被财政部取走。财政部拿到这笔钱，不会放在财政部大楼里，一般会先存到一家商业银行里，这里简称为"商业银行A"。按《银行法》规定，商业银行不能把吸收的存款全部贷出去，必须把一定比例的存款留在银行，这笔钱叫作"银行准备金"，比例叫作"存款准备金率"，这里假设"存款准备金率"为20%。假如赵先生来商业银行A借款，商业银行A就可以按"存款准备金率"20%的比例，把另外80%（即8000元）全部贷给赵先生。赵先生也不会将钱揣在兜里，一般会将这8000元存入另一家商业银行，我们假设他把8000元以自己的名义全部存入商业银行B。这样商业银行B多了8000元存款，如果此时钱先生来商业银行B借款，商业银行B最多可以把这8000元的80%，也就是6400元借出去，就这样，商业银行A、B、C、D把钱分别贷给了赵、钱、孙、李，最后整个商业银行的存款就不只是财政部刚开始存的1万元，而是1万元加上8000元再加上6400元等等，总和为5万元。就这样，1万元现金钞票变成了5万元流通中的货币。同样的道理，1元钱也就可以变成5元钱了。

1万元变成5万元的过程，就是中央银行通过商业银行，间接调控最终货币总量的过程。这1万元就叫作"基础货币"，而5万元为最终调控的货币总量，整个过程叫作"传导机制"。按照理想状态，放大的倍数正好等于"存款准备金率"的倒数。也就是说，如果"存款准备金率"为10%，则放大的倍数为1除以10%，等于10倍；如果"存款准备金率"为5%，则放大的倍数为1除以5%，等于20倍。这里的10倍、20倍，又叫作"货币乘数"，反映了传导机制的效率。简单地说，其他条件不变，"存款准备金率"下降，将导致货币乘数增加，导致货币总量增加。

通过这种方式，中央银行显然就能通过控制基础货币，进而控制流通中的货币总量。所以，我们说中央银行具备调节货币供给量的作用。从这里，我们也应该意识到基础货币的重要性，因为改变它，中央银行就可以轻松地改变中国经济的货币存量。如果它的投入不合理，自然也就会影响货币币值。因而，中央银行会严格控制基础货币，以保证币值的稳定。

## 小数字撬动大经济
### ——存款准备金率

前面我们谈到中央银行可以通过控制基础货币进而控制流通中的货币总量,因为基础货币可以在经济体系中摇身一变,变成一大堆的货币。究竟是什么赋予了基础货币这样的能力呢?这就要来说说存款准备金率了。正是因为存款准备金率的存在,基础货币才能够使得货币总量成倍放大,所以存款准备金率这一小数字,便能撬动大经济。

存款准备金,是限制金融机构信贷扩张与保证客户提取存款和资金清算需要而准备的资金。而存款准备金率,则是金融机构按规定向中央银行缴纳的存款准备金占其存款总额的比率。这一部分是风险准备金,是不能够用于发放贷款的。就传导机制而言,存款准备金率是实现货币由少量的基础货币变为大量的货币总量的必备因素。也正是因为这个原因,存款准备金率成为中央银行执行货币政策,进行宏观协调,控制货币供应量的一个有力工具。

存款准备金率越高,中央银行执行的紧缩政策力度越大。存款准备金率变动对商业银行的作用过程如下:当中央银行提高法定准备金率时,商业银行可提供放贷的能力就下降。因为存款准备金率高,商业银行的存款中能用于放贷的数量就少,货币乘数小,从而最终的货币总量就小,社会的银根偏紧。打比方说,如果存款准备金率为7%,就意味着金融机构每吸收100万元存款,要向央行缴存7万元的存款准备金,用于发放贷款的资金为93万元;倘若将存款准备金率提高到7.5%,那么金融机构的可贷资金将减少到92.5万元,这样流通到经济领域中的货币也相应地减少,也就间接地调节了货币的供应量。

在存款准备金制度下,金融机构不能将其吸收的存款全部用于发放贷款,必须保留一定的资金即存款准备金,以备客户提款的需要,因此存款准备金制度有利于保证金融机构对客户的正常支付。随着金融制度的发展,存款准备金逐步演变为重要的货币政策工具。中央银行通过调整存款准备金率,可以影响金融机构的信贷扩张能力,从而间接调控货币供应量。当中央银行降低存款准备金率时,金融机构可用于贷款的资金增加,社会的贷款总量和货币供应量也相应增加;反之,社会的贷款总量和货币

第六章 货币的神奇与魅力——金融活动中的经济学

供应量则相应减少。

一般存款准备金率上升,利率会有上升压力,这是实行紧缩的货币政策的信号。存款准备金率是针对银行等金融机构的,对最终客户的影响是间接的;利率是针对最终客户的,比如存款的利息,对最终客户的影响是直接的。也可以这样来理解存款准备金率与利率的关系:当存款准备金率提高时,银行能放的贷减少,但是可能市场上贷款的需求未变,因而根据供求定律利率会提高(这里利率可以作为贷款的价格来考虑)。利率提高,会使得贷款的成本提高,从而使得投资和社会支出相应地缩减。也就是说,存款准备金率的提高,会相应地提高利率,减少投资和社会支出,会影响人们的日常生活。因此,应该学会关注金融指标,它不单单是国家货币政策的一个代表,同时也会影响我们的生活,和我们息息相关。

调整经济的"三板斧"
——货币政策

央行之所以能成为一国最高的货币金融管理机构,还跟它的"三板斧"有关系。央行一直用这"三板斧"调节着宏观经济,稳定整个金融系统。这"三板斧"究竟是什么呢?为何具有如此大的威力?它们就是三大货币政策工具:存款准备金率、再贴现、公开市场业务。

首先来了解一下何谓货币政策。货币政策是指政府或中央银行为影响经济活动所采取的措施,尤指控制货币供给以及调控利率的各项措施,用以达到或维持特定政策目标——比如,抑制通货膨胀、实现完全就业或经济增长。货币政策有广义和狭义之分。广义的货币政策是指政府、中央银行和其他有关部门所有有关货币方面的规定和采取的影响金融变量的一切措施(包括金融体制改革,也就是规则的改变等)。狭义的货币政策是指中央银行为了实现既定的经济目标(稳定物价,促进经济增长,实现充分就业和平衡国际收支),运用各种工具调节货币供给和利率,进而影响宏观经济的方针和措施的总和。

货币政策调节的对象是货币供应量,即全社会总的购买力,具体表现形式为:流通中的现金和个人、企事业单位在银行的存款。流通中的现金与消费物价水平变动密切相关,是最活跃的货币,一直是中央银行关注和调节的重要目标。货币政策工具是指中央银行为达到货币政策目标而采取的政策手段，主要包括存款准备金率、再贴现、公开市场业务以及利率政策和汇率政策等。其中，前三个是国际上公认的每个中央银行都具备的一般政策工具，也就是文章开头提到的"三板斧"。

存款准备金率是指存款货币银行按法律规定存放在中央银行的存款与其吸收存款的比率。改变存款准备金率会改变货币总量。假如银行有100元存款，银行借给别人，才有利息，才有钱赚。银行怎么赚钱？通过息差赚钱，比如银行通过息差赚取2%的利息。银行不能100%放贷。如果老百姓存了100元钱，银行全都放贷了，要是当有人取钱时，银行没钱给人怎么办？这就会造成金融危机。因此，中央银行要求每一家银行必须要保存一定的存款准备金，这样才能防止出现当别人来取钱时没有钱的状况。中央银行时刻要求保留一定的存款准备金，即银行只会把储户存款的一部分拿来放贷。老百姓去提款的时候，银行没钱，那是很麻烦的事情。所以存款准备金率如果是20%，那就是20%的存款留在银行供提款人取现金用。也就是说，如果银行有100元的存款，他就只能放贷80元，那么企业就只有80元钱来购买产品原材料。所以，如果提高存款准备金率，企业能够获得的贷款就少了，这样就能减少流通中的货币总量了。

再贴现是指存款货币银行持客户贴现的商业票据向中央银行请求贴现，以取得中央银行的信用支持。就广义而言，再贴现政策并不单纯指中央银行的再贴现业务，也包括中央银行向存款货币银行提供的其他放款业务。比如，当商业银行手里的钱都贷出去的时候，如果需要资金就可以拿着客户当时为了获得资金而提供的商业票据（也就是贴现票据）到中央银行请求中央银行提供资金（也就是请求贴现），这样一来商业银行就又有了可贷资金。当流通中的货币总量较多的时候，中央银行可以提高再贴现率，从而使得商业银行获得的资金变少，于是也就相应地控制了货币供应量。但是，这个政策是一个被动的政策，需要商业银行到中央银行处请求贴现时才能运用，因为还要看商业银行是否采取主动配合的态度。

公开市场业务是指中央银行公开买卖债券等业务活动。中央银行在公开市场开展证券交易活动，其目的在于调控基础货币，进而影响货币供应量和市场利率。当流通中的货币总量较多时，中央银行卖出债券，于是就收回了部分基础货币，从而减少了货币供应量；当流通中的货币偏少时，中央银行买入债券，于是就向流通市场中投入了基础货币，就增加了货币供应量。公开市场业务是比较灵活的金融调控工具。与法定存款准备金政

第六章 货币的神奇与魅力——金融活动中的经济学

策相比较，公开市场操作政策更具有弹性，更具有优越性。

这三种政策工具并不是单独的，必要的时候可以协调综合使用，扬长避短，更好地调节货币供应量、调节利率，进而达到调节宏观经济的目的。

货币政策有一个松紧的区分。当经济繁荣时，中央银行采取紧缩性的货币政策，即在金融市场上卖出债券，提高贴现率和准备金率，减少货币供给量，提高利率，减少投资，抑制需求，以实现经济的稳定发展。当经济衰退时，中央银行采用扩张性的货币政策，即在金融市场上买进债券，降低贴现率和准备金率，增加货币供给量，降低利率，增加投资，刺激需求，尽快实现经济恢复。

 胡雪岩为何会抑郁而死
——资本充足率

胡雪岩是中国晚清时期的一位传奇人物。他出身贫寒，却在短短十几年的时间里迅速发迹，成为当时富可敌国的巨商富贾；他替清朝政府向外国银行贷款，帮助左宗棠筹备军饷，收复新疆，慈禧太后赐他黄袍马褂，官封极品，被人们称为"红顶商人"；他奉母命建起一座胡庆余堂，真不二价，童叟无欺，瘟疫流行时还向百姓施药施粥，被人们称为"胡大善人"。然而，富可敌国的胡雪岩，却在短短的三年时间内倾家荡产，仅仅62岁就郁郁而终。击败胡雪岩的是盛宣怀，盛宣怀正是抓住了资本充足率这个核心，使得看似强大无比的胡氏商会瞬间崩塌。

何谓资本充足率呢？所谓资本充足率是指资本总额与加权风险资产总额的比例。资本充足率反映商业银行在存款人和债权人的资产遭到损失之前，该银行能以自有资本承担损失的程度。规定该项指标的目的在于抑制风险资产的过度膨胀，保护存款人和其他债权人的利益，保证银行等金融机构正常运营和发展。各国金融管理当局一般都有对商业银行资本充足率的管制，目的是监测银行抵御风险的能力。

资本充足率是如何导致胡雪岩破产的呢？胡雪岩做蚕丝生意，他每年都要囤积大量生丝，以此垄断生丝市场，控制生丝价格。越依靠某种东西时，就越受制于它。盛宣怀恰恰从生丝入手，发动进攻。他通过密探掌握胡雪岩买卖生丝的情况，大量收购，再向胡雪岩客户群大量出售。同时，收买各地商人和洋行买办，让他们不买胡雪岩的生丝，致使胡雪岩生丝库存日多，资金日紧，苦不堪言。

紧跟着，盛宣怀开始"釜底抽薪"，打现金流的主意。胡雪岩胆大，属于敢于负债经营的那种人。他在5年前向汇丰银行借了650万两银子，定了7年期限，每半年还一次，本息约50万两。次年，他又向汇丰借了400万两银子，合计有1050万两。这两笔贷款，都以各省协饷做担保。

这时，胡雪岩历年为左宗棠行军打仗所筹借的80万两借款已到期，这笔款虽是帮朝廷借的，但签合同的是胡雪岩，外国银行只管向胡雪岩要钱。这笔借款每年由协饷来补偿给胡雪岩，照理说每年的协饷一到，上海道台就会把钱送给胡雪岩，以备他还款之用。盛宣怀在此动了手脚，他找到上海道台邵友濂说："李中堂想让你迟一点划拨这笔钱，时间是二十天。"邵友濂自然照办。对盛宣怀来说，20天已经足够行事，他已事先串通外国银行向胡雪岩催款。这时，左宗棠远在北京军机处，来不及帮忙。由于事出突然，胡雪岩只好将他在阜康银行的钱调出80万两银子，先补上这个窟窿。他想，协饷反正要给的，只不过晚到20天。

然而，盛宣怀正要借机给胡雪岩致命一击。他通过"内线"，对胡雪岩调款活动了如指掌，估计胡雪岩调动的银子陆续出了阜康银行，趁阜康银行正空虚之际，托人到银行提款挤兑。提款的都是大户，少则数千两，多则上万两。但盛宣怀知道，单靠这些人挤兑，还搞不垮胡雪岩。他让人放出风声，说胡雪岩囤积生丝大赔血本，只好挪用阜康银行的存款；如今，胡雪岩尚欠外国银行贷款80万两，阜康银行倒闭在即。尽管人们相信胡雪岩财大气粗，但他积压生丝和欠外国银行贷款却是不争的事实。很快，人们由不信转为相信，纷纷提款，于是导致上海、杭州等地钱庄纷纷遭到挤兑。

胡雪岩只好把他的地契和房产押出去，同时廉价卖掉积存的蚕丝，希望能够挺过挤兑风潮。不想风潮愈演愈烈，各地阜康银行门前人山人海，银行门槛被踩破，门框被挤歪。就这样在一夜之间看似坚固的胡氏商会瞬间崩塌。不久，大名鼎鼎的胡雪岩便抑郁而死。

换到现在我们会说，钱庄出现挤兑，确实会对胡雪岩造成压力，但是也不至于倒闭呀。为什么我们会这样想呢？因为现在的银行大都留有足够的现金，有可以满足客户提款要求的资本充足率。胡雪岩的倾家荡产，一方面可以说是盛宣怀在捣鬼，但是另一方面也是因为胡雪岩经营钱庄存在问题。他的钱庄没有保留必备的现金,以满足客户的取现,正是这个原因,他的钱庄在客户疯狂取现的时候才会迅速崩塌。

如果胡雪岩知道资本充足率的作用,那他会不会后悔没有留有足够的资本,以保持钱庄的高资本充足率呢?那盛宣怀的阴谋还能那么容易得逞吗?我想答案是显而易见的。

## 美元霸权时代的开启
### ——布雷顿森林体系

在"二战"之后,各国的经济政治实力发生了重大变化,美国当上了"资本主义世界的盟主",取代英国在世界经济体系中占据中心地位。此时,美国拥有世界上最多的黄金储备,同时拥有全世界70%的工业品生产能力,黄金储备占资本主义世界黄金储备的59%。在设计新的国际货币体系时,英、美两国分别提出了各自的方案,即英国的"凯恩斯计划"和美国的"怀特计划",这两个不同的方案意在争夺国际金融领域的主导权。无奈实力决定一切,鉴于美国在政治和经济上的实力,英国被迫退出了世界霸主的舞台,最终确立以美元为核心的货币体系——布雷顿森林体系,开启了美元霸权新时代。

布雷顿森林体系开始于20世纪50年代,以黄金为基础,以美元作为最主要的国际储备货币。美元直接与黄金挂钩,各国货币则与美元挂钩,并可按35美元一盎司的官价向美国兑换黄金。在布雷顿森林体系下,美元可以兑换黄金和各国实行可调节的钉住汇率制,是构成这一货币体系的两大支柱,国际货币基金组织则是维持这一体系正常运转的中心机构,它有监督国际汇率、提供国际信贷、协调国际货币关系三大职能。

布雷顿森林体系的建立,在"二战"之后一段时间内,确实带来了国际贸易空前的发展,并使全球经济越来越相互依存。但布雷顿森林体系存在着自身无法克服的缺陷,为了满足世界各国经济发展的需要,美元供应必须不断增长;美元供应不断增长,黄金储备却是一定的,这就使得美元同黄金的兑换性难以维持。美元的这种两难又被称为"特里芬难题"。特里芬难题同时指出,随着流出美国的美元日益增加,美元同黄金间的可兑换性必然受到人们的怀疑,最终会诱发人们对美元可兑换性的信心危机,从而导致整个布雷顿森林体系的崩溃。

从20世纪50年代后期开始，随着美国经济竞争力逐渐削弱，其国际收支开始趋向恶化，出现了全球性"美元过剩"情况，各国纷纷抛出美元兑换黄金，美国黄金开始大量外流。到了1971年，美国的黄金储备再也支撑不住日益泛滥的美元了，当时尼克松政府被迫于8月宣布放弃按35美元一盎司的官价兑换黄金的美元"金本位制"，实行黄金与美元比价的自由浮动。欧洲经济共同体和日本、加拿大等国也宣布实行浮动。1973年2月美元进一步贬值，世界各主要货币由于受投机商冲击被迫实行浮动汇率制。浮动汇率制不再承担维持美元固定汇率的义务，美元也不再成为各国货币围绕的中心。这标志着布雷顿森林体系的基础已全部丧失，该体系终于完全崩溃，从此布雷顿森林体系作为强大美帝国的象征就成为历史了。

## 引入外资重要，还是输出资本重要
## ——资本项目

资本项目究竟要达到什么样的程度、处在什么样的状况才好呢？也就是说究竟是需要引入外资呢，还是要输出资本呢？要让资本项目为负好呢，还是保持为正比较好呢？这就需要先了解一下资本项目的情况，学习资本项目具有怎样的重要性。

所谓资本项目是指资本的输出输入，所反映的是本国和外国之间以货币表示的债权债务的变动，换言之，就是一国为了某种经济目的在国际经济交易中发生的资本跨国界的收支项目。在国际收支统计中，资本项目亦称资本账户，包括各国间股票、债券、证券等交易，以及一国政府、居民或企业在国外的存款。资本项目分为长期资本（合同规定偿还期超过1年的资本或像公司股本一样未定偿还期的资本）和短期资本（即期付款的资本和合同规定借款期为1年和1年以下的资本）。

资本项目是外汇收支结算表中的一个重要项目。资本项目管理是外汇管理的重要内容。一方面，资本项目管理承担着稳步推进人民币资本项目可兑换的任务；另一方面，资本项目管理还要体现"国际收支基本平衡"的管理宗旨。因此，究竟是引入外资好还是资本输出好不能一概而论，需要根据经济发展的需要来决定。

资本项目的重要性还体现在三个方面：第一，进行资本项目管理，有助于避免短期资本流动剧烈变动引起的国际收支危机或汇率波动。通

## 第六章 货币的神奇与魅力——金融活动中的经济学

常认为，短期资本流动大多是投资者不顾经济的基本情况，根据传闻进行交易或出于投机性动机引起的，因而对其进行限制有利于长期、正常的经济发展。对于资本流出进行管理可以避免本币汇率急剧下降，抑制资本外逃；对于资本流入进行管理可以避免本币汇率过度上升，防止通货膨胀。

第二，进行资本项目管理，可以保证改革措施的稳步有序推进，防止行业垄断。在资金短缺时期，资本管制可确保将稀缺的国内储蓄用于融通国内投资而不是购置国外资产；在资金较为充裕的时期，资本管制的主要目的在于为相对脆弱的国内产业、金融市场等提供一定的缓冲期，以确保改革措施的顺利推进。此外，限制外国人拥有国内生产要素，还可以防止本国资源的不当耗费或某一行业出现垄断。

第三，从实践来看，对资本流动实行管制有一定的合理性。国际货币基金组织允许其成员保留对跨境资本流动的必要限制。与发达国家相比，发展中国家宏观调控体系不健全，经济、金融体系脆弱，货币处于弱势，容易遭受投机性攻击，进而引发金融、经济危机，甚至酿成社会政治危机。因此，对大多数发展中国家来说，一定时期、一定范围内进行资本管制更有必要。事实上，发达国家也保留了一些限制措施。例如，美国出于国家经济安全和审慎监管的需要，对投资境内的一些产业和投资主体国家进行限制；日本为保护国内产业，对直接投资仍有产业限制，对金融机构业务和证券业有数量控制和时间限制。

因而，我们应当对资本项目进行合理的管制，从而保证经济能够稳定正常地运行，让资本项目为我们所用，而不是成为害群之马。

进口多，还是出口多
——经常项目

在国际收支中，除了前面提到的涉及资本的资本项目外，还有一个涉及出口的经常项目。当进口多的时候，则体现为经常项目的余额为负，即经常项目逆差；当出口多的时候，则体现为经常项目的余额为正，即经常项目顺差。究竟是出口多还是进口多，只要观察经常项目就知道了。

经常项目是指本国与外国进行经济交易而发生的项目，是国际收支平衡表上最主要的项目，主要包括对外贸易收支、非贸易往来和无偿转让三个项目，其中对外贸易是最主要的组成部分。商品的进出口是经常项目交易最重要的一个内容，包括绝大多数可移动货物在跨国界交易中所有权的转移。因而经常项目是进出口情况的一个很好的体现。

如果一国在贸易中存在经常项目顺差，则说明出口到别的国家的货物多于从别国购买的货物，通俗地说就是赚钱了，经常项目如果存在逆差，则表示进口大于出口，钱被别人赚走了。为什么人们在对外贸易中要追求顺差呢？因为出口得越多则表示生产得越多，生产得越多就需要开办更多的工厂，雇佣更多的工人，越多的人能够就业，人民就能过上幸福安康的日子。不仅如此，在贸易中产生了顺差就说明赚钱了，别人就要拿黄金来支付，有了黄金我们又可以到其他国家去买东西，想要什么就有什么，虽然现在都不用黄金支付了，但是用纸币支付也是同样的效果。只是纸币的价值相对不够稳定，但这也代表着一种债权，表示你欠我东西，我是你的债主。

另外，我们追求经常项目顺差不仅仅是因为我们可以拥有黄金，成为债主，还因为长期的经常项目逆差可能会引发金融危机，为国内的金融系统带来巨大的灾难。墨西哥金融危机既是一场货币危机，也是一次金融危机。20世纪80年代末至90年代初，墨西哥进行了全面的市场化改革，大力推进贸易自由化、金融自由化和全面私有化。市场化改革取得了一系列成果：经济增长稳步提高、财政赤字消失以及通货膨胀率稳步下降等。墨西哥市场化改革和经济状况被国际社会普遍看好，从而吸引了大量外资涌入。大规模的资本流入（主要通过证券投资的方式）增加了墨西哥的外汇储备，但也导致其持续严重的经常项目逆差等问题，结果是大规模持续的经常项目逆差引发了墨西哥金融危机。1994年3月，墨西哥革命组织党的总统候选人遇刺，使人们对墨西哥政局的稳定性产生了怀疑，面对外汇储备的潜在流失，墨西哥当局用发行一种美元指数化标价的国库券来应对。但是1994年的最后几个月，资本外流愈加凶猛，即使进一步发行国库券也不能弥补，墨西哥政府在两天之内就失去了40亿～50亿美元的外汇储备。到12月22日，外汇储备几近枯竭，降到了低于一个月进口额的水平，最后墨西哥政府被迫宣布新比索自由浮动，新比索贬值65.8%。在汇率急剧下挫的同时，墨西哥股票交易也崩溃了。大批银行、企业因支付困难濒临倒闭。经济从1995年开始出现全面衰退，GDP下降了6.9%。失业率从3.2%上升到6.6%。就这样，一场由经常项目逆差引发的金融危机就发生了。因此，我们在关注资本项目的同时，还要对经常项目引起重视，至少不能重蹈墨西哥的覆辙。

## 3.51 万亿美元的财富从何而来
### ——外汇储备

一个口袋装得鼓鼓的国家，会让百姓心中感到踏实。但连续增长的外汇储备，对中国经济发展而言，不仅是利益的流入，还暗藏着风险。截至 2015 年 9 月，我国外汇储备余额为 3.51 万亿美元，仍居世界第一，是排名第二的日本的外汇储备近 3 倍，那它带来的风险又有多大呢？

外汇储备又称外汇存底，是指一国货币当局所持有的、可以随时兑换外国货币的资产，是外汇资产的总称。国际基金组织（IMF）对外汇储备所下的定义是："外汇是货币行政当局（中央银行、货币管理机构、外汇平准基金及财政部）以银行存款、财政部库存、长短期政府证券等形式所保有的、在国际收支逆差时可以使用的债权。"但是并非所有国家的货币都能充当国际外汇储备资产，只有那些在国际货币体系中占有重要地位且能自由兑换其他储备资产的货币才能充当国际外汇储备资产。我国和世界其他国家在对外贸易结算中经常使用的外汇储备是美元、欧元、日元、英镑等。外汇储备是显示一个国家经济、货币和国际收支实力的重要指标。

外汇储备是怎么来的呢？一是我们挣来的，就是我国在同其他国家进行国际贸易中赚的其他国家的钱，表现为贸易顺差，经济学术语叫经常项目顺差，这部分是我们实打实挣来的，是可以随时使用的；二是国外借给我们的，外国人要来中国投资，当然不能在中国市场上直接用美元投资，那么他们就需要先将美元换成人民币，而这部分美元也表现为我国的外汇储备。

各国为什么要持有外汇储备呢？主要是因为：第一，外汇储备能调节国际收支，保证对外支付。第二，外汇储备能干预外汇市场，稳定本币汇率。我国的人民币正面临巨大的升值压力，从供求角度分析就是因为人民币需求过盛，这时央行就有必要买进美元，抛出人民币来平衡需求，恢复与美元的汇率平衡，这时外汇储备的作用就显现出来了。第三，外汇储备能维护国际信誉，提高对外融资能力。一个国家的偿债能力体现在这个国家的经济实力上，经济发展是基础。而外汇储备是国际公认的最直接体现偿债能力的指标。第四,外汇储备能增强综合国力和抵抗风险的能力。外汇储备代表着一个国家的资产,我国外汇储备近几年迅猛增长,1997年亚洲金融危机期间,各国纷纷宣布货币贬值,而我国承诺人民币不贬值,这是以雄厚的外汇储备为基础的。

但是,外汇储备是不是越多越好呢?答案是否定的。我国的外汇储备中,有着巨额的美元资产,而现阶段美元汇率一直处在不断变化之中,外汇储备资产极易遭受汇率风险而导致无形的账面损失。现在,面对越来越强势的中美贸易顺差,美国要求人民币升值,而这就同时意味着美元贬值,势必会引起我国大量外汇储备的缩水。根据美国经济学家的估计,美元至少要贬值20%,最多可能贬值40%,试想我国价值3.51万亿美元的巨额外汇储备原封不动,假定我国外汇储备90%是美元,那就要面临着18%～36%的缩水。

合理利用外汇储备,才能真正富裕起来。

外汇储备

持有外汇储备不用,是不能带来任何价值的。目前,为了能够使我们手中的巨额外汇储备保值、增值,同时实现财富扩张,我们可以通过扩大资本设备和战略资源进口、对外直接投资等方式,包括投资国外能源的供应地、能源的供应线以及国外科技行业等。比如,美元大幅度贬值必然造成其国内产业、金融机构的价格下跌,我国可以借此机会收购他们的产业,以实现低成本扩张;还可以到非美元证券国家,如法国、德国、印度等地去投资。同时,我国可以购买国外的石油股份、矿产股份,从而掌握石油、矿产价格的话语权,这必将对我国经济产生巨大的保障和促进作用。只有将外汇储备这些"纸"变成实实在在的资产,才能真正实现它的保值增值。当然,除此之外,我们也需要协调国际收支结构,使其基本实现平衡,维持适量的外汇储备即可。

 开端是甜美的,后果是苦涩的
——通货膨胀

大家都希望兜里的钱能够越来越多,但是当你发现别人的钱也越来越

# 第六章 货币的神奇与魅力——金融活动中的经济学

多，而且买东西的花费也增加的时候，也许你就不会觉得这是件好事了。这种情况的发生表面上看是你个人兜里的钱增多了，实质上是国家的货币发行得越来越多。过多的货币并不能增加人们的财富和产品的价值，而只能导致物价飞快上涨，对此美国著名经济学家 N. 格雷戈里·曼昆总结为：当国家发行了过多货币时，物价就会上涨。这就是所谓的通货膨胀现象。

通货膨胀，就是货币相对贬值的意思。说得通俗一点，就是指在短期内钱不值钱了，一定数额的钱不能再买那么多东西了。假如半年前 8 元钱能买 1 斤猪肉，可是现在却需要 13 元才能买 1 斤猪肉。而且这种物价上涨、货币贬值的现象还比较普遍，也就是说，不光是猪肉涨价了，当你环顾四周，看到绝大部分商品的价格都上涨了，这就可以断定通货膨胀确实发生了。人们通常都不喜欢通货膨胀，因为辛辛苦苦赚来的钱变得不值钱了——尽管在通货膨胀时，人们往往赚得更多。

通货膨胀是怎么来的呢？究竟通货膨胀的成因有哪些呢？

第一种情况是需求拉动型通货膨胀。由于在一定的时间里，商品的供给基本上就是那么多，所以当对这种商品的需求忽然变得很大，超过供给的时候，自然是供不应求，买的多卖的少，厂家一兴奋价格也就涨了，于是物价自然就上升了。中国有句老话：物以稀为贵，道理跟这个有异曲同工之妙。

第二种情况是成本推动型通货膨胀。这种通货膨胀主要是由于原材料价格的上涨造成的。如 20 世纪 70 年代石油价格快速上涨，全球经历了一次严重的通货膨胀，是"二战"以来的最高值。

第三种情况是结构性通货膨胀。这种通货膨胀是由于经济结构因素的变动而导致的一般价格水平的持续上涨。西方学者通常用生产率提高快慢不同的两个部门来说明结构性通货膨胀。生产率提高快的部门要求高工资，而生产率提高慢的部门因价格上的"公平"也要求高工资，于是就出现了价格水平的上涨。

此外，通货膨胀的原因还有很多种，也比较复杂，比如物价指数提高、经济过热、大宗商品交易价格上升、政治因素等。对于我们普通人来说，没有必要把它们都弄懂，最主要的还是要学会如何应对，以减少压力和损失。

轻微的通货膨胀其实并不需要担心，它们只是悄无声息地存在着，对我们的生活不会产生什么影响。实际上，轻微的通货膨胀一定程度上对经济的发展还是有利的。但是对于严重的通货膨胀，我们就必须要采取行动。

从宏观上来讲，抑制通货膨胀主要依靠政府进行调控，出台相关的经济政策和措施，例如上调存贷款利率，提高金融机构的存款准备金率，实行从紧的货币政策，包括限价调控令、严禁哄抬商品价格等。

从微观上来说，老百姓自身也可以采取一些措施，以应对通货膨胀。首先，当然是努力工作，多多赚钱，减少开支，以减轻通货膨胀的压力。其次，可以通过各种投资理财来抵消通货膨胀对财产的侵蚀。钱是肯定不能存到银行了，实际利率为负数，那点利息还不够贬值呢。最好都换成其他不易贬值的货币，但是就现在的经济形势来看，最好还是去买黄金或者一些收藏品，这样可以避免物价严重上涨带来的损失。

## 当大家不愿贷款时
### ——通货紧缩

当钱越来越值钱，大家都不愿意贷款的时候，或许通货紧缩的现象正在朝我们一步步地走近。我们知道通货膨胀对我们有害，那通货紧缩是不是对我们就有利了呢？因为物价水平低了，我们似乎可以买到更多的东西了。这种看法乍一听还真是有道理，可是当我们明白了其中的道理之后，就会发现通货紧缩并不如想象中的那么好。

所谓的通货紧缩是与通货膨胀相对应的一个概念，都属于货币领域的一种病态，是指当市场上流通货币减少，人民的货币所得减少，购买力下降，物价水平在一段时间内持续性下跌。为了全面了解通货紧缩的害处，我们首先要明白经济体系之间循环的道理。一方面，我们被企业雇佣，帮企业生产商品，商品卖出去后我们可以从企业拿到工资，当然企业赚的钱越多我们拿到的工资就越多；另一方面，我们每个人都是消费者，虽然不一定会消费自己企业所生产的产品，但是一定会消费其他企业生产的商品。说到这里，大家可能都明白了，当物价水平下跌时，企业赚的钱肯定少了，相应地我们的收入必然会缩水，所以说通货紧缩虽然短期内对我们的生活有好处，但是中长期会导致我们的收入减少。

不仅仅如此，通货紧缩还会对经济发展带来比通货膨胀更严重的危害。首先，通货紧缩会加速经济衰退。由于物价水平的持续下降，必然使

第六章 货币的神奇与魅力——金融活动中的经济学

人们对经济产生悲观情绪，持币观望，使消费和投资进一步萎缩，加速经济的衰退。其次，物价的下降会使实际利率上升，企业不敢借款投资，债务人的负担加重，利润减少，严重时引起企业亏损和破产。由于企业经营的不景气，银行贷款难以及时回收，出现大量坏账，并难以找到赢利的好项目，经营也会出现困难，甚至面临金融恐慌和存款人的挤提风险，从而引起银行破产，使金融系统面临崩溃。最后，经济形势的变坏与人们的预期心理相互作用，会使经济陷入螺旋式的恶性循环之中。同时这种通货紧缩还会通过国际交往输出到国外，而世界性的通货紧缩又会反过来加剧本国的通货紧缩局面。

那么通货紧缩的成因又是什么呢？概括一下主要有紧缩性的货币财政政策，经济周期的变化，投资和消费的有效需求不足，新技术的采用和劳动生产率的提高，金融体系效率的降低，体制和制度因素，汇率制度的缺陷。与通货膨胀相反，通货紧缩主要是由于生产过剩和需求不足所导致的。

也许我们不能完全理解造成通货紧缩的原因，但是我们一定要学会如何去应对通货紧缩，毕竟这才是与我们的生活息息相关的。对于通货紧缩，主要需要政府采取相应的措施，才能恢复老百姓的信心，最大限度地降低通货紧缩对老百姓带来的危害。比如，政府采取宽松的货币政策和财政政策，增加流通中的货币，刺激总需求，同时通过投资的乘数效应带动私人投资的增加；对由于某些行业的产品或某个层次的商品生产绝对过剩引发的通货紧缩，一般采用结构性调整的手段，即减少过剩部门或行业的产量，鼓励新兴部门或行业发展；通过各种宣传手段，增加公众对未来经济发展趋势的信心；建立健全社会保障体系，适当改善国民收入的分配格局，提高中下层居民的收入水平和消费水平，以增加消费需求。

麻烦的制造者
——热钱

2010年1月4日，海南省宣布建设"国际旅游岛"之后的短短一周之内，海南三亚的楼价"炒"得一天一涨，虽然海南决策人果断回应，叫停土地出让和房地产项目审批，但楼价继续上涨，直到接近国内一线城市的水平。不料，一波未平，一波又起，春节三亚酒店价格又被爆炒，亚龙湾豪华酒店入住率跌到50%，于是刚刚得罪了穷人，又把富人得罪了。海南国际旅游岛的"开场锣鼓"——国际旅游论坛还没有召开，就再度遭到重创。海南决策人再度亡羊补牢，提出制定监控酒店价格的办法。有朋友把这两次危机都归咎于开发商的为富不仁，其实是打错了板子，真正的罪魁祸首不在卖方而在买方，是"热钱"这个麻烦的制造者。

所谓"热钱"，就是无特定用途的流动资金，它们不参与物质财富的生产和经营，不以获取常规的商业利润为目的，而专注于暴利性的投机，诸如汇率、信贷、大宗商品、股市和楼市之类。其特点是短期行为，有了暴利预期便蜂拥而至，赚了快钱掉头就走。热钱是投机资本，不分什么国际、国内，哪里有暴利就往哪里钻，既搞国际投机，也搞省际投机和区际投机。进行国际之间投机的，就叫"国际热钱"；在国内投机的，就叫"国内热钱"。

热钱除了会像文章开头所讲的那样，在赌人民币升值预期的同时，趁机在房地产市场、债券市场、股票市场以及其他市场不断寻找套利机会，推波助澜地造成经济的虚假繁荣；还会加大外汇占款规模，影响货币政策正常操作，扰乱金融体系的正常运行，加剧国内通货膨胀的压力；同时人为加大人民币对外升值的压力。我国现行的汇率体系以及美元持续贬值，会持续吸引热钱进来。因此，只要人民币升值预期不变，随着流入热钱增多，人民币升值的压力就会越大。最后，热钱的流出，也同样会使经济剧烈波动。

作为快速流动的投机资本，热钱在世界各地游荡，频频引爆金融危机。20世纪90年代的墨西哥危机刚刚平息，1997年亚洲金融风暴又来临，沉重打击了许多国家，其影响还波及了中国。以韩国为例，在危机爆发前，韩国金融机构采取的是"短借长贷"，追求发展速度却充满风险的政策。但是当起源于东南亚的金融危机爆发后，大量热钱以及其他外国资本迅速大举撤离韩国，由此韩国突然出现了巨额短期外债要求兑现的局面，整个国家的资金顿时面临着枯竭，紧接着，韩元暴跌、股市疯降、企业接连破产，韩国经济陷入了前所未有的困境。另外，经济前景曾被一度看好的泰国在1997年前奉行"高利率"政策，直接吸引大量热钱涌入。然而当泰铢贬值后，热钱迅速逃逸，泰国的经济随之崩溃。

热钱确实是个惹祸的根，我们不能任其发展，一定要采取必要的措施，做好预防热钱危机的工作，更好地维持本国金融体系的稳定。第一，加强外汇监测体系，及早察觉外汇在本国的异常流动，尽早采取行动；第二，注意政策、制度的可逆性设计，一旦热钱大量外流时，政策制度可以进行相应的应对和补救；第三，保持理性政策，防止经济大起大落。保持经济的平衡增长而不是追求过度的繁荣，始终是稳定国家货币和金融体系的根本。

# 第七章 一生劳碌，不如几年投资
## ——投资活动中的经济学

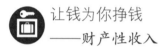
让钱为你挣钱
——财产性收入

相信很多人都希望能够过上"钱生钱，少劳动"的日子，但是这种生活可能实现吗？钱真的能生钱吗？就经济学而言，答案是肯定的。只要你学会投资，学会理财，自然会让你的资产升值，寻找到可行的生钱之道，获得财产性收入。不仅是你渴望得到财产性收入，现在国家也开始强调财产性收入的重要性。"创造条件让更多群众拥有财产性收入"是党的十七大报告中首次提出的一个说法，赋予了资本市场新的"用武之地"——通过加快发展资本市场，可以让更多的人可以分享资本市场发展所带来的财产性收入。

财产性收入是指通过资本、技术和管理等要素参与社会生产和生活活动所产生的收入，包括银行存款、有价证券等动产和房屋、收藏品等不动产所获得的收入，也包括出让财产使用权所获得的利息、租金收入，还有财产运营所获得的红利收入。

根据胡润排行榜，2005年中国第100位富豪的资产是17亿元，但是1999年胡润排行榜刚出炉时只有5000万元，中国富豪财富膨胀之快，令人瞠目结舌。根据胡润排行榜的披露，这些富豪绝大部分都拥有上市公司，其中相当一部分涉及房地产。你的工资涨得有这么快吗？你终于知道为什么一直都缺钱花了吗？问题就在于财产性收入。富人们一般都有很多财产性收入，他们拥有股票、地产等，可以让他们的资产为他们牟利；可以通过获取工人的剩余价值致富，而不仅仅是出卖劳动力。

但是,财产性收入真的那么容易获得吗?就中国目前的形势来看,似乎问题不是那么简单。当证券资产在民众财富中所占的比例上升,财富效应将会变得更加明显,当经济不景气或金融危机袭来的时候,普通老百姓可能会感到更多的寒意,经济波动的影响将会变得更加明显。

究竟如何才能让更多公众拥有财产性收入呢?在制度层面上有许多工作可做。

创新金融管理体系,让百姓拥有越来越多的金融理财工具和产品,同时强化对现有投资理财渠道的监管以及交易方式的规范。当下,小股东的利益保障机制还不健全,缺乏集团诉讼等民事赔偿机制,司法和行政的良性互动尚未建立起来。同时,中国股市仍然没有完全融入国际资本市场体系,没有一家海外公司要求到 A 股市场来上市。而除了创造条件让中国百姓拥有更多的金融产品,通过金融体系创新,让百姓拥有并创造出更多的金融工具,也是增加百姓财产性收入的有效手段。

进一步加大对公民财产权的保护力度,尤其是在拆迁、征地、征用公民财产过程中,确保公民的财产权利和财富增值权利不受侵犯。进一步明晰产权,并且让它们成为可以抵押、转让、出售、出租等广泛交易流动的金融资产。

此外,需要进一步解决的问题是,占全国土地和私人住宅绝大多数份额的农村集体所有土地和农民住宅,至今还不能抵押、不能自由上市流转。尤其是近几年来,中国平均每天大约有 53 个村落从地图上消失。由于不能自由流转,其中大量土地和房屋长年荒废,影响农民的财产性收入,拉大了城乡收入差距。

### 最传统的投资方式
### ——银行储蓄

随着经济的发展,人们理财意识的提高,更多的人开始了投资活动。最常见的投资方式有银行储蓄、股票投资、国债投资、房地产投资、期货投资、外汇投资、基金投资、黄金投资等。但是,其中最传统也最能被大众所接受的投资方式还是银行储蓄。

从字面上理解,银行储蓄是指把节约下来或暂时不用的钱到银行储存起来。在经济学里,银行储蓄是指城乡居民将暂时不用或结余的货币收入存入银行或其他金融机构的一种存款活动,又叫储蓄存款。储蓄存款是信用机构的一项重要资金来源。发展储蓄业务,在一定程度上可以促进国民经济比例和结构的调整,可以聚集经济建设资金,稳定市场物价,调节货币流通,引导消费,帮助群众安排生活。

在中国,银行储蓄的基本形式有活期储蓄、定期储蓄、华侨人民币储蓄和其他储蓄。

活期储蓄指不约定存期、客户可随时存取、存取金额不限的一种储蓄方式。活期储蓄是银行最基本、常用的存款方式,客户可随时存取款,自由、灵活调动资金,是客户进行各项理财活动的基础。活期储蓄以1元为起存点,外币活期储蓄起存金额为不得低于20元或100元人民币的等值外币(各银行不尽相同),多存不限。开户时由银行发给存折或卡,凭存折或卡存取。活期储蓄适合于个人生活待用款和闲置现金款,以及商业运营周转资金的存储。

定期储蓄存款是约定存期,一次或分次存入,一次或多次取出本金或利息的一种储蓄存款。定期储蓄存款存期越长利率越高。我国各大银行的定期储蓄主要包括整存整取定期储蓄存款、零存整取定期储蓄存款、存本取息定期储蓄存款、定活两便储蓄存款、通知存款、教育储蓄存款、通信存款。整存整取:分3个月、半年、1年、2年、3年、5年等数种,一次存入一笔钱,到期后一次还本付息,期限越长利息越高。不到期可以提前支取,但利息改按活期存款计算。零存整取:分1年、3年、5年3档,每月固定存入一定数额的钱,到期一次还本付息。存本取息:档次同零存整取,一次存入一笔钱,以后逐月领取利息,到期时还本。通知存款:分3个月、4个月、5个月、6个月、7个月、8个月、9个月、10个月、11个月、1年、2年、3年等期限,存时期限不固定,取时按实际存期支付不等的利息。

华侨人民币储蓄是专为华侨和港澳同胞开办的一种储蓄。华侨和港澳同胞把从国外和港澳地区汇入或携入的外币、黄金、白银卖给中国银行,用所得的人民币参加这种储蓄,利率优惠。存储时凭外汇兑换证明(或侨汇证明书)办理开户手续,存款到期时只能支取人民币。

其他储蓄主要包括有奖储蓄、保值储蓄、邮政储蓄、代发工资储蓄、住房储蓄等。

不要以为储蓄简单而且传统,只要你会点小窍门,你跟别人在同等条

第七章 一生劳碌，不如几年投资——投资活动中的经济学

件下一起存钱，肯定会比别人收获多。第一，少存活期，多存定期；少存短期，多存长期。有些人可能考虑到自己会随时用钱，就把钱存成活期了，但是如果你把它存为定期，当你急用的时候取出来仍然是按活期计算的利息；如果你不急用，那当然你就能享受定期带来的利息了。第二，要在规定的时间内提取存款（否则会有一定的利息上的损失）。第三，滚动存储既方便又能够提高利息。例如，将自己的储蓄分成12等分（或若干等分），然后每一个月都去存一个一年期的定期，或者将每个月的余钱不管多少，都存一年定期，这样一段时间下来，我们每个月都会有一笔定期存款到期，可供提取使用，从而也不会减少自己的利息收入。第四，"存本存利"的方法可以增加利息的数量，即将存本取息与零存整取相结合，通过利滚利达到收益的最大化。第五，适当地购买外币，可以获得比较丰厚的回报。不过这一点，对于一点儿都不懂外汇的人还是建议少采用，以免因为外汇风险而带来存款损失。第六，存款前后，应多注意各种问题，比如：办完手续后的检查，看清楚利率变化；还有如果你没有办理自动转存业务，那就千万记得要及时转存。

 **并非为了当股东**
——**股票投资**

在2006年以前，很多人对股票的认识还很浅，大都以为有资格、有能力成为股东的人才会购买股票。事实上，股票并不是专为股东而设计的，股票是一个很好的投资工具。如果你有足够好的眼光，还能通过股票投资获得不少收入呢，这种收入或许不同于股东的红利，是一种买卖差价。

200多年前，荷兰人为了集资发明了股票。股票是一种出资证明，当一个自然人或法人向股份有限公司投资时，便可获得股票作为凭证，并以此来证明自己的股东身份，享受股东所具有的参与企业决策、分享企业利润等权利。

1611年就曾有一些商人在荷兰的阿姆斯特丹进行荷兰东印度公司的股票买卖交易，形成了世界上第一个股票市场，即股票交易所。资本市场从此变成了大众融资运营的市场。20多年前，中国建立了股市，一夜暴富的人比比皆是，而一夜间变成乞丐的也大有人在。股票的波动太大，涨跌之间就是几百元甚至几十万元、几百万元的资金。多年过去了，A股从开始

的老八股发展到现在几千家上市公司。上证综指从几十点到2015年6月的5000多点。数字见证了中国资本市场的发展。

股票投资具有它的特点——高收入与高风险并存。而很多人买股票纯粹是靠猜,靠运气,因而让人觉得玩股票就像坐过山车一样,玩的就是心跳。但是,股票投资并不是完全没有规律可循,投资者需要保持良好的投资心态,不那么贪婪,这样才能取得更好的投资收益。

股票属于高风险投资,风险由投资者自负,要争取尽可能大的收益,将可能的风险降到最低限度,首先,要做的就是认真分析,这样我们才能及时避开隐蔽的陷阱,确保投资行动的安全性。其次,股票投资是一种智慧型投资。要在股市上进行投机,需要高超的智慧与勇气,其前提是看准时机,果断出击。而时机的把握需要投资者综合运用自己的知识、理论、技术以及方法进行详尽周密的分析和科学的决策。这与盲目的、碰运气的赌博性投资行为有根本的区别。最后,玩股票要量力而行,时刻保持冷静的头脑,坚决杜绝贪念,否则只会追悔莫及。更严重的是有人会因为心理承受能力弱而出问题。

我们在实际操作中,应该有原则地选择股票,而不要盲目地碰、猜。那究竟要怎样才能选到一只好股票呢?大致可以从以下几个方面去考虑。第一,要严格选择股票,不怕麻烦。第二,挑选的公司要具有独一无二的竞争优势,这种优势可以是垄断优势、资源优势、品牌优势、能力技术优势、政策优势或者行业优势。第三,挑选的公司要具有极强的赢利能力。第四,挑选的公司的竞争优势和赢利能力要具有持续性。第五,挑选的公司股票要有合适的价格。

股票是目前最流行的投资工具,如果要从中受益,就一定要精挑细选,而不要抱着赌博的心态去玩,否则你将输得很惨。

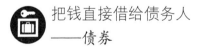

## 把钱直接借给债务人
### ——债券

当你进行股票投资时,你会拥有公司的股权,甚至拥有公司的管理权;当你进行房地产投资时,你就能拥有房地产产权;当你进行债券投资时,你就是债主,把钱直接借给债务人,而你获得的只是一张债券凭证。或许你会觉得债券投资最没有安全感,因为其他的投资都能获得相应的东

## 第七章 一生劳碌，不如几年投资——投资活动中的经济学

西作为凭证，而债券投资就是一张纸。如果你这样想就错了，其实债券在诸多投资工具里算是比较安全的一种，让我们好好了解一下这个工具吧。

债券是国家政府、金融机构、企业等机构直接向社会借债筹措资金时，向投资者发行并且承诺按规定利率支付利息并按约定条件偿还本金的债权债务凭证。债券的定义里包含四个含义：债券的发行人（政府、金融机构、企业等机构）是资金的借入者；购买债券的投资者是资金的借出者；发行人（借入者）需要在一定时期还本付息；债券是债的证明书，具有法律效力。债券购买者与发行者之间是一种债权债务关系，债券发行人即债务人，投资者（或债券持有人）即债权人。

债券作为一种债权债务凭证，与其他有价证券一样，也是一种虚拟资本，而非真实资本，它是经济运行中实际运用真实资本的证书。债券作为一种重要的融资手段和金融工具具有它的特征。第一，偿还性。债券一般都规定有偿还期限，发行人必须按约定条件偿还本金并支付利息。第二，流通性。债券一般都可以在流通市场上自由转让。第三，安全性。与股票相比，债券通常规定有固定的利率。与企业绩效没有直接联系，收益比较稳定，风险较小。此外，在企业破产时，债券持有者享有优先于股票持有者对企业剩余资产的索取权。第四，收益性。债券的收益性主要表现在两个方面：一是投资债券可以给投资者定期或不定期地带来利息收入；二是投资者可以利用债券价格的变动，买卖债券赚取差额。

债券中最常被提到，也是大家见得最多的恐怕要数国债了。国债又称国家公债，是国家以其信用为基础，按照债券的一般原则，通过向社会筹集资金所形成的债权债务关系。国债是由国家发行的债券，是中央政府为筹集财政资金而发行的一种政府债券，是中央政府向投资者出具的、承诺在一定时期支付利息和到期偿还本金的债权债务凭证，由于国债的发行主体是国家，所以它具有最高的信用度，被公认为是最安全的投资工具，历来有"金边债券"之称。早在17世纪，英国政府经过议会批准发行了政府公债，由于该公债以税收能力和国家信誉为担保，所以具有很高的信誉。当时发行的英国政府公债带有金黄边，因此便被称为"金边债券"。国债利率比一般的债券稍低，但是要高于银行储蓄，如果选择安全性较高的投资，那么国债将是一个不错的选择，既能够保证较高的安全系数，有国家信用作保障，又能够为投资者带来高于银行储蓄的回报。

## 今天做明天的交易
——期货

我们一直都习惯于一手交钱一手交货，但是今天市场上还存在着另外一种交易形式：我今天交钱，以后某个时间再取货成交。这似乎看起来有些不合乎逻辑，感觉付出与回报有些不对等。但事实上，很多人愿意采取这种交易方式，因为它不仅能实现想要的交易，而且还能在一定程度上规避风险。这就是期货。

期货的英文为Futures，是由"未来"一词演化而来，其含义是：交易双方不必在买卖发生的初期就交收实货，而是共同约定在未来的某一时间交收实货，因此中国人就称之为"期货"。它给人的感觉就是今天做的是明天的交易。

最初的期货交易是从现货远期交易发展而来，最初的现货远期交易是双方口头承诺在某一时间交收一定数量的商品，后来随着交易范围的扩大，口头承诺逐渐被买卖契约代替。这种契约行为日益复杂化，需要有中间人担保，以便监督买卖双方按期交货和付款，于是1570年伦敦便出现了世界第一家商品远期合同交易所——皇家交易所。为了适应商品经济的不断发展，1985年芝加哥谷物交易所推出了一种被称为"期货合约"的标准化协议，取代原先沿用的远期合同。使用这种标准化合约，允许合约转手买卖，并逐步完善了保证金制度，于是一种专门买卖标准化合约的期货市场形成了，期货成为投资者的一种投资理财工具。期货的特点是以小博大、买空卖空、双向赚钱，风险很大，因此我国对期货交易的开放十分慎重。

期货作为一种高风险的金融工具，之所以能够得到推行，还是因为期货交易的两大功能。

第一，期货交易能够发现价格。由于期货交易是公开进行的对远期交割商品的一种合约交易，在这个市场中集中了大量的市场供求信息，不同的人、不同的地点，对各种信息的不同理解，通过公开竞价形式产生对远期价格的不同看法。期货交易过程实际上就是综合反映供求双方对未来某个时间供求关系变化和价格走势的预期。这种价格信息具有连续性、公开性和预期性的特点，有利于增加市场透明度，提高资源配置效率。比如，

### 第七章 一生劳碌，不如几年投资——投资活动中的经济学

湖南常德市粮油总公司利用上海粮油商品交易所粳米期货价格指导农民创收。1994年以前，常德地区农民种粮积极性下降，土地抛荒严重。1994年年初，常德市政府从上海粮油商品交易所掌握了9月、10月粳米的预期价格（当时当地现货价格在2000元/吨以下，而粮交所10份粳米期货合约的价格在2400元/吨左右），就引导农民扩大种植面积7.2万亩，水稻增产25万吨，获得了很好的收益，而到当年的10月，现货价格上升到超过2350元/吨。

　　第二，期货交易能用来做套期保值。在实际的生产经营过程中，为避免商品价格的千变万化导致成本上升或利润下降，可利用期货交易进行套期保值，即在期货市场上买进或卖出与现货市场上数量相等但交易方向相反的期货合约，使期货、现货市场交易的损益相互抵补。锁定企业的生产成本或商品销售价格，保住既定利润，回避价格风险。比如，某公司想在未来三个月买入100吨大豆，但是又害怕价格会上涨，所以就在期货市场上买入100吨大豆，三个月后成交，这样价格就被锁定了，大豆价格的波动就与其没有关系了。期货交易之所以能够保值，是因为某一特定商品的期货、现货价格同时受共同的经济因素的影响和制约，两者的价格变动方向一般是一致的，由于有交割机制的存在，在临近期货合约交割期，期货、现货价格具有趋同性。

　　期货交易的两大功能使期货市场两种交易模式有了运用的舞台和基础，价格发现功能需要有众多的投机者参与，集中大量的市场信息和具有充沛的流动性，而套期保值交易方式的存在又为回避风险提供了工具和手段。同时期货也是一种投资工具，由于期货合约价格的波动起伏，交易者可以利用套利交易通过合约的价差赚取风险利润。期货的产生使投资者找到了一个相对有效的规避市场价格风险的渠道，有助于稳定国民经济，也有助于市场经济体系的建立与完善。

 请专家为你打理投资
　　——基金

　　如果你不想将钱存银行，也不想买债券，觉得回报太低，但是自己又不知道该怎样选择股票，那你就把自己的钱用来买基金吧，把钱交给专家，让专家为你打理投资。这样你不仅能省心，而且市场好的时候大多能

获得不错的收益。

基金是一种间接的证券投资方式，汇集众多分散投资者的资金，委托投资专家（如基金管理人），由投资管理专家按其投资策略，统一进行投资管理，从事股票、债券等投资，是为众多投资者谋利的一种投资工具。基金集合大众资金，共同分享投资利润，分担风险，是一种利益共享、风险共担的集合投资方式。

我们可以这样通俗地来理解基金的概念。假设你有一笔钱想投资债券、股票等这类证券进行增值，但一无精力二无专业知识，而且钱也不算多，就想到与其他10多个人合伙出资，雇一个投资高手，操作大家合出的资产进行投资增值。这里面，如果10多个投资人都与投资高手随时交涉，那将会很混乱，于是就推举其中一个最懂行的牵头办这事，定期从大伙合出的资产中按一定比例提成给他，由他代为付给高手劳务费报酬。当然，牵头人得出力张罗大大小小的事，包括挨家跑腿，有关风险的事向高手随时提醒，定期向大伙公布投资盈亏情况，等等，他并不是白忙，提成中的钱也有他的劳务费。上面这种运作方式叫作合作投资，如果将这种合伙投资的模式放大一百倍、一千倍、一万倍，那就成了基金了。

基金是以"基金单位"作为单位的，在基金初次发行时，将其基金总额划分为若干等额的整数份，每一份就是一个基金单位。例如某只基金发行时的基金总额共计30亿元，将其等分为30亿份，每一份即一个基金单位，代表投资者1元的投资额。

相对于股票来说，基金更适合时间紧张、投资知识欠缺的中小投资者。这是由基金的特点决定的。基金的特点主要包括以下几方面：①专家理财是基金投资的重要特色。基金管理公司配备的投资专家，一般都具有深厚的投资分析理论功底和丰富的实践经验，用科学的方法研究各种投资产品，降低了投资的风险。②组合投资，分散风险。基金通过汇集众多中小投资者的资金，形成雄厚的实力，可以同时分散投资于股票、债券、现金等多种金融产品，分散了对个股集中投资的风险。③方便投资，流动性强。基金最低投资量起点要求一般较低，可以满足小额投资者的需求，投资者可根据自身财力决定对基金的投资量。基金大多有较强的变现能力，使得投资者收回投资时非常便利。

虽然，基金有其优越性，是知识欠缺的中小投资者的最佳投资工具，但并不是所有的基金都是好的。中小投资者在实际操作中还需要学会一些

第七章 一生劳碌，不如几年投资——投资活动中的经济学

诀窍，这样才能买到真正适合投资的好基金。首先要研读招募说明书。所谓磨刀不误砍柴工，要在购买基金之前关注投资目标、投资策略、风险、费用、基金管理人和过往业绩。其次，不要冲动投资，买基金需要多听各方面的意见，不能只认准一支基金或一家基金公司的说法，要多问几家，多做比较，另外还可以上相关网站查找资料参考。再次，净值和累计净值都重要。基金的净值是指你所买的基金现在每股的价值，简单地说，累计净值体现"过去成绩"，净值体现"现在成绩"，购买时都必须考虑。最后，"只买对的，不怕贵的"。基金价格不是投资时的判断标准，关键是这只基金背后公司的投资管理能力，这就是基金的潜力。

## 让自己的生活更有保障
### ——保险

在古代人们都会想要有个儿子，不是女儿不好，而是只有儿子才能给自己养老，那时候的人们认为儿子能使自己后半生的生活有保障。现在，随着社会的发展，人类文明的进步，人们逐渐改变了这种观念。一方面，因为不管是儿子还是女儿都会赡养老人；另一方面，现代社会还有一个叫保险的东西，能让人们的生活更有保障，即使在没有能力工作的时候，也能依靠保险而保障生活。

保险是以契约形式确立双方经济关系，以缴纳保险费建立起来的保险基金，对保险合同规定范围内的灾害事故所造成的损失，进行经济补偿或给付的一种经济形式。保险是最古老的风险管理方法之一。在保险合约中，被保险人支付一个固定金额（保费）给保险人，前者获得保证：在指定时期内，后者对特定事件或事件组造成的任何损失给予一定补偿。保险是一种经济制度，同时也是一种法律关系。保险源于海上借贷，到中世纪意大利出现了冒险借贷，冒险借贷的利息类似于今天的保险费，但因其高额利息被教会禁止而衰落。1384年，比萨出现世界上第一张保险单，现代保险制度从此诞生。

日常生活中，我们每天都面临着各种各样的风险，如过马路时有被车撞的风险，所拥有的财产存在被盗、被损坏或被损毁的风险。保险公司收取一定的费用，即保费，并承诺向被保人提供相对数额较大的损失赔偿金，为类似的危险和损失提供经济保障。面对相同的风险，比如大病医

疗，这种风险出现的概率很小，如果这一类人都买了大病医疗保险，保险公司就把这些小额的钱凑起来，给那个突然生病需要大笔医疗费用的人。这样那个生病的人就可以不用因为高额的医疗费用而发愁了。这也很好地阐述了保险是如何来实现保障功能的，同时也表明保险正是人们因厌恶风险而用来规避风险的。

如今保险已经成为美国人生活中必不可少的一部分，人寿、医药、房屋、汽车、游船、家具等都可以保险，这样就能最大限度地消除不确定性，抵御各种潜在风险带来的灾害。但是中国人还没有购买保险的习惯，大多数人认为买保险是一种很晦气的事，不愿意去面对可能的风险。正是这种习惯导致了不少人在很多突发事件时，不知所措，无所适从。现代社会是一个充满突发事件的社会，很多事情会在不经意间发生，生活中充满了风险，我们应该改变观念，学会通过购买保险来规避身边可能发生的风险，从而保障我们的生活。因为保险能保障未来，我们应该尽可能早地购买保险。年轻时购买保险，不仅能更早地得到保障，而且费率相对较低，缴费的压力也相对较轻。而随着年龄增大，不仅保障晚，费用高，更糟的是还可能被保险公司拒保。

## 股指期货怎么玩
## ——股指期货

中国证监会有关部门负责人2010年2月20日宣布，证监会已正式批复中国金融期货交易所沪深300股指期货合约和业务规则，至此股指期货市场的主要制度已全部发布。2010年2月22日9时起，正式接受投资者开户申请。公布沪深300股指期货合约自2010年4月16日起正式上市交易。这里的股指期货究竟是一个什么样的工具呢？有些什么样的游戏规则呢？

股指期货是指以股价指数为标的物的标准化期货合约。双方约定在未来的某个特定时间，按照事先确定的股价指数的大小，进行标的指数的买卖。作为期货交易的一种类型，股指期货交易与普通商品期货交易具有基本相同的特征和流程。

同是跟股票市场有关，但是股指期货与股票相比，有着非常鲜明的特点。第一，期货合约有到期日，不能无限期持有。第二，期货合约是保证

## 第七章 一生劳碌，不如几年投资——投资活动中的经济学

金交易，必须每天结算。第三，期货合约可以卖空，至少比股票融券交易的卖空容易。第四，市场的流动性较高。研究表明，股票期货市场的流动性明显高于股票现货市场。第五，股指期货实行现金交割方式。第六，一般说来，股指期货市场是专注于根据宏观经济资料进行的买卖，而现货市场则专注于根据个别公司状况进行的买卖。

既然我国会推出股指期货，那必然股指期货会有其特殊的用途。首先，可以借助股指期货对股票投资组合进行风险管理，即防范系统性风险（也就是我们平常所说的大盘风险）。通常我们使用套期保值来管理我们的股票投资风险。其次，可以利用股指期货进行套利。所谓套利，就是利用股指期货定价偏差，通过买入股指期货标的指数成分股并同时卖出股指期货，或者卖空股指期货标的指数成分股并同时买入股指期货，来获得无风险收益。最后，股指期货是一个杠杆性的投资工具，因为在股指期货保证金交易中，只要判断方向正确，就可能获得很高的收益。例如如果保证金为10%，买入1张沪深300指数期货，那么只要股指期货涨了5%，相对于保证金来说，就可获利50%，当然如果判断方向失误，也会发生同样的亏损。

那么，股指期货是不是一个不折不扣的好工具呢？它会不会给我们带来什么负面影响呢？我们可以先看一个历史事件——巴林银行的倒闭。巴林银行是英国的一家老牌银行，始建于1763年，创始人是弗朗西斯·巴林爵士。由于经营灵活，富于创新，巴林银行很快在国际金融领域获得巨大成功，就连英国的王室都是它的客户。但是，巴林银行最终却毁在了一个28岁的年轻雇员里森身上。里森是巴林期货新加坡公司的职员。自1994年下半年起，里森判断日本经济已经走出低谷，将走上复苏阶段，认为日经指数将上涨，于是逐渐买入日经225指数期货。不料1995年1月17日关西大地震后，日本股市反复下跌，里森的投资损失惨重。里森当时认为股票市场对神户地震反应过激，股价将会回升，为弥补亏损，里森一再加大投资，在1月16～26日再次大规模买入，以期翻本。里森的策略是继续买入日经225期货，其日经225期货头寸从1995年1月1日的1080张合约增加到2月26日的61039张。据估计其合约平均买入价为18130点，但是2月23日，日经指数再次急剧下挫，合约收盘价跌至17473点以下，导致累计亏损达到了480亿日元。再加上来自日本政府的债券的空头期货上的损失，巴林银行已经无法招架，只有破产了。

股指期货以引起高杠杆性而出名，可能会带来巨大的收益，但是也可能会带来难以弥补的损失。这也是为什么我国直到近年才推出股指期货。因此，要玩股指期货，也需要谨慎地玩，千万不要玩火自焚。

###  比24美元买下曼哈顿岛更赚的复利游戏
——复利

24美元买下曼哈顿！这并不是痴人说梦，而是一个流传已久的故事，也是一个可以实现的愿望，更是一个老生常谈的投资方式，但是做得到的人不多。

1626年，荷属美洲新尼德兰省总督Peter Minuit花了大约24美元从印第安人手中买下了曼哈顿岛。而到2000年1月1日，曼哈顿岛的价值已经达到了约2.5万亿美元。以24美元买下曼哈顿，Peter Minuit无疑占了一个天大的便宜。

但是，如果转换一下思路，Peter Minuit也许并没有占到便宜。如果当时的印第安人拿着这24美元去投资，按照11%（美国近70年股市的平均投资收益率）的投资收益计算，到2000年，这24美元将变成2.38百亿美元，远远高于曼哈顿岛的价值2.5万亿美元，几乎是其现在价值的100万倍。如此看来，Peter Minuit倒是吃了一个大亏。

是什么神奇的力量让资产实现了如此巨大的倍增？是复利。长期投资的复利效应将实现资产的翻倍增值。爱因斯坦就说过，"宇宙间最大的能量是复利，世界的第八大奇迹是复利"。一个不大的基数，以一个即使很微小的量增长，假以时日，都将膨胀为一个庞大的天文数字。那么，即使以24美元这样的起点，经过一定的时间之后，你也一样可以买得起曼哈顿这样的超级岛屿。

复利就是利滚利或利上加利，一笔存款或投资获得回报之后，再连本带利进行新一轮投资，这样不断循环，就是追求复利。复利公式是 $F = P(1+i)^n$，其中 $F$ 指本利合计，$P$ 指本金，$i$ 指利率，$n$ 指存款的时间。和复利相对应的是单利，单利只根据本金算利，没有利滚利的过程，但这两种方式所带来的利益差别一般人却容易忽略。假如投入1万元，每一年收益率能达到28%，57年后复利所得为129万元。可是，若是单利，28%的收益率，57年时间却只能带来16.96万元。这就是复利和单利的巨大差距。

因此，我们完全可以把复利应用到自己的投资理财活动中。以基金投资为例，如果我们从 20 岁开始，每个月拿出 100 元去投资基金，以后每个月都不间断地投入 100 元，也就是我们常说的定期定投，按照每年 10% 的投资收益计算，到 60 岁的时候就会有 637800 元。100 元的起点，相信对很多投资者来说应该都不是一个问题，但是却能累积成 60 多万元，复利的威力可见一斑。

这就是复利的魔力。虽然起点很低，甚至微不足道，但通过复利却可达到人们难以想象的程度。复利不是数字游戏，而是告诉我们有关投资和收益的哲理。人生追求财富的过程不是短跑，也不是马拉松式的长跑，而是在更长甚至数十年的时间跨度上所进行的耐力比赛。只要坚持追求复利的原则，即使起步的资金不太大，也能因为足够的耐心加上稳定的小利很漂亮地赢得这场比赛。在复利模式下，一项投资所坚持的时间越长，带来的回报就越高，也就能分享到复利效应，实现资产的倍增。

复利揭示了成功投资最简单的本质，不管是投资还是人生，复利的魅力来源于持之以恒。在竞争激烈的现代社会，竞争中胜出的法则是"狭路相逢勇者胜，勇者相逢智者胜，智者相逢韧者胜"。有的人或企业只使用单利的计算方式去经营，而有的人和企业一开始便讲究"眼前利莫轻取，百年利尽谋之"的复利计算方式去经营，自然他们也就会有不同的收获了。

 创业者需要先找到"伯乐"
——天使投资

现在很多创业者都是赤手空拳地上阵，虽然有点子，但是没武器，想要大展宏图很困难。于是，很多创业者首先会策划出完美的创业方案，然后拿着自己精心制作的创业方案去寻找"伯乐"，以获得资金上的支持，从而真正意义上开始自己的创业。创业者的"伯乐"就是天使投资。

天使投资是权益资本投资的一种形式，是指富有的个人出资协助具有专门技术或独特概念的原创项目或小型初创企业，进行一次性的前期投资。它是风险投资的一种形式，根据天使投资人的投资数量以及对被投资企业可能提供的综合资源进行投资。而天使投资人通常是指投资非常年轻的公司以帮助这些公司迅速启动的投资人。在风险投资领域，"天使"这个词是指企业家的第一批投资人,这些投资人在公司产品和业务成型之前就把资金投入进来。天使投资人通常是创业者的朋友、亲戚或商业伙伴,由于他们对该创业者的能力和创意深信不疑,因而愿意在业务远未开展进行之前就向该创业者投入大笔资金。一笔典型的天使投资往往只有区区几十万美元,是风险资本家随后可能投入资金的零头。

风险投资是一个跟天使投资类似的概念,但是不完全等于天使投资。严格意义上说,风险投资所包括的内容要多于天使投资。风险投资(Venture Capital,简称VC),在我国是一个约定俗成的具有特定内涵的概念,其实把它翻译成"创业投资"更为妥当。广义的风险投资泛指一切具有高风险、高潜在收益的投资;狭义的风险投资是指以高新技术为基础,生产与经营技术密集型产品的投资。根据美国风险投资协会的定义,风险投资是由职业金融家投入到新兴的、迅速发展的、具有巨大竞争潜力的企业中的一种权益资本。显然,天使投资是一种特殊的风险投资形式。

通常天使投资人对回报的期望值并不是很高,10~20倍的回报才足够吸引他们,这是因为他们决定出手投资时,往往在一个行业同时投资10个项目,最终只有一两个项目可能获得成功,只有用这种方式,天使投资人才能分担风险。天使投资的金额一般较小,而且是一次性投入,它对风险企业的审查也并不严格。它更多的是基于投资人的主观判断或者由个人的好恶所决定。通常天使投资是由一个人投资,并且是见好就收,是个体或者小型的商业行为。很多天使投资人本身是企业家,了解创业者面临的困难。天使投资人是起步公司的最佳融资对象。他们不一定是百万富翁或高收入人士。天使投资人可能是你的邻居、家庭成员、朋友、公司伙伴、供货商或任何愿意投资公司的人士。天使投资人不但可以带来资金,同时也带来联系网络。如果他们是知名人士,也可提高公司的信誉。

1998年,两位还没毕业的穷学生向Sun公司的共同创始人安迪·贝托尔斯海姆讲述他们的创业梦想,讲了半天,贝托尔斯海姆不是很理解,但是被两个年轻人的激情和梦想所感染,于是对他们说:"我听不懂你们的商业模式,先给你们一张支票,半年之后告诉我你们在做什么。"于是,靠着这20万美元支票起家,两个年轻人一步步打造出了今天的Google,而贝托尔斯海姆的20万美元后来演变成近3亿美元,成为一段传奇。

而在中国,谢秋旭与蒙牛之间也演绎出一个经典故事。牛根生在伊利期间因为订制包装制品时与谢秋旭成为好友,当牛根生自立门户之时,谢

第七章 一生劳碌，不如几年投资——投资活动中的经济学

秋旭作为一个印刷商人，慷慨地掏出现金注入初创期的蒙牛，并将其中大部分（近95%）的股权以"谢氏信托"的方式"无偿"赠予蒙牛的管理层、雇员及其他受益人，而不参与蒙牛的任何管理和发展安排。最终谢秋旭也收获不菲，380万元的投入如今已变成10亿元。

此外，张朝阳的爱特信得到其老师——美国麻省理工学院尼古拉斯·尼葛洛庞帝教授等的20多万美元的天使投资，后转型为搜狐网，并发展到今天的规模。2000年李彦宏和徐勇借助120万美元的天使投资，创建了如今已在纳斯达克上市的百度。20多年前刚刚毕业的田溯宁和丁健结识了爱国华商刘耀伦先生，并获得了25万美元的天使投资创建亚信。这些都是人们耳熟能详的天使投资故事。

正是一个个的天使投资人实现了诸多创业者的梦想，造就了一大批新兴企业，成为创业者名副其实的"伯乐"。而也正是因为天使投资人独到的眼光、丰富的资源使得这些企业以几倍、十几倍甚至几十倍的收益率创造着一个又一个资本界的神话，同时为自己带来了几十倍甚至数百倍的高额回报。任何收益都是与其能带来的价值和所承担的风险相对应的，天使投资行业也不例外。而对于天使投资人来说，最吸引他们的也许不在于高风险带来的金钱上的高回报，而是投资过程中的前瞻眼光和冒险精神。

天使投资

 安华农保的"小马甲"
——买壳上市

安华农保是建立于2004年12月的经营政策性农业保险业务的全国性保险公司。到2006年，安华农保成立时间两年不到，按照证监会至少成立三年才能上市的要求，它没有上市的资格。于是，安华农保首先和锦州六路的大股东中国石油锦州石油化工公司达成协议，收购其手中全部锦州六路的股权，从而达到了控股锦州六路的目的。这时安华农保成了大股东后已经有了话语权，可以把锦州六路和保险不相关的资产卖掉，然后再利用

119

锦州六路这个上市公司向市场配股筹集资金来购买安华农保下的资产。安华农保的资产就借助锦州六路这么一个"壳"上市了。最后只要把上市公司的名字改掉，变成安华农保就万事大吉了。锦州六路也就成了安华农保的小马甲。一个完整的买壳上市过程也就呈现在大家面前了。

买壳上市又称"后门上市"或"逆向收购"，是指非上市公司购买一家上市公司一定比例的股权来取得上市的地位，然后注入自己有关业务及资产，实现间接上市的目的。一般而言，买壳上市是民营企业的较佳选择。由于受所有制因素困扰，民营企业往往无法直接上市，但只要有合适的壳，大多数企业都能拥有上市的机会，也正是这个原因，买壳上市成为诸多企业梦寐以求的上市方式。

究竟什么样的公司适合做壳呢？根据1997年以来深沪股市上百起资产重组案例，壳公司一般都具有一些共同的特点。首先，所处的行业不景气。尤其是纺织业、冶金业、零售业、食品饮料、农业等行业，本行业没有增长前景，只有另寻生路。股权原持有人和主管政府部门也愿意转让和批准。其次，股本规模较小。小盘股具有收购成本低、股本扩张能力强等优势。特别是流通盘小，易于二级市场炒作，获利机会较大。然后是股权相对集中。由于二级市场收购成本较高，而且目标公司较少，因此大都采取股权协议转让方式。股权相对集中，易于协议转让，而且保密性好，从而为二级市场的炒作创造条件。另外，只跟一家谈肯定比同时跟五六家谈容易些。最后，目标公司有配股资格。证监会规定，上市公司只有连续三年平均净资产收益率在10%以上（最低为6%）时，才有配股资格。买壳上市的主要目的就是配股融资，如果失去配股资格，也就没有买壳上市的必要了。只要有针对性地挑选，相信很多企业都能找到一家适合自己的壳，然后实现自己的上市融资之梦。

看来，买壳上市比直接的公开发行上市方便实用得多，那为什么大家不全部去买壳上市呢？道理很简单，它也有自己的问题所在。一般来说，买壳上市是民营企业在直接上市无望下的无奈选择。与直接上市相比，在融资规模和上市成本上，买壳上市都有明显的差距。所以，买壳上市为企业带来的利益和直接上市其实是相同的，只是由于成本较高、收益又较低，打了一个折扣而已。买壳上市的财务风险还很大，因为收购壳公司需要大笔资金，成本较高。就目前上市的情况来看，虽然深沪股市已经有上百起买壳上市案例，但是成功率并不高。所以，有条件的大企业还是会选择以公开发行上市的方式来进行融资。

## 当掌柜变成老板
### ——管理者收购（MBO）

2009年9月28日，新浪宣布：以新浪CEO曹国伟为首的新浪管理层，将以约1.8亿美元的价格，购入新浪约560万普通股，成为新浪第一大股东。于是，新浪的掌柜变成了新浪的老板，此举成为中国互联网行业首例管理者收购案例。

管理者收购（management buy-outs，MBO），又称"经理层收购"或"经理层融资收购"。所谓管理者收购，即目标公司的管理者或经理层利用借贷所融资本购买本公司的股权，从而改变本公司所有者结构、控制权结构和资产结构，进而达到重组本公司目的并获得预期收益的一种收购行为。在MBO中，企业管理人员通过外部融资机构帮助收购所服务企业的股权，从而完成从单纯的企业管理人员到股东的转变，昔日的管理者也就变成今日的股东了。

MBO是20世纪七八十年代流行于欧美国家的一种企业收购方式，当时欧美国家步入企业兼并收购的高峰期。经过MBO之后，管理层掌握了他们所服务的公司的股权，往往会提高企业运作的效率和盈利能力。

MBO通过设计管理层既是企业所有者又是企业经营者的特殊身份，希望企业在管理层的自我激励机制，以及在高负债的外部约束下充分挖掘企业潜力，实现企业价值的最大化。也就是说，MBO最重要的目标是"做大蛋糕"，管理层在"蛋糕"的增量中利用融资杠杆获得超额利润，同时给MBO融资的一方也在增量"蛋糕"中获得高额回报。

管理层收购的基本出发点是解决企业内部激励机制问题，降低企业所有者与经营者之间的委托代理成本。解决内部激励、降低委托代理成本的方式有许多种，而MBO是最直接的一种方式。对中国企业而言，MBO最大的魅力在于能理清企业产权，实现所有者回归，建立企业的长期激励机制，这是中国MBO最鲜明的特色。从目前来看，国内进行MBO的作用具体表现在四个方面：一是解决国有企业"所有者缺位"问题，促进国企产权体制改革；二是解决民营企业戴"红帽子"的历史遗留问题，实现企业向真正的所有者"回归"，恢复民营企业的产权真实面目，从而为民营企业的长远发展扫除产权障碍；三是帮助国有资本从非竞争性行业中逐步退出；四是激励和约束企业经营者的管理，减少代理成本。由此可见，MBO被赋予了很高的期望。然而，从国内外的MBO实践中可以看出，MBO并非适合所有的企业。实施MBO的企业至少要具备三个条件：第一，企业要有一定的管理效率空间；第二，企业处于竞争性较强的行业，如家电和一些成长性较好的高科技企业；第三，企业要有优秀的管理层团队，这也是MBO成功与否的关键所在。

目前，我国已经有了不少成功的MBO案例：有解决了产权不清晰的四通集团；有恢复民营企业产权真实面目，摘掉"红帽子"的辽宁盼盼集团；有激励管理者经营，减少代理成本的粤美的、东方通信、新天国际、深万大、宇通客车、武汉国资、绍兴百大、天津泰达、电广传媒、东方阿胶、联想集团、临泉化公司等等。这些公司一方面为我国进行管理者收购提供了可行的方案与经验，另一方面也让我们看到了管理者收购为企业发展带来的好处，给其他企业指明了成功的方向。

## 当你知道"新股不败"时，明白怎么做了吧
### ——打新股

有统计数据显示，2000—2008年期间，735只新股的平均首日涨幅约为125.04%，其中主板市场约为117.69%，中小板市场约为137.39%。尤其是2005年后，A股市场开始实行IPO询价制度并开展了股权分置改革，2006—2008年间，新股上市平均首日涨幅高达143.82%。新股居高不下的首日涨幅，让很多投资者相信，在A股市场申购新股稳赚不赔。这时候，很多人都看到了"新股不败"的神话，所以就有了"打新股"。

打新股就是用资金参与新股申购，如果中签，就买到了即将上市的股票。网下的只有机构能申购，网上的股民个人就可以申购。由于打新股赚钱机会很大，自然不会让你那么轻易申购到。像当年碧桂园在香港上市，就有3330亿港元去申请购买其股票，最终只有129亿港元的资金申购到了。从申购到最终出结果这段时间你的资金是没有利息的，而且资金是被冻结的，无法另作他用。但是碧桂园一上市就飙涨41.3%，因此尽管打新股有诸多不便，很多人还是愿意去碰运气。

既然新股那么挣钱，那怎样才能更容易地申购到呢？正是由于如此多

第七章 一生劳碌，不如几年投资——投资活动中的经济学

热衷打新股的机构动用巨额资金认购新股，使许多中小股民更加难以中签。虽然并没有绝对的打新股的技巧，但是中小股民可以采取以下几种方式打新股，提高中签率。第一，联合申购，即几个股民可以把资金集合起来，形成一个小型的申购私募基金。第二，申购冷门股，如果同时遇到2只或2只以上的新股认购，股民应该尽量

避免热门股，选择冷门股。第三，间接参与打新股，股民可以购买专门打新股的基金和其他理财产品。第四，选择申购时间靠后的新股。如果几只新股接连发行，那么选择申购时间靠后的新股机会大。第五，有的放矢选新股，在选择新股时不要盲目。

人人都想要新股，新股有不败的神话。但是，网络调查数据显示，创业板上市以来，新股破发尤为严重，Wind统计数据显示，截至2013年年底，有161家企业跌破发行价格，跌破率为60%。2015年6月以来，A股市场持续震荡，截至8月30日，沪深两市共有23只股票股价跌破每股净资产，银行、钢铁和采掘三个板块成了重灾区。其中国民技术（300077）的股价已较每股净资产减少近半，其最新公告的每股净资产为76.43元，每股价格为27.52元；鞍钢股份、南山铝业（600219）、宝钢股份（600019）、兰花科创（600123）、浦发银行（600000）等其余22只股票的每股价格较每股净资产则稍有减少。这主要是因为市场行情惨淡，投机资金高度谨慎，场外观望态度浓厚，新股上市当日没有大量散户接盘，股价自然下跌。同时，充分暴露了新股定价不合理。在股指连续下跌，市场平均市盈率28倍的情况下，新股定价过高，透支了未来数年的股价。在整个大盘行情不好的情况下，"破发"也是不可避免的。统计数据显示，银行板块成为唯一整体破净板块，板块市净率为0.92，高于历史同期数据，过往4年该板块的市净率围绕在0.75左右。而钢铁板块的整体市净率有1.5倍，远远高于过去4年的同期比率。因此，经营稳健的传统股票一般定价都偏高，近几年破发破净都屡见不鲜。新股发行定价偏离中枢价值更是常态，在动荡的股市中，泡沫终究难以维持其发行价。调查结果也显示，过高的新股定价成为散户远离打新股的最主要原因。

投资者一定要理性地对待打新股，不要盲目认为"新股不败"，一定要认真考虑上市公司的基本面情况和专业机构的估值分析意见，关注上市公司和交易所的风险提示和临时停牌公告，有的放矢地去打新股。

## 这一次，开始批发亿万富翁
## ——首次公开募股（IPO）

2009年10月30日，首批28家创业板公司挂牌上市。按照该批股票的发行价计算，A股市场上就已多了72名亿万富翁，当天28只股票平均涨幅高达106%，令亿万富翁人数蹿升至116名。一天之内造就超百名亿万富翁，真正地开始了批发亿万富翁的时代。这里所说的亿万富翁是怎么造就的呢？就是IPO，企业创办人、持股人在企业IPO之后，一夜就成为亿万富翁。

IPO是initial public offering的缩写，即首次公开募股，指某公司首次向社会公众公开招股的发行方式，通常为普通股。公司进行IPO，不但可以得到资金用来扩大业务，而且成为一间公众公司之后，还能很方便地从二级市场募集资金，为公司做大做强提供保障。一个企业从小到大的发展过程中，一般遇到的最大问题就是资金。资金是企业的血液，没有资金企业很难发展。所以在企业很小、还没有上市资格的时候，一般企业家都会寻求风险投资前来投钱，等到慢慢发展壮大后，就需要从更多的人手里筹钱，这时IPO就是一个很有效的方式。

IPO不仅能为企业带来融资的好处，还能为企业带来财务、管理、信誉等诸多方面的好处。财务方面，能够稳固公司的财务基础，进一步优化资产结构，减弱财务风险，大大提高经营的安全性；管理方面，能够规范公司经营管理，建立适应规模扩张所需要的治理结构，为公司长远、健康发展引入良好的机制；信誉方面，有利于提升公司的信誉地位和品牌形象，增强公司的社会知名度，获得客户的认可和尊重，取得政府的尊重和信任，扩大市场影响力，极大地方便了企业对外交流和经营。同时，还有利于公司利用IPO所筹集的资金进行规模扩张，有利于公司借助股权激励手段，用更低资金成本吸引并保留高端人才，激发员工工作热情。正是这诸多方面的好处使大多数企业都希望在达到一定的规模后能够首次公开募股。

## 第七章 一生劳碌，不如几年投资——投资活动中的经济学

IPO 的成功案例很多，碧桂园就是其中一个。杨惠妍旗下的碧桂园诞生于 1992 年，至今已经营造了十多个超大规模综合社区。碧桂园集团创建于 1997 年，是全国较大的综合性房地产开发企业之一。2007 年 4 月，碧桂园在香港证券交易所上市，首次 IPO 创内地房地产企业规模最大纪录，总共出让 16.87% 的股权，募集到 129 亿港元的资金。公司大股东杨惠妍以 25 岁的年龄变身中国最年轻首富，她拥有碧桂园 58.19% 的股份，其身家在上市之初达到了 600 亿元，远超前任首富张茵。这也让素来低调的碧桂园成为一个新的财富神话。碧桂园 IPO 的效果很好，不仅筹集到了巨额资金，还使得碧桂园一夜之间家喻户晓，名声大增，无形之中做了一个大广告。

在国内，IPO 也日渐火爆，成为诸多企业梦寐以求的成功路径。但是，与美国等发达国家相比，国内的 IPO 产业还有待进一步完善。目前，国内的创业板已开闸，需要的是树立创业家精神，培养风险人才，建立我国自己的"风险资本、会计法律事务所、投资银行家"等 IPO 机制，形成自己的 IPO 产业。中小投资者由于技术、信息等非对称性，直接投资风险企业，很难抵御市场风险。因此，需要培养一大批机构投资者，完善自己的 IPO 产业。这样一来，很多适合 IPO 的企业自然也就能顺利地进行 IPO，获得 IPO 带来的好处。

### 跟风是对是错
### ——羊群效应

2007 年股票市场火起来了，为什么呢？今天听说张三炒股挣了 1000 元，明天听说李四赚回了一套家庭影院，过几天又听说谁谁谁炒股半年买了辆小车……这时候，很多人都心动了，也开始加入炒股大军的行列，甚至很多人连炒股怎么炒，自己是否适合都不知道。这就是最简单的羊群效应。

羊群效应又可称为"从众心理"，即通过其他人的表现来推断事物的好坏以及确定是否值得我们效仿。羊群是一种很散乱的组织，平时在一起也是盲目地左冲右撞，但一旦有一只头羊奔跑起来，其他的羊就会不假思索地一哄而上，即使他们不知道是因为有捕食者的出现，还是因为前面有更好的草场。作为高级动物的人类也同样存在着羊群效应。当你坐火车到

了一个从来没有去过的城市,下了火车,没有看见出口指示牌,你会怎么做呢?当然是跟着人群一起走,因为大多数人的决定肯定是正确的,跟着他们一定可以到达出口。一般情况下,跟着潮流走是没有错的。

20世纪末,网络经济一路飙升,所有的投资家都在跑马圈地卖概念,IT业的CEO们义无反顾地往前冲,结果形成了一股网络潮。2001年,网络泡沫破灭,大家这才发现在狂热的市场气氛下,获利的只有领头羊,其余跟风的都成了牺牲者。所以,羊群里必然有两种羊:一种从众的,一种出众的。前者总是看着别人干什么他就干什么,后者却能发挥主观能动性,也有可能只是偶然脱离了羊群,但是他们因为善于发挥主观能动性,所以总是能最先找到水草丰美的地方吃个饱,而其他羊群跟上的时候就只有吃草根,或者连草根都没得吃了。

在证券市场上,人们总是喜欢看别人投资什么,别人买入时他就买入,别人卖出时他也卖出,因为别人买入某只股票肯定有他的道理,所以你会经常见到某只股票一涨再涨,一个涨停板接着一个涨停板地往上飙,然后忽然间有人开始抛了,于是大家又一哄而上,股票开始狂跌,到最后只有那些领头羊才能获利,跟风者一般都会亏损出局,而那些领头者也就是我们通常说的庄家。至此你应该明白庄家为什么可以操纵股票赚钱了吧。

羊群效应体现了一种盲目性,这种盲目性来自于对自身判断缺乏信心,大多数人觉得随大流是一种稳妥的选择,即使倒霉也有很多人陪着,最终导致了羊群效应屡屡出现。羊群效应告诉我们:一是不要轻易跟风,要保持自己的思考和判断,制造后发优势;二是敏锐性、敏感性可以使你少受羊群效应带来的伤害;三是信息的筛选变得越来越重要,越来越关键,你没有像别人那样获得成功,就是因为你没掌握到关键的信息;四是要保持创新的动力,创新可以使你站在羊群的前列,成为羊群效应的受益者。

 人人都在挣钱,我为什么不去呢
——财富效应

2008年,美国股市从年初的13000点狂泻到年底的8500点左右,缩水40%,市值蒸发超过7万亿美元,按一家三口来计算,平均每户人家损失7万美元。同年,美国的房产价格下跌近2万亿美元。资产的大幅缩水,使得民众的财富迅速减少,并且对未来的看法越来越悲观,消费随即萎缩

## 第七章 一生劳碌，不如几年投资——投资活动中的经济学

了，经济也越来越糟糕。这里尽显了财富效应。

财富效应指由于金融资产价格上涨或下跌，导致金融资产持有人财富的增长或减少，同时影响人们对未来收入的预期，进而促进或抑制消费的增长，最终导致经济的繁荣或衰退。简而言之，就是指人们资产越多，消费欲越强。财富效应又称实际余额效应。这一概念是C.哈伯勒提出来的，在研究非充分就业的均衡状况的可能途径方面，C.哈伯勒把注意力集中在货币财富上，并指出在价格下降时，这种财富的实际价值会增加。因此货币财富的持有者会通过支出过多的货币，减少他们增加的实际货币余额，从而提高趋向于充分就业的总需求水平。这种价格诱致的财富效应在理论上的正确性，已被各种类型的货币财富所证实。

房地产和股市有明显的财富效应，文章开头已经提到了股市的财富效应，下面就重点看看房地产的财富效应。

房地产和财富有着天生的紧密联系，近年来房地产创造财富的增长势头猛。房地产是我国大力发展的支柱产业，能带动金融、保险、社会资本等一系列相关行业发展，对于个人来说，房地产是很好的投资手段，把钱变为资本，通过置业出租，带来更多收益，达到个人资产的保值增值。

房地产的财富效应是针对有房户来说的。房地产是居民的重要财富，当房地产市场发生波动导致房地产资产价格波动时，人们的财富存量发生变化，从而直接影响人们的收入分配及其差距、消费支出和消费决策，进而影响总需求和经济增长。这就是房地产资产的财富效应。房地产资产的财富效应具体体现在以下三个方面：首先，房地产价格波动直接影响人们出售其房地产资产的收益，从而影响其消费支出。房地产用于投资的比重相对较少，所以房地产财富的不确定性要比股票等金融资产小得多，其财富效应通常也更大。其次，房地产价格波动直接影响人们用其房地产资产作为抵押，进行消费融资和消费信贷的额度。房地产资产的不可分割性、不可移动性、不易灭失、易于管理、管理成本低等特性，决定了它是一种优越的抵押品。房地产资产价格的上涨使其所有者可以进行更高额度的消费融资，从而增加其消费支出。再者，房地产价格上涨比股票价格上涨给消费者带来更高的投资回报率。由于房地产商品价值巨大、不可分割、使用寿命长，因而其购买通常无法完全以自有资金支付，而必须通过按揭贷款等信贷融资方式来进行。这样，消费者只需支付部分房价，就可享有整个房屋资产价值上涨的全部收益。相比较而言，房地产价格上涨能为消费

者带来更高的投资回报率,即房地产价格变化对消费的影响更大,房地产财富具有更大的财富效应。

房地产资产财富效应的发挥受金融市场发达程度的影响。金融市场的发达程度影响居民出售房地产资产的难易程度和利用已有的房地产资产进行消费借贷融资的能力。金融市场发展程度越高,居民出售资产可能就越容易,利用资产进行借贷的能力也可能越强。

## 当大家都想投机时
——泡沫经济

16世纪中期,郁金香从土耳其传入奥地利,然后又逐步传入西欧,很快荷兰凭借其强大的国力和特殊的自然环境,成为郁金香主要栽培国之一。在1630年前后,荷兰人培育的新品种郁金香很快风靡整个欧洲上层社会。物以稀为贵,再加上郁金香自身的魅力,一时间拥有郁金香成为身份和地位的象征,达官贵人们趋之若鹜,争相购买,郁金香成了奢侈品的代名词。此时,郁金香的市场前景似乎一片光明,人们都坚信郁金香会有更大的升值空间,贪婪的人们紧攥着郁金香,巴望这小小的花儿可以给他们带来更大的收益。到1635年,名贵品种郁金香的价格节节攀升,甚至好的一株可以卖到3千克黄金的价格。这时郁金香已经不再是用来欣赏和炫耀那么简单了,而成为投机者用来赚钱的工具。各路资金纷纷流入荷兰,人们争相购买郁金香,然后再倒卖。郁金香的价格被哄抬。1636年10月之后,不管是特殊品种还是普通品种的郁金香,价格都飞涨不已,人们尖叫着、怒吼着、贪婪着,在短短的一个月之间,它的价格翻转了几十倍,空前绝后,泡沫经济已然形成。看来人人都想投机并不是经济繁荣的标志,而是泡沫经济要开始的前兆。

泡沫经济是指经济过热所造成的不正常膨胀,主要表现在房地产和股票方面。两者价格往往先是反常地急剧上涨,到了最后,当其价格已经严重背离实际价值时,必然导致价格突然暴跌,资产猛然收缩,从而带来严重的经济危机。

1637年2月4日,价格已经严重脱离其实际价值的郁金香一夜之间变得像魔鬼一样恐怖。这一天,希望郁金香出手而获得暴利的人们震惊地发现,郁金香的价格急剧下跌,市场几乎在转眼之间就迅速崩溃。那些欠着

第七章 一生劳碌，不如几年投资——投资活动中的经济学

高额债务进行买卖的人，一下子变得一文不名，许多人自杀，社会动荡不安，荷兰整个国家陷入了经济危机。郁金香上演了一次著名的"泡沫事件"。

历史上，泡沫经济的案例还有很多，郁金香事件仅是一个开始，并且大都以房地产和股票为主角。由于泡沫经济的影响面广，危害性大，世界上各个国家，包括经济正在迅速发展的中国，都在研究泡沫经济，探究它的深层机制，并采取种种措施，以便预防或者降低它造成的不利影响，最大限度地维持经济稳定。

近几年来，包括我国在内，全球的房价几乎都在迅速上涨。如何抑制过高的房价，防止楼市泡沫，成为各国共同面对的一大问题。特别是在各国楼市中出现的一些新情况，更是敲响了警钟。比如，2007年8月的一份数据统计表明，俄罗斯房价上涨，而其居民的住房购买力持续下降；英国、印度的房地产价格持续快速上扬，尤其是在印度，有越来越多的海外资金加入到印度的"炒房"中来。面对这样的市场形势，各国不得不采取措施，以防止房产泡沫。以韩国为例，针对近几年房地产市场迅速升温，韩国政府就明显出现泡沫迹象的形势采取了一系列措施：对房地产加大税收力度，政府对居民拥有的第二套以上的住宅征收重税，将转让第二套以上住宅的交易税从9%~36%提高到50%，此举有效地抑制了住宅投机；韩国政府还将对非土地所有者自住的土地交易征收交易税，税额达到60%，此举有效抑制了土地倒卖的情况；等等。这些举措对房产泡沫产生了有力的遏制，并为其他国家提供了良好的借鉴作用。

目前，经济泡沫已经成为我们经济生活的一部分，我们需要认识它，了解它，让自己时刻保持清醒的头脑，及时地采取有效措施，避免成为泡沫下的牺牲品。

## 航空公司亏损运营的秘密
### ——沉没成本

一般在淡季，国内的很多航空公司都处于亏损状态，但是你却发现它们依然在运行，为什么呢？因为航空公司大部分的成本用于购买飞机、建设飞机场等硬件设施，每次飞行所带来的成本是很小的。而这些硬件设施一旦投入就无法挽回，即使你说现在不飞了，那也没有办法使已有的投资

收回，所以对于航空公司来说，继续飞行是最优的策略。而航空公司购买飞机、建设飞机场等硬件设施造成的成本就属于沉没成本。

沉没成本是指由过去的决策导致的，不能由现在或将来的任何决策所改变的成本。经济学家认为，理性的经济人在做接下来的决策时应该根据未来的投入与产出，而不会去考虑沉没成本。成本一旦沉没，就不再是机会成本。沉没成本具有无关性，即不管企业如何对之做出决策，都难以改变。所以应对沉没成本，最合理的方法就是管理者在继续做出各种决策时，不再考虑沉没成本。当然，话说回来，一个企业无论如何都应该尽力减少沉没成本，这需要管理者首先努力避免失误的决策，能从企业、市场的诸多方面对项目做出准确判断。管理者也应该认识到，在复杂的市场当中，投资决策的失误是难以避免的，一旦出现，则需要避免将错就错、一错到底，这才是真正考验管理水准的时候。另外，通过合资或契约，采用非市场的管理结构等，对减少沉没成本都是十分有利的。

在日常生活中，沉没成本最典型的一个例子就是"丢票现象"。比如，假设你非常想去听一场演讲，但是在进场前，你却丢了用10元买的入场券。很明显，此刻这10元已经成了沉没成本，覆水难收了。该如何应对呢？从经济学上分析，既然"非常想看"，就说明这场演讲对你而言价值大于10元，值得买票。这时你应该马上再买一张票，这样一来听演讲的利益仍然大于机会成本（你所付第二张票的10元）。无论如何，不要再为10元的沉没成本懊恼。当然，话说回来，如果你买完第一张票后发现这场演讲对你来说意义不大（其价值小于10元），那你肯定不会再去第二次买票的。

上面这个例子的做法就是不再理会沉没成本，这也正是大多数经济学家的建议。因为，不管沉没的是什么，有多少，对未来而言，它都是没有意义的。彻底放弃那些对现在而言沉没的东西、没有用的东西，才是最明智的选择，才是智慧的体现。就个人的发展而言，一个人在成长奋斗过程中，不可避免地会走一些弯路，这并不可怕，可怕的是走了弯路后还不知悔改，继续一错再错。只要能及时发现错误，纠正方向，那么走些弯路也没什么。企业经营也是如此，沉没成本既然已经发生了，就不要再深究了，当务之急便是及早舍弃。该舍则舍，只有做到这样，才能获得成功，争取一个更美好的未来。

第七章 一生劳碌，不如几年投资——投资活动中的经济学

 "不要用买古董的心态去买房子"
——胜者的诅咒

一件古董究竟值多少钱，对于不同的人来说是不一样的，有人就是非常喜欢这一系列的物品，他就愿意出那么多的钱，哪怕是远远超出了其实际的价值，他也愿意花高价去拥有它。但是，房子不同于古董，房子没有喜欢与不喜欢而言，它是一个用来居住的场所，只要住着舒服就行，价值是基本固定的，对不同人而言，没有太大的差异。如果在购买房子的过程中，以买古董的心态去购买，那你就会亏本。在这种情况下就会出现胜者的诅咒。

胜者的诅咒是指在拍卖的过程中最终的获胜者，可能由于对标的价值的评价太过于乐观，从而支付的价格超过其实际价值，也就是说虽然在拍卖中获胜，但却做了亏本的买卖。

1996年5月，美国联邦通讯委员会（Federal Communications Commission，FCC）决定拍卖一部分由蜂窝电话、个人数字化助手以及其他通信工具所使用的无线频谱。在这次拍卖的过程中，胜者的诅咒得到了完美的体现。由于这些频谱的价值非常不确定，人们对于运营后到底能够带来多少收入只能靠自己的判断和预期。但它的确是实实在在的共同价值拍卖，谁要是出价过高就会导致最终的亏损。在这次拍卖中，最大的投标人Next Wave个人通讯公司出价42亿美元一举拿下63个经营许可证，可谓是本次拍卖的最大赢家。可是它真的是赢家吗？1998年1月，Next Wave发现自己已经入不敷出，经营困难，只好申请破产保护。此后他手中拍卖得来的牌照由于没足够的钱付款，大多又被FCC收了回去。

胜者的诅咒更多的还是出现在并购案例里。有研究表明：大部分兼并收购并没有能够使股东长期获益。公司的估值和收购价格贴水往往都被定得过高，从而使得各项预定的并购指标无法在交易完成后得以实现。

20世纪八九十年代，日本人很有钱，到全球各地去收购别人的资产。1988年，三菱以14亿美元买下洛克菲勒中心，结果大亏880亿日元；1990年，松下以61亿美元的价格买下环球电影公司，之后也贱卖给希格拉姆公司；1989年，索尼买下哥伦比亚电影公司，结果亏损达34亿美元。还有对Guidant公司争夺的竞价收购战也将胜者的诅咒表现得淋漓尽致。

Guidant 是一家制造心脏医疗设备的公司。2004 年年底,强生公司发出每股 68 美元的收购要约,这个价格较市场价格溢价不多。2005 年年初,媒体曝光 Guidant 生产的心脏起搏器存在问题,强生遂放弃了每股 63 美元的二次报价。2005 年年底,Boston Scientific 公司对 Guidant 发出了每股 72 美元的要约,仅两天后,Boston Scientific 为了敲定交易,再次提高了报价——每股 80 美元,并附加一份交易不可撤销的协议。然而,就在交易完成后不久,Guidant 的更多产品被召回,随后 Boston Scientific 的股价跌去了一半。

那究竟要怎样才能最大限度地避免胜者的诅咒呢?在竞拍中,对每个竞拍者来说,最安全的策略是假设自己对拍品的价值估价过高,然后将自己的竞价适当降低。如果竞拍者真的对拍品估价过高了,这个策略会让自己以更接近拍品实际价值的价格竞拍。如果竞拍者没有对拍品估价过高,那么适当降低自己的竞价会让赢得竞拍的可能性降低,但同时冒一定的风险去避免胜者的诅咒也是值得的。对于并购事件而言,当有竞购对手参与进来后,你就应该考虑到需要退出的问题,不要横冲直撞。这时候你可以构建一个计算收购价格的函数,这个函数能为你算出诸多目标公司的一系列"最高价"。由于"最高价"很可能会高于目标公司的真实价值,所以这种方法不保证你能够告别"诅咒",但它起码能让你避免狂热的连续加码,而将"诅咒"对你造成的危害降到最小。

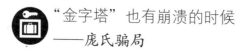

## "金字塔"也有崩溃的时候
### ——庞氏骗局

如果你拆东墙补西墙,那么再坚固的金字塔也会有崩溃的时候;如果你借新债,还老债,安排得再好,也有破产的一天。这就是庞兹,虽然思维严密,安排合理,但其终究因为庞氏骗局而受到了法律的制裁。

庞氏骗局是一种古老而又常见的投资诈骗,这种骗术是由投机商查尔斯·庞兹"发明"的。它一般是以高资金回报率为许诺来骗取投资者投资,再用后来的投资者的投资去偿付前期投资者。目前全世界范围内,每年仍然会有很多投资者因庞氏骗局而倾家荡产。

查尔斯·庞兹是一个意大利人,1903 年移民到美国。他在美国干过各种工作,曾经还因为走私,在加拿大蹲过一段时间监狱。后来他发现赚大

## 第七章 一生劳碌，不如几年投资——投资活动中的经济学

钱最快的方法就是搞金融，于是在1919年来到了波士顿，并刻意隐瞒了自己的过去。他设计了一个投资计划，向美国大众兜售其发财方法，宣称只要购买欧洲的某种邮票再到美国来卖就会赚大钱，并且故意把这种交易弄得非常复杂。这样还不足以吸引大量的投资，于是他又宣布凡是投资的人在45天之内都可以获得50%的回报，并且确实兑现了。第一批投资者的确得到了50%的收益率。此后一年的时间里差不多有4万波士顿市民，疯狂地对庞兹进行投资，那些投资者大多是怀揣发财梦的穷人。庞兹很快住上了20个房间的别墅，买了100多套昂贵的西装，还给情人买了无数的首饰，摇身一变成了顶级富翁。然而，纸是包不住火的，当他无法募集到更多的钱给以前的投资者作为回报时，他的骗局破产了，无数人的财产就这样顷刻间灰飞烟灭。庞兹被判了五年的刑期，历史上也出现了专门以其名字命名的骗术——庞氏骗局。

自庞兹以后，不到100年的时间里，各种各样的庞氏骗局在世界各地层出不穷。在中国改革开放的过程中，改头换面的"庞氏骗局"也大量进入中国。在20世纪80年代，我国南方地区曾经出现一种"老鼠会"，就是庞氏骗局的翻版。而更令人熟知的庞氏骗局改进版，就是各种各样的传销。一些在中国发生的非法集资案，大多也都是庞氏骗局的再现。某些突然暴富的中国商业奇迹，例如此前被拆穿的浙江女富豪吴英，其发财手段也是庞氏骗局的再现。2007年蚁力神事件，也是类似的骗局，利用新加入的购买设备和蚂蚁种的钱来支付之前的投资者。其他如万里大造林，事实上也是这一古老骗局的更新版，只不过庞氏骗局45天回报周期，被万里大造林改为8年。还有向农民推销某种奇怪的农产品或养殖产品，然后许诺高价回收，都属于此类骗局。

由于庞氏骗局并不高明，受骗的大都是社会底层民众，涉及的范围会比较大。在中国如此，在美国，在世界其他地方也是如此。现代社会在金钱欲望的引导下，越是违背常理的赚钱神话，越是容易使人相信。这也常常使人无奈。对于某些人来说，吃亏上当并不会吃一堑长一智，前车之鉴也没有任何作用，自然也就会出现一批又一批的受害者。要想真正减少庞氏骗局的受害者，只能靠人们提高警惕，而关键在于不要贪心，不要以为天上会掉馅饼，不要相信那些轻易就能赚大钱的鬼话。坚信自己劳动才能创造财富，杜绝一切贪念，否则庞氏骗局的受害者还会前仆后继地出现。

## 大厦的倒塌，可能是因为一声咳嗽
### ——黑天鹅效应

在澳大利亚被发现之前，生活在17世纪欧洲的人们都相信一件事——所有的天鹅都是白色的。因为当时所能见到的天鹅的确都是白色的，所以根据经验主义，那简直就是一个真理，至少可以算是一个公理吧。那么，见到黑色天鹅的概率是多少呢？根本无法计算，也没有人想过要计算。直到1697年，探险家在澳大利亚发现了黑天鹅，人们才知道以前的结论是片面的——并非所有的天鹅都是白色的。见到第一只黑天鹅，对于鸟类学者而言或许是个很有意思的惊喜，但这并不是发现黑天鹅这一事件的重要意义之所在。这是一个证明，证明了我们的认知是多么具有局限性——虽然你是在观察了几百万只天鹅之后才得出了"所有的天鹅都是白色的"结论，但只需要另一个发现就能将它彻底推翻。

不可预测的重大事件之所以会发生，是因为人们都不知道它会发生，但是一旦发生了就具有很大的影响力。这就是黑天鹅效应。黑天鹅预示着不可预测的重大稀有事件，它在意料之外，却又改变一切，但人们总是对其视而不见，并在事后根据自己有限的经验来试图解释这些重大事件。

黑天鹅的逻辑是：你不知道的事比你知道的事更有意义。在人类社会发展的进程中，对我们的历史和社会产生重大影响的，通常都不是我们已知或可以预见的东西。几乎一切重要的事情都逃不过黑天鹅的影响，而现代世界正是被黑天鹅所左右的。从次贷危机到东南亚海啸，从"9·11"事件到"泰坦尼克号"的沉没，从南方的巨大雪灾到汶川的特大地震，黑天鹅存在于各个领域，无论金融市场、商业、经济还是个人生活，都逃不过它的控制。其实，我们每一天都被黑天鹅环绕着，即使你足不出户，要认识到黑天鹅事件的影响力也并不难。只要审视一下你自己的生存环境，数一数自你出生以来，周围发生的重大事件、技术变革和发明，它们有多少在你预料之中？看看你自己的生活，你的职业选择，与爱人的邂逅，朋友的背叛，暴富或潦倒，股市大涨或崩盘……这些事有多少是按照计划发生的？

那在这样一个起伏不定的世界里，我们究竟要怎么样才能站住脚呢？对付黑天鹅最好的办法，就是把自己变成一只黑天鹅。环境这个海浪一

第七章 一生劳碌，不如几年投资——投资活动中的经济学

起，自己这个系统就向上变；环境这个海浪一落，自己这一系统就向下变。达尔文把这种信息化方式称为适者生存。他没说大者生存，或强者生存，做大做强的"泰坦尼克号"不去"适应"，就叫海浪吞了，还不如一只能适应变化的小海鸥。适，就是指海鸥贴大海的贴紧度。德鲁克认为，信息时代所有企业的死因，都是不适应环境变化，也是这个意思。因此，只有做到了融入环境，你才能真正地适应环境，很好地生存下来，即使再大的风浪也能应对自如。

黑天鹅效应

# 第八章 国强家方富

——解读宏观经济指标，判断宏观经济走势

 国家对经济的调节和控制
——宏观调控

日益庞大的经济体系难免会出现一些运转不正常的现象，当这种不正常现象扩大化，就会影响人们的生活，影响整个经济体系的发展。这时候，就需要国家对经济进行调节和控制，进而改善市场结果，实现经济全面发展。美国著名经济学家 N. 格雷戈里·曼昆说过，政府在一定时候可以改善市场结果。

国家对经济的调节和控制，简单地说就是宏观调控。宏观调控指国家对国民经济总量进行调节与控制，是社会主义国家管理经济的重要职能。宏观调控的主要任务是：保持经济总量平衡，抑制通货膨胀，促进重大经济结构优化，实现经济稳定增长。调控的主要手段包括价格、税收、信贷、汇率等。宏观调控对我们来说并不陌生，近年来很多经济问题之所以能够很快地得到解决，都是因为政府的宏观调控。

棉价上涨，纱价不涨，曾让棉纺企业苦不堪言，上升的原料成本只能自己消化。近年来，棉纱价格大幅飙升也并没有让企业喜笑颜开，棉价依然在高位运行，拿钱买不到好棉花，有订单，没原料，企业心急如焚，有的企业甚至不时停工等"米"下锅。棉价波动大、棉花出疆难、进口配额不足……这些问题困扰着企业，也让企业对国家的调控充满了期待。

这时候，国家宏观调控的部门果断出击，发现问题所在，并采取措施进一步解决棉纺企业用棉难问题。

一是储备棉的投放。从2009年5月22日开始到2009年年底，国家有关部门总共抛储200多万吨棉花。特别是在新棉上市后，投放了110多万

第八章　国强家方富——解读宏观经济指标，判断宏观经济走势

吨，应该说在改革开放以后，棉花市场调控从来没有过这么大规模的投放。

二是配额的发放。一般情况下，1%的关税配额都是年底发放，增发部分要到第二年的二、三月。但是考虑到市场供应比较紧张的情况，在2009年12月初，国家有关部门就开始着手研究这个问题，在2009年年底的时候把1%的关税配额和部分增发配额都一起发了，一次性发放190多万吨，这在历史上是没有过的。

政府这个宏观调控的实施者，通过这些措施在很大程度上缓解了棉花短缺的局面，保障市场供应，稳定市场。

从经济学角度讲，宏观调控就是宏观经济政策，也就是说政府在一定时候可以改善市场结果。市场本身就是一只"看不见的手"，那么为什么经济还需要政府的调控呢？因为市场这只手再大，也始终不能离开政府的保护。只有有了政府宏观经济政策的保障，市场才能有效运行。从另一方面讲，市场虽然是经济活动的主要组织方式，但是也会出现一些市场本身不能有效配置资源的情况，经济学家将其称为"市场失灵"。当然，政府有时可以改善市场结果并不是说它总是能够调控市场。那什么时候能够调控，什么时候不能呢？这就需要人们利用宏观调控的经济学原理来判断什么样的政府政策在什么情况下能够促进经济的良性循环，形成有效、公正的经济体系，而什么时候宏观调控又无法实现既定目标了。

 政府对经济进行全面干预
　　——凯恩斯主义

凯恩斯主义经济学或凯恩斯主义是在凯恩斯的著作《就业、利息和货币通论》（1936年）的思想基础上形成的经济理论，主张国家采用扩张性的经济政策，通过增加需求促进经济增长。凯恩斯的经济理论认为，宏观的经济趋向会制约个人的特定行为。18世纪晚期以来的"政治经济学"或者"经济学"建立在不断发展生产从而增加经济产出这一理论上，而凯恩斯则认为对商品总需求的减少是经济衰退的主要原因。

20世纪30年代的大危机无论在西方经济史还是在经济学说史上都是一个重大的转折。长期处于支配地位的经济自由主义由此退潮，经济学家纷纷转变立场，鼓吹政府干预。大危机以后，早在1926年就发表了《自

由放任主义的终结》的英国经济学家凯恩斯，在"罗斯福新政"的背景下，于1936年出版了《就业、利息和货币通论》一书，批判传统理论，系统提出了国家干预经济的理论和政策，并立即在西方世界产生了巨大影响，被称为"凯恩斯革命"。

凯恩斯提出了经济发展中的三大心理现象，即边际消费倾向递减、资本边际效率递减和流动偏好。当比尔月收入为100美元时，收入全部用于个人消费。当他的月收入增加到200美元时，180美元用于消费，20美元用于储蓄。当他的月收入增加到300美元时，240美元用于个人消费，60美元用于储蓄。当他的月收入增加到400美元时，280美元用于个人消费，120美元用于储蓄。可以看出，比尔的收入每增加100美元时，其个人生活消费金额的增加额分别为80美元、60美元、40美元。每一收入增量中消费增量所占的比重，凯恩斯把它称作边际消费倾向。凯恩斯认为人们的边际消费倾向是递减的。制鞋厂老板比特预测，投资100万美元时，利润率为20%；投资200万美元时，利润率为10%；投资为300万美元时，利润率为2%。资本家使用资本的预期利润率，凯恩斯称作资本边际效率。凯恩斯认为，在现实生活中存在着资本边际效率递减的问题。例如，比特为了生活资料的便利，为了应付以后的不时之需，为了便于在股票市场上适时购买股票，希望手中持有一定数量的现金。比特为了购买生存资料的方便，为了能够抓住事先可以预料或未能预料的有利时机，也希望手中持有一定数量的现金。凯恩斯把人们出于现期交易避免未来的不确定性而蒙受损失以及想从中取利等因素产生的货币需求，称作流动偏好。

凯恩斯认为，由于现实中存在边际消费倾向递减、资本边际效率递减和流动偏好，所以随着社会的发展必然会出现有效需求不足的问题。有效需求不足使企业生产出的东西卖不出去，企业停产甚至破产，最终导致资本主义经济危机的爆发，造成工人失业。此时，靠市场自身是无法恢复的，需要通过政府干预来扩大有效需求。这种干预被称为"需求管理"。凯恩斯特别强调的是运用财政政策，而且是赤字财政政策来干预经济。由此，凯恩斯否定了传统的国家不干预政策，力主扩大政府机能，通过政府干预来弥补有效需求的不足，实现充分就业。

"凯恩斯革命"为政府的反危机措施提供了理论根据，标志着国家干预主义的兴起。在这种情况下，凯恩斯理论遂成为各国政府推行经济政策的指导思想，在凯恩斯理论的基础上进一步扩充、发展起来的凯恩斯主义

第八章 国强家方富——解读宏观经济指标，判断宏观经济走势

经济学也成为宏观经济学的标准理论，凯恩斯主义按照"逆经济风向行事"和"相机抉择"的原则、运用财政政策和货币政策进行"需求管理"的方式亦成为政府宏观调控的基本方式。凯恩斯主义在治理经济萧条上体现出了其他思想没有可行性。

但是，凯恩斯主义不是屡试不爽的真理。国家对经济的过度干预，压制了市场自身的调节作用，忽视了市场经济规律。这就导致了资本主义世界在1973年愈演愈烈的滞涨现象，出现经济停滞与通货膨胀并存的局面。治理经济停滞与治理通货膨胀的手段恰恰相反，所以，治理其中一个必然导致另一现象更加严重。一直被奉为经典的凯恩斯主义也受到了前所未有的挑战。为应对经济滞涨，资本主义国家开始减少国家对经济的干预，但其影响仍然存在。

因而，我们需要辩证地看待凯恩斯主义，需要有选择性地运用。

衡量大国的尺子
——GDP

中国为什么能成为大国呢？究竟是什么指标代表了中国的大国地位？就是GDP。中国的GDP在世界上排名第二，因而大家都认为中国崛起了，成为大国，中国受到了发达国家的关注。

GDP是gross domestic product的缩写，也就是国内生产总值，是指一定时期内，一个国家或地区的经济中所生产的全部最终产品和提供服务的市场价值总值。GDP是用来衡量一个国家和地区的经济发展水平的重要指标。

一国的GDP大幅增长，反映出该国经济发展蓬勃，国民收入增加，消费能力也随之增强。在这种情况下，该国中央银行将有可能提高利率，紧缩货币供应，国家经济表现良好及利率的上升会增加该国货币的吸引力。反过来说，如果一国的GDP出现负增长，显示该国经济处于衰退状态，消费能力减低。这时，该国中央银行将可能减息以刺激经济再度增长，利率下降加上经济表现不振，该国货币的吸引力也就随之降低了。因此，一般来说，高经济增长率会推动本国货币汇率的上涨，而低经济增长率则会造成该国货币汇率下跌。例如，1995—1999年，美国GDP的年平均增长率为4.1%，而欧元区11国中除爱尔兰（9.0%）较高外，法国、德国、意

大利等主要国家的GDP增长率分别仅为2.2%、1.5%和1.2%,大大低于美国的水平。这促使欧元自1999年1月1日启动以来,对美元汇率一路下滑,在不到两年的时间里贬值了30%。

国内生产总值通常用来跟去年同期作比较,如增加,则代表经济增长较快,有利于其货币升值;如减少,则表示经济增长放缓,其货币便有贬值的压力。以美国来说,国内生产总值能有3%的增长,便是理想水平,表明经济发展是健康的,高于此水平表示有通胀压力;低于1.5%的增长,就显示经济增长放缓和有步入衰退的迹象。

近年来,随着中国经济的快速发展,中国的GDP基本上保持了30年每年10%的增长速度,不能不让世界惊叹。1970年,中国的GDP只有272亿美元,甚至不如小小的荷兰和瑞典,但是自2000年以来,中国GDP全球排名节节攀升:2003年时,位列全球第7,而在之后的8年间,中国先后超越意大利、英国、法国、德国,到2010年,中国GDP超越日本4000亿美元,成为世界上第二大经济体。但是我们必须清醒地看到,截至2014年中国人均GDP世界排名84,跟发达国家之间还存在很大的差距,这种差距恰恰是反映老百姓生活质量的指标之一。高收入国家的居民比低收入国家的居民拥有更好的电视机、汽车以及更好的医疗保健体系等。当然这并不是说低收入国家居民的生活水平就很差,只是在两者比较中高收入国家更有优势。

衡量大国的尺子——GDP

因而,我们的GDP总量让我们成为大国,但是我们的人均GDP仍表明了我们还不是高收入国家,还需要继续努力,进一步提高人民的生活水平,成为名副其实的大国、强国。

### 真正属于自己的价值——GNP

GNP就是国民生产总值(gross national product)的简称,是指在一定时间里,不管一个国家的生产要素流入哪个国家,只要它们仍然为该国的个人或法人所有，那么用这些要素生产出来的最终产品或劳务价值就称为该国的国民生产总值。

GDP 和 GNP 作为国民收入核算的两个指标，反映了统计上的两种原则。

GNP 是与所谓国民原则联系在一起的。按照这一原则，凡是本国国民（包括本国公民以及常驻外国但未加入外国国籍的居民）所创造的收入，不管生产要素是否在国内，都被计入本国的 GNP，而外国公司在该国子公司的利润收入则不应被计入该国的 GNP。例如，诺基亚在中国的分公司所获得利润就要计入芬兰的 GNP，而不能计入中国的 GNP；联想在美国的公司所获得的利润会计入中国的 GNP，而不会计入美国的 GNP。这里强调的一国的国民，就是有着本国国籍的人，无论他身在何地，所创造的价值都计入本国的 GNP。

GDP 是与所谓国土原则联系在一起的。按照这一原则，凡是在本国领土上创造的收入，不管是不是本国国民所创造的，都被计入本国的 GDP。特别是，外国公司在某一国子公司的利润都应计入该国的 GDP。而该国企业在外国子公司的利润就不应被计入。上面的例子中，诺基亚在中国的分公司所获得利润就要计入中国的 GDP，而不能计入芬兰的 GDP；联想在美国的公司所获得利润就会计入美国的 GDP，而不会计入中国的 GDP。这里强调的是地域的概念，只要是在本国领土上创造的收入，无论他是哪国人，所创造的价值都计入本国的 GDP。

根据以上说明，GNP 与 GDP 的关系式为：

GDP = GNP +（外资生产总值 − 本国国民在外国的生产总值）

如果一个国家在国外有大量投资和大批劳工，则该国的国民生产总值往往会大于国内生产总值。比方说，日本在海外有大量的投资，那么，它的 GNP 就比 GDP 数字要大。在 2001 年度，日本的 GNP 比 GDP 高 8.5 万亿日元（大约折合 800 亿美元），相当于日本 GDP 的 2.5 个百分点。换句话说，即使是日本国内经济增长率为零，但是有来自国外的这 800 亿美元的投资净收入，也可以保证其 GNP 增长 2.5% 左右。还有，比如菲律宾有大量的菲律宾妇女在海外充当佣人（简称"菲佣"），她们每年汇往菲律宾的外汇收入高达 100 亿美元，这样菲律宾的 GNP 肯定比 GDP 要高。

GDP 和 GNP 都是国民收入的指标，究竟哪一个更能真实地反映一国国民的生活水平呢？当然是 GNP 了。GNP 是本国国民生产的总产值，当然比

GDP反映得要真实一些。外资在该国的产值再大，也不是该国的。只有GNP才是真正属于我们自己的价值。

但是，目前国际上用得比较多的还是GDP，主要是因为GDP更容易计量，于是世界上各国基本都用GDP作为衡量经济发展的指标。

 物价是涨了还是跌了
——CPI

我们经常会听见有人说，"最近的物价又涨了""什么时候物价才能跌啊"，那究竟这个价是涨还是跌，怎么来判定？是根据市面上某种商品的价格涨跌，比如根据我们常吃的大白菜的价格来定的吗？显然不是，而是根据消费者物价指数（consumer price index，CPI）来确定的。

消费者物价指数是反映与居民生活息息相关的商品及劳务价格变动的一种经济指标，通常作为判断通货膨胀水平的依据，以百分比变化为表达形式。CPI指数是由一篮子商品的价格决定的，这些商品一般都和居民的生活息息相关，也是选取一篮子商品的标准。比如我国的CPI篮子中肉禽制品的比重就高达8%，因此肉类价格的涨跌对CPI有很强的引领作用。

消费者物价指数关系到民生，牵涉我们普通老百姓的切身利益，它的一举一动，既会影响政府的决策，也会影响我们的支出和实际收入，我们时刻都受到它的影响，只不过有时我们并没有察觉到，而另外一些时候我们的感觉却非常强烈。

物价的涨跌，是市场经济中的家常便饭，然而往往只有当问题变得严重时才会引起人们的关注。当预期向好时，人们沉浸在乐观的情绪之中，经济一派繁荣。然而，问题在悄悄积结，最后量变引发质变，在触发因素的影响下问题爆发，人们的预期恶化，经济随即进入下行轨道。CPI就在这样的经济周期中起伏，它是经济表情的忠实记录者。政府一般都会关注CPI水平，因为它是判断通货膨胀水平的常用依据。一般说来，当CPI＞3%的增幅时，我们称为通货膨胀；而当CPI＞5%的增幅时，我们称为严重的通货膨胀。如果消费者物价指数升幅过大，表明通胀已经成为经济不稳定因素，央行会有紧缩货币政策和财政政策的风险，从而造成经济前景不明朗。因此，该指数过高的升幅往往不受市场欢迎。例如，从2014年4月至2015年1月，消费者物价指数上升了2.6%，表示生活成本比10个月

第八章　国强家方富——解读宏观经济指标，判断宏观经济走势

前平均上升 2.6%。当生活成本提高，你的金钱价值便随之下降。也就是说，2014 年 4 月收取的一张 100 元纸币，在 2015 年 1 月只可以买到 10 个月前价值 97.40 元的商品或服务。

CPI 的连续上涨，让人们感到很大的压力。人们感到的压力并不仅仅在于日常消费品的本身，更在于货币的加速贬值和资产价格的持续上升。医疗、住房、教育的价格高涨，使大家的实际收入迅速降低；CPI 的高涨，使大家存在银行的那点"养命钱"迅速贬值。

CPI 的变化还会对股市产生一定的影响。CPI 增幅过大，会导致通货膨胀，而央行为了抑制通胀，会采取加息等紧缩策略，继而导致股市流动资金减少，而减小股票的买盘。根据供求关系，股票买盘小的情况下其价格就会下跌。反之，如果 CPI 降低，则股市走热，股票上涨。

因而，我们需要关注 CPI 数据，一方面，可以更加了解经济形势，掌握货币政策和财政政策的走向；另一方面，可以更加合理地配置我们的消费与储蓄，更加合理地安排我们的生活。

 富人的天堂和穷人的地狱
　　——基尼系数

杜甫的名句"朱门酒肉臭，路有冻死骨"是对贫富差距的形象描写。确实，现实中富人和穷人的差距非常大。富人在天堂中享受，穷人在地狱里受折磨。他们之间永远都存在着差异，就如同世界各国之间贫富不均一般，在经济学上这种差异就用基尼系数来体现。

基尼系数是由意大利经济学家基尼于 1912 年提出的，是用来定量测量一国居民收入分配是否平均的重要指标。数值越大表明收入分配越不平均，越小表明收入分配越平均。0.4 是一个公认的贫富差距警戒线，大于这一数值容易出现社会动荡。我国目前的基尼系数在 0.465 左右，显然我国离社会收入公平还有一定的差距。

基尼系数的经济含义是：在全部居民收入中，用于进行不平均分配的那部分收入占总收入的百分比。基尼系数最大为"1"，最小为"0"。前者表示居民之间的收入分配绝对不平均，即 100% 的收入被一个单位的人全部占有了；而后者则表示居民之间的收入分配绝对平均，即人与人之间收入完全平等，没有任何差异。但这两种情况只是在理论上的绝对化形式，

在实际生活中一般不会出现。因此,基尼系数的实际数值只能介于 0～1 之间。

按照联合国有关组织规定,基尼系数若低于 0.2 则表示收入绝对平均;0.2～0.3 表示比较平均;0.3～0.4 表示相对合理;0.4～0.5 表示收入差距较大;0.6 以上表示收入差距悬殊。

目前,在我国收入平均问题还是一个不可忽视的问题,需要引起各方的关注。究竟有什么方法能保障公平呢?

首先,可以运用财政上的税收工具。税收是财富再分配的重要工具。比如个人所得税,如果针对高收入人群征收更高的税收,而对低收入者少征或者不征税,就可以在一定程度上缓解收入分配不公。

其次,要注意对农民的保护。中国是一个小农经济的国家,由于农村人口众多,所以大部分地区是以一种精耕细作的模式进行生产,这就注定了农民不可能获得很高的收入。而且伴随着城市的发展,城乡差距越来越大,中国为了城市的稳定,还一直实行着城乡二元户籍制度,某种程度上阻止了农民分享城市化进程所带来的好处。所以取消农业税的征收,加大对农民的补助,逐步改变农村当前面貌,是减少我国贫富差距的重要一环。

此外,政府还必须坚决打击不合法收入。中国在快速发展中,很多制度还不健全,这就给很多不法商人以漏洞可钻。而且很多官员拥有灰色收入和腐败收入,官商勾结,这也是贫富悬殊的重要原因。所以加强制度建设,加大非法收入的打击力度,对消除贫富差距具有重要意义。

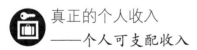

## 真正的个人收入
## ——个人可支配收入

个人收入作为一项经济指标,是指个人从各种途径所获得的收入的总和。但是,是不是所有的收入都能用于消费或者储蓄呢?答案显然是否定的,当你取得收入后,你还需要缴纳各种税收、费用,因此你真正能用于支配的是扣除税收及相关费用后的所剩收入,也就是个人可支配收入。

个人可支配收入指个人收入扣除向政府缴纳的个人所得税、遗产税和赠与税、不动产税、人头税、汽车使用税以及交给政府的非商业性费用等以后的余额。个人可支配收入被认为是消费开支的最重要的决定性因素,

第八章 国强家方富——解读宏观经济指标，判断宏观经济走势

因而常被用来衡量一国生活水平的变化情况。这个数字比单纯的个人收入更有价值，它代表的是每个人可用于消费支出或者用来储蓄的货币金额，能够很好地反映消费者的财务健康状况，对国民经济的方方面面都会产生巨大的影响。

我们通常提到的收入水平一般都是指个人收入，是没有剔除相关税收和费用的毛收入。现在，我们经常把个人可支配收入用到城镇居民可支配的收入中，而农村居民一般采用的是纯收入。为了更好地理解个人可支配收入的概念，我们就来认识一下两者的区别。

目前，国家统计局规定的农民纯收入指标，是指农村居民家庭全年总收入中，扣除从事生产和非生产经营费用支出、缴纳税款和上交承包集体任务金额以后剩余的，可直接用于进行生产性或非生产性建设投资、生活消费和积蓄的那一部分收入。它是反映农民家庭实际收入水平的综合性的主要指标。农村居民家庭纯收入包括从事生产和非生产性的经营收入，取自在外人口寄回带回和国家财政救济、各种补贴等非经营性收入；既包括货币收入，又包括自产自用的实物收入，但不包括向银行、信用社和向亲友借入等属于借贷性的收入。而城镇居民家庭可支配收入是指被调查的城镇居民家庭在支付个人所得税、财产税及其他经常性转移支出后所余下的实际收入。

农民纯收入和城镇居民家庭可支配收入的区别在于以下几个方面。

从指标的含义上看，城镇居民可支配收入是指城镇居民的实际收入中能用于安排日常生活的收入。它是用以衡量城市居民收入水平和生活水平的最重要和最常用的指标。而农民纯收入，则是指农民的总收入扣除相应的各项费用性支出后，归农民所有的收入。这个指标是用来观察农民实际收入水平和农民扩大再生产及改善生活的能力。

从形态构成上看，城镇居民可支配收入只有一种形态，即价值形态。它只是反映城镇居民的现金收入情况。而农民纯收入的实际形态有两种：一种是价值形态；另一种是实物形态，主要是指农民自留的粮食、食油、蔬菜、肉禽蛋等。它不但反映了农民的现金收入情况，也反映了农民的实物收入情况。

从可支配的内容看，城镇居民可支配收入是全部用于安排日常生活的收入。而农民纯收入除了用作生活消费，其中有相当一部分要留作追加的生产费基金，用于农民的生产和扩大再生产。

另外，从两者所反映的实际收入的角度看，农民纯收入基本上反映了农民收入的真实水平。而城镇居民可支配收入中没有包括城市居民在医疗、住房等方面间接得到的福利性收入部分。因此，在运用上述两项指标进行城乡居民收入对比时，要充分考虑两者的区别，全面正确地加以分析。

总之，个人可支配收入就是你实际可以用的，可以随心所欲地消费或者储蓄的收入。

## 诠释自己的幸福
## ——幸福指数

世界上每个人无时无刻不在追求着幸福，但是究竟怎样才能算得上幸福呢？幸福能衡量吗？可以，幸福指数就是为了诠释我们自己的幸福而存在的。

幸福指数（gross national happiness，GNH）是我国近年来列入的一项经济指标，全称是"国民幸福总值"，也可以称作"国民幸福指数"。幸福指数把主观幸福感作为一项指标，是反映民众主观生活质量的核心，是衡量人们幸福感的一种指数，也是制定发展规划和社会政策的一种重要参考指数。

你的幸福指数究竟可以怎样衡量呢？我们来做个小测试，看看你的幸福指数有多高。

如果你误闯一家黑店，老板端出五杯饮料，告诉你只有一杯没毒，剩下的四杯是有毒的，你直觉哪一杯不会被下毒？

A. 刚挤出来的鲜牛奶
B. 刚泡的老人乌龙茶
C. 浓浓的美式热咖啡
D. 热腾腾的珍珠奶茶
E. 一杯纯净的白开水

■ 解析：

选A：属于"煞到对方很甘愿型"，目前的幸福指数55%。这类型的人很单纯也很善良，他只要喜欢上对方就会觉得自己超幸福。

选B：属于"你侬我侬分不开型"，目前的幸福指数80%。这类型的

第八章 国强家方富——解读宏观经济指标，判断宏观经济走势

人，幸福的定义就是跟自己最爱的小孩在一起，这种感觉很窝心，他目前的心境是非常成熟的，不管是工作还是日常生活，他都能很平静地享受。

选C：属于"欢喜冤家捶心肝型"，目前的幸福指数40%。这类型的人非常的自我，可是他和对方彼此很相爱，虽然常常会拌嘴斗嘴，不过心底彼此的分量还是很重的。

选D：属于"只羡鸳鸯不羡仙型"，目前的幸福指数99%。这类型的人和另一半在一起已经不需要用言语沟通，两人的默契不是外人所能了解的，常常只要对方一个眼神就能了解。

选E：属于"想喝忘情水忘记一切型"，目前的幸福指数20%。这类型的人非常的独立、聪明，他知道自己要的是什么。

（资料来源：《北京青年报》）

国民幸福指数最早是由南亚的不丹国王提出的，他认为"政府应该关注幸福，并应以实现幸福为目标"，于是他提出了"国民幸福总值"这个指标，并带领不丹人民共同朝着这个目标奋斗。刚开始时，该国国民并不理解这个指标，也没有人注意这个国家，但之后20多年的实践证明了不丹国王决策的正确。"国民幸福总值"这个指标引起了全世界的瞩目，美国的世界价值研究机构开始着手研究"幸福指数"；英国、日本开始模仿"不丹幸福指数"；不少经济学家也开始联手致力于"国民幸福总值"的研究。2006年，我国国家统计局也把幸福指数列为新的统计内容。

长期以来，GDP基本上是人们衡量经济发展的唯一指标，是可以逐一核实的具体数字指标。而幸福指数（GNH）则是一个相对抽象的概念，它不是一个刚性数字，不能像测算GDP一样去反复计算，对于GNH指标，每个人都可以提出自己的衡量标准。关注GNH是对以前只是片面关注GDP的一种反思。正如社会学家所说的那样，人们过去对GDP过分迷信，

幸福指数

现在经济发展了，但是人们的生存环境却变差了，空气污染、城市噪音、上学难、看病难等问题开始显现。人们的生活质量在某些方面实际上有所下降，许多人认为自己生活得不够幸福。所以经济发展不能只理解为经济

增长,而是要秉持综合经济、社会、环境等多方面取向的现代化发展理念,这种发展观要以人为本,其衡量尺度是人们对生活的满意度指数或者说是幸福指数。也可以说,GNH是一种别样的GDP,想要了解国民经济的发展就看GDP,想要知道社会的和谐程度就看GNH。

如果说GDP、GNP是衡量国富、民富的标准,那么国民幸福指数就可以成为一个衡量百姓幸福感的标准。国民幸福指数与GDP一样重要,一方面它可以监控经济社会运行态势;另一方面它可以了解民众的生活满意度。可以说,作为最重要的非经济因素,它是社会运行状况和民众生活状态的"晴雨表",也是社会发展和民心向背的"风向标"。

所以近年来人们也普遍认为:幸福指数是体现老百姓幸福感的"无须调查统计的"反映,是挂在人民群众脸上的指数。

## 我们究竟走向何处
### ——人类发展指数

自从人类诞生以来,人类社会在不断地进步,人类在不断地向前发展,那究竟我们的发展可以用什么来显示呢?现代社会与古代社会究竟有什么样的区别呢?人类发展指数正是在这种环境下诞生了。

人类发展指数(human development index,简称HDI)是由联合国开发计划署(UNDP)在《1990年人类发展报告》中提出的,是用以衡量联合国各成员国经济社会发展水平的指标,是对传统的GNP指标挑战的结果。1990年,联合国开发计划署选用收入水平、期望寿命指标和教育指数这三项指标,作为人类发展的一个全面综合的度量。收入水平,用实际人均GDP(购买力平价)来衡量。期望寿命指标,用出生时预期寿命来衡量。教育指数,用成人识字率(2/3权重)及小学、中学、大学综合入学率(1/3权重)共同衡量。另外,每个指标还设定了最小值和最大值。出生时预期寿命的最小值与最大值分别是25岁和85岁;成人识字率是指15岁以上识字者占15岁以上人口的比率,其最小值与最大值为0%和100%;综合入学率指学生人数占6～21岁人口的比率(依各国教育系统的差异而有所不同),其最小值与最大值为0和100%;实际人均GDP(购买力平价)的最小值与最大值为100美元和40000美元。

如果某国或地区的人类发展指数高于0.80,则是高人类发展水平;指

第八章 国强家方富——解读宏观经济指标，判断宏观经济走势

数在 0.50～0.79 之间是中等人类发展水平；低于 0.50 则是低人类发展水平。联合国人类发展报告从 1990 年起，每年选择一个主题予以发布。联合国《2005 年人类发展报告》指出：中国在一些方面经历了历史上人类发展最快的进步，自 1990 年起人类发展指数排名上升了 20 位。中国人均收入翻了 3 倍，2005 年排名第 85 位，比 1990 年上升了 20 位。财富的增长排名上升了 32 位，人类贫困指标在 103 个发展国家中排名第 27 位。性别发展指数排第 64 位。其中，香港地区在人类发展指数和性别发展指数方面被评为"东亚和太平洋表现最好的地区"。然而，报告也指出："中国减贫的步伐明显减缓"；"中国的社会发展正开始落后于经济增长，特别需要关注的是在减少婴儿死亡率方面的速度下降。越南、孟加拉等国在减少婴儿死亡率方面都比中国表现出色"；"中国地区发展的不平衡在加剧"；等等。

人类发展指数使用较易获得的数据，计算较容易，比较方法简单。人类发展指数让人们意识到：对一个国家福利的全面评价应着眼于人类发展而不仅仅是经济状况。同时，人类发展指数适用于不同的群体，可通过调整反映收入分配、性别差异、地域分布、少数民族之间的差异。HDI 从测量人文发展水平入手，反映一个社会的进步程度，为人们评价社会发展提供了一种新的思路。

但是，人类发展指数也有其局限性。首先，人类发展指数只选择预期寿命、成人识字率和实际人均 GDP 三个指标来评价一国的发展水平，而这三个指标只与健康、教育和生活水平有关，无法全面反映一国人文发展水平。其次，在计算方法上，存在一些技术问题。如将 9 个国家的官方贫困线收入 4861 美元作为实际人均 GDP 的理想值，而对实际人均 GDP 水平超过 4861 美元的那些国家，按照公式计算，这些国家人均 GDP 的比值将小于 0。这样，按 HDI 的公式计算，这些国家的 HDI 值将大于联合国开发计划署计算的 HDI 的最大值。为此，开发计划署将这些国家的人均 GDP 设为 0，这种处理方式无疑低估了人均 GDP 高于理想值的那些国家。最后，HDI 值的大小易受极大值和极小值的影响。因为 HDI 是采用将实际值与理想值和最小值联系起来的方式，来评价相对发展水平的。所以，当理想值或最小值发生变化时，即使一国的三个指标值不变，其 HDI 值也可能发生变化。因此，我们应该辩证地看待这个指标，更加合理地去运用它，一定不能绝对化。

## 一国的生活水平取决于它生产物品与劳务的能力
——生产率

为什么不同的国家，其国民的生活水平会有所不同？为什么我国的生活水平已较原来提高很多，可是还是不能赶上美国？国富才能民富，美国著名经济学家 N. 格雷戈里·曼昆说过，一国的生活水平取决于它生产物品与劳务的能力，也就是生产率。

所谓生产率，确切地说应该是劳动生产率，是具体劳动生产使用价值的能力或效率。劳动生产率水平可以用同一劳动在单位时间内生产某种产品的数量来表示，单位时间内生产的产品数量越多，劳动生产率就越高，反之则越低。几乎所有的生活水平变化，小到个人，大到国家，都可以用生产率的差别来解释。一个工人每小时所生产的物品与劳务量的差别决定了这个工人是穷还是富，而一个国家的生产率的增长决定了其国民平均收入的增长率。

熟练工一个月能拿 4000 元，而刚来的新员工一个月只能拿 2000 元，为什么他们的工资会有那么大的差别呢？道理很简单，熟练工每个月能够完成 400 个零件的制作，而新员工由于不熟悉，只能完成 200 个零件的制作，也就是说正是由于熟练工的劳动生产率较高，是新员工的两倍，因而熟练工能够拿到新员工两倍的工资。当新员工也成为熟练工，能够每月完成 400 个甚至更多的零件制作时，他就能拿到高工资了。显然，生活水平的差异最终还是归结为个人劳动生产率的差异。

国家也是一样，单位时间内能生产出大量物品的国家，其国民劳务能力就会相对较高，而这样就使得该国家大多数人可以享受较高质量的生活；同理可知，那些生产率低的国家，人们的生活水平就相对较差。因而，当一个国家的劳动生产率开始增长时，这个国家的收入水平也开始提高，劳动生产率的增长率决定了国民平均收入的增长率。

生产率与人民生活水平的这种关系，正好可以为管理者所运用。当公共决策者在制定政策时，就需要考虑政策对人民生活水平的影响，比如它是如何影响人们生产物品与劳务能力的。要想使人们的生活水平提高，决策者必须努力让劳动者受到良好的教育，并且有良好的职业技能和先进的劳务工具，进而提高劳动生产率，从而提高人们的生活水平。相关报告显

第八章 国强家方富——解读宏观经济指标，判断宏观经济走势

示，将资本、劳动力和技术水平进行有机结合是提高劳动生产率的有效方法。而对于普通大众来说，提高自己的生活水平是每个人的愿望，可是要想实现这个愿望，就要不断地提高自己的工作能力和专业技能。而且只有每个人都做好了，整个民族才能更加昌盛，整个国家才会更加欣欣向荣。因此，对国家的关注就等于对我们自己生活状况的关注，了解决定劳动生产率的因素，包括人力资本、技术、物质资本、自然资源等，知道它们怎样影响劳动生产率，掌握了这些必备的经济学常识，也就更加容易提高生活水平。

 四万亿为什么能撬动十几万亿
——乘数效应

回顾2009年，我国政府采取一系列应对金融危机的措施，其中非常引人注目的一条就是"四万亿投资计划"。当时很多人对这个四万亿元经济刺激方案并不是很理解，对这个方案实施后到底能取得什么样的效果也不是很看好。但现在看来，如果给"四万亿投资计划"做一个年检，可以看到它在应对金融危机、拉动投资、刺激消费、惠及民生的政策路径十分清晰。当初如果没有"四万亿投资计划"这剂猛药，那么"保增长、促发展"的目标很可能就实现不了。四万亿元的投资真的撬动起了十几万亿元的庞大经济体，这是乘数效应的体现。

乘数效应是一种宏观的经济效应，也是一种宏观经济控制手段。财政政策乘数是研究财政收支变化对国民经济的影响，其中包括财政支出乘数、税收乘数和平衡预算乘数。在经济学中，乘数效应更完整地说是支出/收入乘数效应，是宏观经济学的一个概念，是指支出的变化导致经济总需求与其不成比例的变化，是一个变量的变化以乘数加速度方式引起最终量的增加。

如果花费了1亿元，那最终带来的收入肯定远远不止1亿元，这就是所谓的乘数效应，所以一笔相对小的启动资金就可以使市场活跃起来。比如，富人买别墅花了1亿元，GDP增加了1亿元。住在别墅里一定要有汽车，买车又花了1000万元。买车之后还要买汽油、保险，各种服务（使用高速公路、维修等）又要花1000万元。仅这些支出已达1.2亿元。用于买别墅的1亿元带动了建筑、装修等行业，这些行业的人收入增加，

消费增加。用于买汽车和相关物品与劳务支出的1000万元也带动了这些行业的人收入和消费增加。住房和汽车又带动了钢材、水泥、机械等行业。在这样一轮一轮的带动之下，整个经济GDP的增加肯定不止原来买别墅的1亿元。在这个过程中，经济发展了，所有的人——无论是作为股东和高管的富人，还是作为管理和技术人员的中等收入者，以及低收入者都会受益。

乘数效应并不是近代经济特有的产物，我国古代乘数效应的例子就有很多。比如古代忠孝观念的传承从某种意义上来说就是一种乘数效应，对于忠孝者而言，君主或者长辈对他们的教育或者激励也仅限于几次偶尔的说教或者奖赏，但是这种忠孝思想却得以延续下去，很好地体现了乘数效应。

我们现代的管理者应该学会利用乘数效应，将乘数效应发挥到最大，最大限度地为经济生活服务。所以，在制定政策措施的时候，可以充分考虑如何运用乘数效应，而不要死守着"有多少钱，办多少事"的想法。当然，乘数效应要发挥作用，还是需要有相关的政策进行配合的，否则很难发挥出乘数效应。比如，在四万亿元的投资投入之后，国家还应该出台相关恢复经济的政策，使得这四万亿元的投资用到实处，发挥出最大的效用。

 几家欢喜几家愁
——通货膨胀的财富效应

当通货膨胀来临时，并不是所有人都会觉得恐慌，原因很简单，在通货膨胀下，有部分人会损失利益，但是有部分人却能获得好处，几家欢喜几家愁，这就是通货膨胀的财富效应造成的。

通货膨胀的财富效应主要体现在通货膨胀的再分配影响方面。每次通货膨胀都是财富的洗牌，会使一些人的财富减少，一些人的财富增加。通货膨胀具体分为两方面的影响——对收入分配的影响和对财产分配的影响。

在收入分配方面，当发生未预期通货膨胀时，有固定货币收入的人以及债权人遭受损失。相反，非固定收入者及债务人都是受益者，在现代社会中主要包括股票持有者、企业和国家。道理很简单，当通货膨胀发生

## 第八章 国强家方富——解读宏观经济指标，判断宏观经济走势

时，固定收入人群的收入还是没有发生变化，由于货币购买力的降低，因而他们所获得的固定收入也就相当于遭到了损失。而非固定收入者，主要是股票持有者和债务人，他们的收入是随着名义利率的变化而变化的，其中考虑了通货膨胀的因素，因而他们的收入不会因为通货膨胀的出现而受到任何影响。

在财产分配方面，由于通货膨胀侵蚀着货币购买力，使任何以固定货币数量计算的资产的真实价值也受到影响。对于持有不变价值财产的人来说，其拥有的债券、银行存款的票面价值是相对固定的，实际价值将随物价上涨而下降。对于持有可变价值财产的人来说，则正好相反，他们会因通货膨胀而受益。

货币学派认为通货膨胀随时随地都是一种货币现象，也就是说通货膨胀是由货币的过量投放引起的。那么，为什么一定要投放过量的货币呢？经济管理者的理由是通过投资的增加来刺激经济的增长，虽然都明白由此而产生的副作用就是可能引发通货膨胀，但在两害相权的情况下，为了保证增长和就业，投放更多货币就成了唯一的选择。而作为货币的发行者，国家无疑是通货膨胀的直接受益者，或者说通货膨胀对货币发行者没有任何的负面影响，在物价上涨的同时它可以用更多的货币来抵消这种贬值的影响，财税部门也能收到更多的税收。另外，能从银行体系获得资金者可以迅速购买更多的物品和资源，低廉的融资成本在通货膨胀面前就如同免费的午餐券；而拥有市场定价权的部门和公司可以直接通过涨价将通货膨胀转移给消费者，如水、电、油、气等部门。社会上的大多数人既非货币发行者，也非垄断部门人员或者能在通货膨胀之前取得银行贷款者，就只能忍受因为通货膨胀带来的货币贬值和财富转移的痛苦。

很多人都想在通货膨胀来临之前购买一些固定资产或者贵重金属、艺术品之类的物品来保值，不过并不是所有人都那么幸运。因为通货膨胀到了一定程度必然引起相关的调控措施出台，管理层为了防止过度的通货膨胀引起金融体系甚至社会的不稳定，必然要进行新一轮的调控，由此财富的洗牌进入了一个新的阶段，有些持有固定资产的人可能不经意之间成为"负翁"，而能提前掌握方向和调控节奏的人则成为赢家。

## 政府准备要花多少钱
### ——政府预算

一个国家犹如一个家庭,每年、每月、每天都会有开支,但是究竟开支多少合适呢?究竟收多少,有多少钱能够用于开支呢?这就需要做一个预算,来考虑准备花多少钱,如果放到家庭里就是家庭预算,放到国家层面也就是政府预算了。

政府预算是按照一定的法律程序编制和执行的政府年度财政收支计划,是政府组织和规范财政分配活动的重要工具,在现代社会它还是政府调节经济的重要杠杆。政府预算首先是以年度财政收支的形式存在的,是对政府年度财政收支的规模和结构进行的预计和测算。其具体形式是按一定的标准将政府预算年度的财政收支分门别类地列入各种计划表格,通过这些表格可以反映一定时期政府财政收入的具体来源和支出方向。

与其他预算相比,政府预算最为正规,要通过严格的程序,经立法机构通过,并正式予以公布。政府预算一经制定,便不能随意更改。在我国,每年3月政府做出预算方案,经人大讨论通过,予以实施。预算按照年度编制。一般来说,预算年度为一年。各国国情不同,其预算年度也不相同。比较常用的有两类,第一类是历年制,即从当年的1月1日到12月31日。采用历年制的国家很多,我国也是其中一员。另一类是跨年制,顾名思义就是跨越两个年度。比较典型的是英国,其财政年度始于当年的4月1日,止于次年的3月31日。

多数国家的政府分为两级:中央政府和地方政府。政府预算作为政府基本财政收支计划,就与此对应,分为中央预算和地方预算。原则上,一级政府对应一级预算。因此,在现代社会大多数国家都实行多级预算。我国的预算体系也是如此,由中央和地方两级预算组成。中央政府预算,经法定程序批准,是中央政府的财政收支计划。地方预算按照行政区划,再分为各省预算、各自治区预算、各直辖市预算等。地方各级总预算有两个组成部分,其一是本级政府预算,其二是汇总的下一级预算。举个例子,天津市作为四大直辖市之一,它的内部既设区,如河西区、南开区等;又设置县,如蓟县等。那么天津市的预算,就应该涵盖天津市本级预算、市辖区预算、县总预算三级。以此类推,县下设乡,县的总预算,就又细分

第八章 国强家方富——解读宏观经济指标，判断宏观经济走势

为县级预算和乡镇预算。需要指出的是，在我国各地乡镇发展水平不一，部分乡镇经济发展水平低，财政收支金额较小，内部机构设置也不完善，不具备建立独立预算的条件。对于这些乡镇，经省、自治区、直辖市政府确定，可暂时不设预算。

在过去的300多年中，为世界各国普遍接受的预算原则渐渐浮出水面，归纳起来共有5条，分别是公开性、可靠性、完整性、统一性、年度性。我们知道，政府预算与家庭预算不同，它以法律形式确定下来，各级政府、机关单位都要依此行事。说起来，政府无非是受众人所托，为公众谋事。那么关系到全体公民利益的政府预算，也应该公之于众。公开性，就是让老百姓都有知情权、监督权。可靠性，当然更是必不可少的。倘若预算水分很大，随意估算，就背离了预算设立的初衷。完整性，是预算的应有之义。假如一些单位账外做账，私设小金库，把政府预算做成两套，一套公布，一套暗箱操作，那么预算也就无法取信于众了。即便是法律允许的预算外收支，在制定预算时也要反映出来。统一性，是指预算科目统一、口径统一、程序计算统一、数据填列也要统一。这就好比进行游泳比赛，要设置一些规定动作，如仰泳、蝶泳等，如果大家动作不一样，本来是仰泳比赛，有的运动员一下水，却改成了蛙泳，那样的成绩显然不合规定，必须加以取缔。预算编制原则的最后一条，是年度性。它包括两层含义，一是指预算必须全面反映该年度的财政收支；另一层含义是，编制在预算中的内容，只能是本年度的，绝不能眉毛胡子一把抓，把其他年度的收支混到了本年度。

一个国家只有在完成预算后，才能对自己的财务状况有一个全面的认识，才能更好地安排自己的花费，而不至于出现不知道该买什么、该做什么、能做什么的现象。

政府也会入不敷出
——财政赤字

政府有支出，也有收入，那么这两者之间是什么关系呢？会不会出现入不敷出的局面呢？我们说过政府犹如家庭，自然也可能出现收入少、支出多的时候，这种情况有一个专门的说法——财政赤字。

财政赤字是财政支出大于财政收入而形成的差额，由于会计核算中用

红字处理,所以称为"财政赤字"。财政赤字是财政收支未能实现平衡的一种表现,是一种世界性的财政现象。赤字的出现有两种情况,一种有意安排,被称为"赤字财政"或"赤字预算",它属于财政政策的一种;另一种情况,即预算并没有设计赤字,但执行到最后却出现了赤字,也就是"财政赤字"或"预算赤字"。

在现实中,国家经常需要大量的财富来解决大批的问题,会出现入不敷出的局面。这是现在财政赤字不可避免的一个原因。一国会出现财政赤字有许多原因,有的是为了刺激经济发展而降低税率或增加政府支出;有的则因为政府管理不当,引起大量的逃税或过分浪费。当一个国家财政赤字累积过高时,就好像一家公司背负的债务过多一样,对国家的长期经济发展而言,并不是一件好事,对于该国货币亦属长期的利空。且日后为了要解决财政赤字只有靠减少政府支出或增加税收,这两项措施对于经济或社会的稳定都有不良的影响。一国财政赤字若加大,该国货币价值会下跌;反之,若财政赤字缩小,表示该国经济良好,该国货币价值会上扬。

一般来说,我们有四种弥补财政赤字的方法,但是它们各有利弊,需要选择性地综合运用。

第一,动用历年结余,使用以前年度财政收入大于支出形成的结余来弥补财政赤字。只要结余是真实的结余,动用结余是不会存在财政向银行透支的问题。但是,财政结余已构成银行的信贷资金的一项来源,随着生产的发展而用于信贷支出。财政动用结余,就意味着信贷资金来源的减少,如果银行的准备金不足,又不能及时通过适当的收缩信用规模来保证财政提款,就有可能导致信用膨胀和通货膨胀。因此,财政动用上年结余,必须协调好与银行的关系,搞好财政资金与信贷资金的平衡。

第二,增加税收,包括开增新税、扩大税基和提高税率。它具有相当的局限性,并不是弥补财政赤字稳定可靠的方法。首先,由于税收法律的规定性,决定了不管采用哪一种方法增加税收,都必须经过一系列的法律程序,这使增加税收的时间成本增大,难解政府的燃眉之急。其次,由于增加税收必定加重负担,减少纳税人的经济利益,所以纳税人对税收的增减变化是极为敏感的,这就使得政府试图依靠增税来弥补财政赤字往往受到很大的阻力,从而使增税可能议而不决。最后,拉弗曲线表明增税是受到限制的,不可能无限地增加,否则必将给国民经济造成严重的恶果。

第三,增发货币。从长期来看,通货膨胀在很大程度上取决于货币的

第八章 国强家方富——解读宏观经济指标，判断宏观经济走势

增长速度，过量的货币发行必定会引起通货膨胀，并带来恶性后果。因此，用增发货币来弥补财政赤字只是一个权宜之计。

第四，发行公债，通过发行公债来弥补财政赤字是世界各国通行的做法。这是因为从债务人的角度来看，公债具有自愿性、有偿性和灵活性的特点；从债权人的角度来看，公债具有安全性、收益性和流动性的特点。因此，从某种程度上来说，发行公债无论是对政府还是对认购者都有好处，通过发行公债来弥补财政赤字也最易于为社会公众所接受。但是，大多数经济学家认为在货币供给不变的情况下，公债发行会对私人部门投资产生"挤出效应"，同时当中央银行和商业银行持有公债时，通过货币乘数会产生通货膨胀效应。因此，政府以发行公债来弥补财政赤字并不意味着一国经济由此而避免了通货膨胀压力。

## 为什么要交税
### ——税收与税率

税收是国家为满足社会公共需要，凭借公共权力，按照法律所规定的标准和程序，参与国民收入分配，强制地、无偿地取得财政收入的一种方式。马克思指出，"赋税是政府机器的经济基础，而不是其他任何东西""国家存在的经济体现就是捐税"。恩格斯指出："为了维持这种公共权力，就需要公民缴纳费用——捐税。" 19世纪美国大法官霍姆斯说："税收是我们为文明社会付出的代价。"这些都说明了我们要交税的原因，也道出了税收对于国家经济生活和社会文明的重要作用。

战国时赵国大将赵奢曾是个收税的小官员。当时，因为平原君赵胜是赵王的弟弟，又是当时赵国的丞相，位高权重，其他税官都怕得罪他，所以一直没人敢去平原君的封地收税。只有赵奢胆识过人，毅然前往平原君府上收税。一开始，平原君府上的人百般阻挠，但赵奢决定依法办事，当场斩了上前阻挠其执行公务的赵府家丁。

这样的举动惹怒了平原君，后者扬言要杀了赵奢，可是赵奢并没有畏惧，而是慷慨陈词："税收是国家的一项法律，是每个人应尽的义务，您是赵国的重臣，更应带头纳税，如果全天下的百姓都逃税，那么国库就会陷入冰封状态，其他国家看到我国的国库空虚就会进攻我们，那么离亡国之日就不远了，到那时您还能在这里坐享富贵吗？"平原君听到这一番话

之后，觉得很有道理，税收确实关系着一个国家的存亡；同时也意识到，能说出这番话的赵奢肯定是个难得的治国良才，于是就把赵奢推荐给了赵王。此后不久，赵奢开始总管全国税收事务，在他的治理之下，赵国税收平稳，国库财政也日渐增长。

"国之税收，民邦之本。"税收是国家财政收入的主要来源，是百姓幸福和国家发展的根本；税收直接关系到社会的稳定、发展与和谐。税收是国家强盛、文明、繁荣的标志，是民族团结、民生稳定的基石，是一个国家的立国之本。公民缴纳给国家的税收是通过中央及各级政府的财政部门支出的，也确实用到了最需要的地方。没有税收就没有博物馆，没有税收就没有青藏铁路，没有税收就没有神舟飞船，没有税收就没有鸟巢体育馆……总之，税收与每个人的生活息息相关，税收"取之于民，用之于民"。

而税率是税额与课税对象之间的数量关系或比例关系，是指课税的尺度，计算课税对象每一课税单位应征税额的比率。薛暮桥在《国家建设和人民生活的统筹安排》中指出："在一定的范围内，通过其他办法来稍稍提高或降低农民的消费水平，也非完全不可能的事情。办法就是调整税率或调整物价。"因而，税率的高低影响着人们所缴纳的税额多少，从而也影响着人们的生活水平。

税率的种类一般可分为定额税率、比例税率、累进税率三种基本形式。此外，还有一些在特定条件下使用的零税率、负税率、累退税率、差额税率等。定额税率，是指征税对象的计量单位直接规定为纳税的绝对额的税率形式，适用于从量征收的税种。比例税率，是指对同一征税对象不分数额大小，规定相同的征税比例的税率。流转税一般都实行比例税率。比例税率又分为统一比例税率和差别比例税率。前者指一种税只设置一种比例税率，所有纳税人都按同一税率纳税；后者指一种税设两种或两种以上的比例税率。累进税率，又称累进税制，是指随同征税对象数量的增大，征税比例随之提高的税率，被称为经济的"自动稳定器"，一般适用于收益、财产征税。它可分为全额累进税率和超额累进税率。此外，由于计税依据、减税免税、加成征税、加倍征税、偷税漏税等原因，还会出现纳税人的实际税率与税法所规定的税率即名义税率不相等的情况。

税率税法的核心要素，是计算应纳税额的尺度，体现税收负担的深度，是税制建设的中心环节。在课税对象和税基既定的条件下，税率的高低直接关系到国家财政收入和纳税人的负担,关系到国家、集体、个人三者的经济利益。税率的高低和税率形式的运用,是国家经济政策和税收政策的体现,是发挥税收经济杠杆作用的关键。

## 应该征收多少税
### ——拉弗曲线

1974年,美国经济正处在"滞胀"的困境里。南加利福尼亚商学院的教授阿瑟·拉弗和当时福特总统的白宫助理切尼在华盛顿一家餐馆共进午餐,为了使其明白只有通过减税才能让美国摆脱"滞胀",拉弗即兴在餐巾纸上画了一条抛物线,浅显生动地给切尼讲明了减税的奥妙所在。当时一起赴宴的还有《华尔街日报》的副主编万尼斯基,他立刻将这一曲线在报纸上大加赞扬和宣传,"拉弗曲线"由此声名远扬,被戏称为"餐桌曲线"的减税主张博得了社会各界的认同,并最终被后来的里根政府所采纳,其影响遍及欧美。拉弗也因此成为家喻户晓的经济学家。受拉弗的减税理论的影响,从20世纪80年代起,世界上许多国家持续实行减税政策,美国、加拿大、德国、英国、意大利、澳大利亚、印度、巴基斯坦、沙特、马来西亚等国家纷纷推出减税方案,形成了世界性的减税浪潮。而统计资料显示,这些国家的宏观税负水平并没有降低,反而呈现上升态势。

究竟是一条什么样的曲线能够如此淋漓尽致地体现"欲速则不达"的真谛呢?

一般情况下,税率越高,政府的税收就越多,但税率的提高超过一定的限度时,企业的经营成本提高,投资减少,收入减少,即税基减小,反而导致政府的税收减少,描绘这种税收与税率关系的曲线就叫作拉弗曲线(如右图所示)。

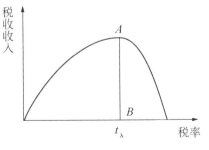

拉弗曲线

拉弗曲线的原理并不复杂,它是专讲税收问题的,其提出的命题是:"总是存在产生同样收益的两种税率。"主张政府必须保持适当的税率,才能保证较好的财政收入。与拉弗同时代也同为供给学派经济学代表人物的裘德·万尼斯基对此做出了扼要解释:"当税率为100%时,货币经济(与主要是为了逃税而存在的物物交换不同)中的全部生产都停止了,如果人们的所有劳动成果都被政府征收,他们就不愿意在货币经济中工作,由于生产中断,没有什么可供征收100%税额,政府的收益就等于零。"税率从0～100%,税收总额从零回归到零。拉弗曲线必然有一个转折点,在此点之下,即在一定的税率之下,政府的税收随税率的升高而增加,一旦税率的增加越过了这一转折点,政府税收将随税率的进一步提高而减少。设税率为$B$点时税收达到最大值$A$,则$AB$线以右的区域被称为"税收禁区"。拉弗曲线认为:"税率高并不等于实际税收就高。税率太高,人们就被吓跑了,结果是什么经济活动都不发生,你反而收不上税来。只有在税率达到一个最优值时,实际税收才是最高的。"

拉弗曲线对我国新一轮的税制改革有诸多启示。

首先,拉弗曲线的原理体现在增值税在东三省老工业基地率先实行转型方面,增值税由"生产型"转变为"消费型"。我们不难看出,增值税转型实质上就体现了拉弗曲线原理所倡导的减税理念。此外,为了解决转型而带来的财政收入的减少,我们不妨扩大税基,即把交通运输、邮电通讯、建筑安装这些和增值税密切相关却被纳入营业税征收范围的行业,扩大为增值税的征收范围,从而解决财政收入减少的问题。

其次,拉弗曲线的原理体现在完善企业所得税制方面。我国企业所得税的法定税率较其他国家偏高,同时实现内外资两套税制,导致了我国企业税收负担重,实际税负轻重差别很大。这样的税负,使得我国内资企业缺乏竞争力,创业的积极性受到极大挫伤。依据拉弗曲线原理,我们合并了两套税制,统一税法,其具体改革方向包括:①实行比例税制,税率定为25%,真正降低国有企业的过重税负;②规范税前扣除,取消计税工资规定,提高折旧率,放宽研究与开发费用的列支标准;③扩大税基,整顿和减少税收优惠,实行国民待遇。

最后,拉弗曲线的原理体现在完善个人所得税制方面。当税率过高后,高薪阶层所获得的收入绝大部分被征了税,严重挫伤了富人们工作的积极性,使得他们宁愿选择闲暇而放弃工作。同时,我国个人所得税制中,工薪所得税起征点的设定没有考虑到地区差异、时代差异、通货膨胀等因素,并且对于计税依据缺乏对纳税人家庭状况、受教育程度、赡养人口等因素的综合考虑。对于上述存在的缺陷,我们无疑都应该根据拉弗曲

## 第八章 国强家方富——解读宏观经济指标，判断宏观经济走势

线原理的启示，进行重点改革。

此外，我国目前有效需求不足，民间投资乏力，这使得我国减税有一定的必要性。同时，由于我国税收总额逐年上升，税收收入占财政收入的比重、税收收入占国民生产总值的比重都很高，使得我国减税也存在一定的空间和一定的可行性。

 调整经济的财政手段
——财政政策

当宏观经济出现问题，而其本身又无法自行恢复时，就需要政府出马使用财政政策来调控宏观经济了。财政政策是指国家根据一定时期政治、经济、社会发展的任务而规定的财政工作的指导原则，通过政府支出与税收政策来调节总需求。

政府支出和税收是财政政策的两种形式。政府支出有两种形式：其一是政府购买，指的是政府在物品和劳务上的花费——购买坦克、修建道路、支付法官的薪水等等；其二是政府转移支付，如政府在社会福利、保险、贫困救济和补助方面的支出，以提高某些群体（如老人或失业者）的收入。税收是财政政策的另一种形式，它通过两种途径影响整体经济。首先，税收影响人们的收入。此外，税收还能影响物品和生产要素，因而也能影响激励机制和行为方式。增加政府支出，可以刺激总需求，从而增加国民收入；反之则压抑总需求，减少国民收入。而税收对国民收入是一种收缩性力量，因此增加政府税收，可以抑制总需求从而减少国民收入，反之则刺激总需求增加国民收入。财政政策是国家整个经济政策的组成部分。

财政政策有扩张和紧缩之分。在衰退时期，政府采用扩张性的财政政策，即降低税率增加支出，减少个人所得税，增加了个人税后收入，从而增加了消费；减少公司所得税，增加了公司税后收入，从而增加了投资；增加政府购买，从而刺激了私人投资；增加公共工程支出，从而直接增加了投资；增加转移支付，从而增加了低收入者的收入、消费。这样，总需求增加使经济走出衰退。在繁荣时为了防止经济过热引发通货膨胀，政府采用紧缩性的财政政策，即增加税收与减少支付，其作用与减税和增加支出相反。

政府投资还存在着乘数效应，这也是为什么政府投入一点资金就能使整个经济得以恢复。政府投资1元钱，市场可以增加大约5元钱的购买——这就是所谓的乘数效应，所以一笔相对小的启动资金就可以使市场活跃起来。比如政府投入1元钱去搞基建，如果这1元钱用于购买水泥，这钱最后发给工人工资，一小部分成为企业家的利润。工资也好，利润也好，除了小部分储蓄起来，大部分又投入到市场购买商品。这笔拿来购买商品的钱，又变为另外一批工人和企业家的利润，他们储蓄了一小部分钱之后，又将大部分钱用去买东西，周而复始，最初的1元钱产生了5倍的购买力。可见，政府投资有启动市场的杠杆作用。

财政政策还存在着挤进效应和挤出效应，因此我们在实行财政政策的时候还应该注意相关的负效应。所谓挤进效应是指政府采用扩张性财政政策时，能够诱导民间消费和投资的增加，从而带动产出总量或就业总量增加的效应。比如，政府对公共事业增加投资会改善当地的投资环境，引起私人投资成本的下降，产生外在经济效应，因此有可能诱导私人投资的增加，进而导致产出增加。相比之下，挤出效应则有着迥然不同的形成机理。挤出效应是指政府支出增加所引起的私人消费或投资降低的效果。如果说挤进效应是由于政府支出行为的正的外部性导致的，那么挤出效应则是政府支出行为形成对私人消费投资的负的外部性造成的。

财政政策的挤进效应实际上反映了政府支出与民间投资和消费之间的良性互动、和谐与共生共荣的关系，而挤出效应则表现了政府支出对民间投资和消费的一定程度上的排斥。一般而言，财政政策的实际净效应取决于这两种相反方向的效应的对比。如果财政政策的挤出效应大于挤进效应，则说明现行的财政政策必须要加以适当调整；如果财政政策的挤进效应大于挤出效应，则表明当前的财政政策可以继续延续。

为使财政政策能够产生更多的挤进效应和更少的挤出效应，当前我国在调整财政支出政策时应当注意：第一，财政政策必须能够适应宏观形势的变化。当私人投资对利率较为敏感时，或者从经济周期的角度看，当经济处于经济周期的复苏和高涨阶段时，政府应当适时调整财政支出的规模和方向，适当收缩建设性财政支出的范围。第二，财政支出要同时兼顾"软""硬"环境的改善。财政支出既要着眼于改善投资的"硬"环境，即传统的能源、原材料、通讯等基础设施建设，又要着眼于改善投资的"软"环境，也就是要加强人力资本投资环境的改造，大力兴办医疗、卫生等行业,这样可以吸引更多的私人直接投资,更好地发挥财政资金的挤进效应的作用。第三,必须优化财政支出的区际分布。我国当前财政资金的使用在东西部地区、发达地区和欠发达地区、城市和农村地区等要注意区别对待、各有侧重,同时要坚持确保重点的原则。第四,全面、正确地评价财政政策的效果。当前我国也不宜仅仅用挤进效应或挤出效应的大小来衡量财政政策的得失,而应该服从大的经济发展战略目标的要求,结合其他方面的量化指标如环境指标、公平指标等,来全面综合地审视和评价财政政策的效果,这是我们在今后的具体政策实践中必须高度重视的。

 如何让先富带动后富
——转移支付

中国一直强调允许一部分人先富起来,然后先富的人带动其他的人也跟着富起来,最后实现共同富裕,可是这个先富带动后富的过程该怎么实现呢?这就可以通过财政上的转移支付来实现了。

转移支付,又称无偿支出,它主要是指各级政府之间为解决财政失衡而通过一定的形式和途径转移财政资金的活动,是用以补充公共物品而提供的一种无偿支出,是政府财政资金的单方面的无偿转移,体现的是非市场性的分配关系。大部分政府转移支付都具有社会福利的性质。转移支付是政府财政预算的一个组成部分。财政盈余等于税收减去政府在物品与劳务上的开支与转移支付之和后的余额。

转移支付包括养老金、失业救济金、退伍军人补助金、农产品价格补贴、公债利息等政府与企业支出。这笔款项在西方国家是不计算在国民生产总值中的,其原因在于这笔款项的支付不是为了购买商品和劳务,所以将其称作转移支付,有时也称作转让性支付。

转移支付又分政府的转移支付和企业的转移支付。政府的转移支付大多数带有福利支出性质,等于把政府的财政收入又通过上述支付还给本人。因而也有人认为政府的转移支付是负税收。政府转移支付的作用是重新分配收入,即把收入的一部分由就业者转向失业者,从城市居民转向农民。企业的转移支付通常是通过捐款与赠款进行的,例如公司对于下属非营利组织的赠款,由于它也不是直接用来购买当年的商品和劳务,因此这种款项也被认为是转移支付。

转移支付具有重要的实践意义。

首先，合理的财政转移支付制度可以有效地缩小日趋扩大的区域经济发展差距，缓解"公平与效率"之间的矛盾。合理的转移支付制度是实现社会公平的重要手段。实现社会公平是财政分配的重要职能。公平不仅仅指个人收入方面的公平，还包括在享受政府提供的各项公共服务方面的平等权利，如义务教育、公共交通服务、基础设施等。这些服务如果只靠当地政府来解决，或者在财政体制中缺乏这种社会公平的机制，就必然出现区域之间经济发展的巨大差距。要很好地解决社会公平的问题，必须要有合理的转移支付制度，建立一种富裕地区援助贫困地区的长期、稳定的机制，实现中国各区域人民在享受公共服务方面的大体平等。

其次，合理的财政转移支付制度，有利于强化中央财政的宏观调控能力。对中央财政来说，可以通过长期努力多集中一些财政收入，提高中央政府对区域发展经济的宏观调控能力，并通过对地方政府不同形式的补助，贯彻中央政府宏观调控的政策意图，增强财政资金的边际使用效益，促进资源的有效配置。通过建立合理的财政转移支付制度，更可以使中央财政从与各省博弈中解脱出来，集中精力提高管理水平，加强宏观调控。对地方财政来说，可以在划清各级政府的财权和事权的基础上，通过分级财政的转移支付，弥补贫穷地区由于财力不足所带来的财政功能不足的缺陷。如果没有这样的转移支付，落后区域永远是发展不起来的。

最后，合理的财政转移支付制度能够正确调动地方政府增收节支的积极性，促使地方经济走向良性循环。由于缺乏规范的转移支付的办法，地方政府往往将精力和时间放在同中央财政的讨价还价以及在"关键时候"采取不正当手段如突击支出或突击收税等，而懒于发展区域经济。这些不正常的增收和多支，不仅造成中央有限的财政资源的极大浪费，而且导致了政府行为的错位，给市场发出错误的信息，使供求平衡产生波动。在税收方面长期存在的政出多门、随意减免、乱开税法口子等混乱现象，与此有着密切的关系。有些区域将相当一部分精力用在与其他区域攀比，以及"跑部向钱"上面，虽然确实得到了实惠，但这种现象很不利于调动地方政府发展区域经济的积极性。合理的转移支付制度可以有效地克服以上弊端，使地方政府能够更好地发挥自己的职能，优化财政支出结构，提高财政资金的使用效益，有利于严肃税法，提高税收的征收管理水平，真正为企业创造公平竞争的良好环境，从而配合中央政府缩小区域经济发展差距。

第八章 国强家方富——解读宏观经济指标，判断宏观经济走势

显然，合理的财政转移支付制度对促进落后区域经济发展，缩小与发达区域的经济发展差距具有十分重要的作用。

 或者高物价，或者没工作，政府政策的两难选择
——菲利普斯曲线

很多政府不愿面对通货膨胀，但是这时候不得不忍受大量失业人口的存在；而当降低失业人口人数时，通货膨胀又翘起了尾巴。高通胀还是较高的失业率成为政府不得不做出的一个选择。正当我们迷惑为什么会有这种现象的时候，美国著名经济学家 N. 格雷戈里·曼昆告诉我们：社会面临着通货膨胀和短期失业间的权衡取舍。

菲利普斯曲线很好地说明了两者之间的短期权衡取舍。菲利普斯曲线就是通货膨胀与失业之间短期权衡取舍的曲线。需要说明的是，曲线最初是由英国经济学家菲利普斯根据英国 1861—1957 年失业率和货币工资变动率之间的交替关系而做出的。后来，经济学家把物价上涨率同货币工资变动率联系起来，用物价上涨率表示通货膨胀率，所以把表示通货膨胀率与失业率之间关系的曲线也叫作菲利普斯曲线。政府在增加经济中的货币量时，一个结果是通货膨胀，另一个结果是至少在短期内增加了失业率。也就是说，如果人们希望降低失业率，比如将失业率降低到一个自然失业率的水平之下，那么人们就必须容忍通货膨胀水平的上升。这就是"鱼和熊掌不可兼得"的延伸，当然这样的取舍只在短期内成立，也就是说通货膨胀和失业之间不存在长期的权衡取舍。

这两者的关系并不难理解。虽然从长期来看，如果政府减少货币发行量，物价水平会降低。但是当政府的货币供应量减少时，首先人们的支出会相应地减少，而由于价格在短期内具有黏性，所以物价不会立刻跟随政府的货币数量做出相应的调整，即物价短期内依然会很高。在物价处于高水平时，公司的产品销量会大大降低，销售量降低，公司就难以维持庞大的员工团队，于是裁员就成为必然的结果。这一恶性循环就造成了失业人数的增加。

如此说来，难道失业者只能成为通货膨胀的牺牲品，而没有挽救的办法吗？当然不是。对于通货膨胀和失业，每个国家都会予以高度重视，政府通常会通过宏观调控对通货膨胀和失业间的短期权衡取舍进行调节。各

国政府不会对庞大的失业队伍视而不见的。

了解通货膨胀水平与失业率之间的关系，对普通公民而言也是有好处的。至少在国家采取政策干预通货膨胀的时候，一定要注意把握工作机会，不要因为一些不必要的因素而失去工作，这可是一个失业人口众多的时期。同时，了解这一原理会使人们在面临失业的时候，更理性地分析自己失业的原因，更准确地为自己的失业定位，从而积极地去解决问题，而不是采取消极、抱怨的态度。

# 第九章 和你的生活成本、工资收入息息相关

## ——国际贸易活动中的经济学

 美国玉米歉收，中国猪肉涨价
——把世界连为一体的国际贸易

美国玉米歉收跟中国猪肉涨价，这完全是两个风马牛不相及的事情，但是事实上它们就是相互联系的。就是因为美国玉米歉收，中国的猪肉才会涨价，这就是国际贸易的威力，它能将世界连为一体。

国际贸易也叫世界贸易，是指不同的国家和地区之间进行商品和劳务交换的活动。它由进口和出口组成，所以也常常被称为进出口贸易。从根本上说，国际贸易和国内贸易并无不同，但是它在不同国家和地区间进行，容易受到国际政治、经济、双边关系等局势变化的影响，因此更为复杂。

我们可以具体分析一下，究竟是什么原因造成了美国玉米歉收跟中国猪肉涨价相关联。美国玉米歉收，那么美国的玉米出口变少，在国际贸易中，美国作为玉米的出口国，而中国作为玉米的进口国，出口变少，进口不变，自然会导致国际市场上玉米的价格上扬，而中国进口玉米主要是用来养猪的，于是养猪的成本增加，进而就使得猪肉价格上涨了。

对于任何一个国家而言，国际贸易同时有着正面和负面的影响。

国际贸易可以有效利用世界的资源，从而为各国提供更多的发展机遇，使其变得更加富裕。比如泰国生产稻米的成本较低，而日本生产电子产品的成本较低，那么泰国和日本可以进行稻米与电子产品的贸易，这样就有效避免了资源浪费。特别是在经济全球化的今天，如果在世界范围内形成国际分工协调与合作，每个国家都有希望得到更多的机会，同时也能

获得更多的收益。

但是，国际贸易毕竟是一种世界范围的市场竞争，它的负面影响也很明显。由于国与国之间经济发展的不平衡，经常会出现发达国家依靠强大的经济实力，不考虑全局利益，自私地进行经济侵略，有可能让发展中国家受到更大的损失。在这种情况下，国际贸易就更像是一场经济领域的世界大战了。

1998年，在美国发生了一起针对中国的果汁反倾销案。由于中国苹果资源丰富，质量上乘，加之生产成本较低，使得中国生产的浓缩果汁在国际市场上赢得了价廉物美的声誉，并对美国的同类产品构成了强劲竞争。针对这种情况，美国企业诉讼中国企业在美国存在果汁倾销行为，要求对进口自中国的浓缩苹果汁征收91%的反倾销税。如果美方胜诉，中国的果汁在美国销售时将不得不提高近乎一倍的价格，进而使中国的果汁在美国市场陷入困境。对此，中国湖滨果汁有限责任公司、山东烟台北方安德利有限公司、中鲁果汁集团公司等9家国内企业经过充分准备果断应诉。在应诉过程中，中国企业针对国际上对倾销的认定和处理做出了有利安排，并聘请了具有丰富反倾销办案经验的美国律师来办理此案。经过艰苦的应诉，美国国家贸易委员会做出最终裁决，对来自中国的浓缩苹果汁征收51.74%的反倾销税。在这场中美贸易纠纷里，中国企业取得了大胜，避免了巨大的利益损失。

贸易大战并不是发达国家与发展中国家的专利，在发达国家之间也经常展开，像美国与日本就曾展开过汽车市场的较量，最终不得不达成协议，采取合作的态度而保全双方。

随着现代科技的发展，贸易没有边界的现象越来越明显。两个国家之间可能经常会为了抢占市场等原因而展开贸易大战，这时候最好能够坐下来，心平气和地协商，达成共识，寻找对双方都有利的最佳解决方案。

 出口对我国为什么那么重要
——外贸依存度

自从加入WTO之后，我国的对外贸易出现了强劲的增长，外贸依存度也随之急剧攀升。1980年我国的外贸依存度只有12.5%，到1990年已经超过30%，2000年达到44%，尤其是之后几年，外贸依存度以每年超

## 第九章　和你的生活成本、工资收入息息相关——国际贸易活动中的经济学

过 10% 的速度节节上升，由 2002 年的 48.8% 上升到 2003 年的 60%，再上升到 2004 年的 70%，2005 年由于人民币的小幅升值，外贸依存度略有降低，约为 63.9%。根据 WTO 和 IMF 的数据测算，1960 年全球外贸依存度为 25.4%，1990 年升至 38.7%，2003 年已接近 45%。我国的外贸依存度已经超过世界平均水平，而且远远高于美国、日本、印度、巴西等国。

究竟什么是外贸依存度呢？外贸依存度是越高越好吗？

顾名思义，外贸指对外贸易，也就是进出口总额，而依存度就是指这个进出口总额占国民生产总值的比重。这个比值越大就说明这个国家的经济越开放，换句话说就是对国外市场的依赖性越大。外贸依存度是反映一个地区的对外贸易活动对该地区经济发展的影响和依赖程度的经济分析指标。从最终需求拉动经济增长的角度看，该指标还可以反映一个地区的外向程度。

实际上，外贸依存度是一把"双刃剑"，其提高和变化一方面表明我国更加主动地参与国际经济，提高了我国的经济地位和影响力；另一方面过高的贸易依存度也暴露出我国贸易目的地集中、对外贸易商品结构不合理以及战略资源产品进口依存度攀升等诸多弊端，为我国经济发展带来了新的风险和影响。总的来说，随着我国对外贸易不断增长，持续增长的外贸依存度会给对外贸易和国内经济发展带来不同程度的影响。

第一，对外贸易摩擦加剧。随着我国出口规模不断扩大，我国出口遭遇国外反倾销和保障措施调查明显增多。目前，我国已经成为世界上遭受反倾销调查最多的国家。除此之外，反补贴、绿色壁垒、技术壁垒等问题也已经成为其他一些国家和地区对付我国产品的方式。由此可见，我国对外贸易的发展和外贸依存度的不断提高，已经使我国对外贸易不可避免地进入了国际经济摩擦的时代。

第二，影响国家经济安全。能源、矿产资源、某些关键设备和零部件进口依存度高容易使本国的经济命脉受制于人。一旦国际经济出现较大波动，必然使国内经济出现一些困难。2017 年我国石油的对外依存度为 65.4%，据专家估算我国石油供应的一大半将依赖国际供应。随着重要战略物资、关键产品和技术的进口数量不断增长，进口对国家经济安全的影响将进一步加大。

日本可谓十足的外向型经济，外贸依存度非常之高，大部分产品的原料都是从国外进口，生产的产品大部分都出口到国外，也就是两头在外，

中间在内的经济——这也正是它称霸天下的最大障碍。20世纪80年代，日本的电子和汽车以廉价和高品质畅销欧美，似乎要取代美国已不在话下，可是最终却没有，为什么呢？因为它的国民生产总值虽高，却很大程度上依赖国外市场，国外市场是要受别人控制的，当别人掌握了它的弱点后，它就只能受控于人。在美国强烈要求日本货币升值，签订"广场协定"之后，20世纪八九十年代日本经济就陷入了泥潭中，无法自拔。

我们在保持适当外汇依存度的情况下，也应该大力发展国内经济，扩大内需，避免经济增长过分依赖出口。中国拥有大片的土地和13亿多人口，如果充分调动起内需，潜力无限，可以说我们具备成为经济大国的条件。了解内需的重要性对于我们的指导意义在于，它可以帮助我们看清方向。如果你想创业，可别忘了内需型行业；如果你进行投资，可别忘了考虑内需动力型公司。只要你明白大国是怎么炼成的，你就会知道路在何方。

## 美国人为什么要穿中国人造的鞋子
### ——比较优势

去过庙的人都知道，一进庙门，首先是弥勒佛，笑脸迎客，而在他的北面，则是黑口黑脸的韦陀。但相传在很久以前，他们并不在同一个庙里，而是分别掌管不同的庙。弥勒佛热情快乐，所以来的人非常多，但他什么都不在乎，丢三落四，没有好好管理账务，虽然人多却仍入不敷出。而韦陀虽然管账是一把好手，但成天阴着脸，太过严肃，搞得人越来越少，最后香火断绝。佛祖在查香火的时候发现了这个问题，就将他俩放在同一个庙里，由弥勒佛负责公关，笑迎八方客，于是香火大旺；而韦陀铁面无私，锱铢必较，则负责财务，严格把关。在两人的分工合作下，庙里一派欣欣向荣的景象。这个故事说明了什么呢？弥勒佛在吸引客人方面具有比较优势，而韦陀则在管理账务方面具有比较优势，他们两个合作对双方都有好处。

如果一个国家在本国生产一种产品的机会成本低于在其他国家生产该产品的机会成本，那么这个国家在生产该种产品上就拥有比较优势。简单地说就是一个国家相对另一个国家来说更善于生产某种产品，即在此产品上具有比较优势。

第九章 和你的生活成本、工资收入息息相关——国际贸易活动中的经济学

美国人为什么要穿中国人造的鞋子,而中国人为什么要用美国人做的电子产品呢?这就是比较优势的生动体现。假定美国投入一个劳动力分别可以生产 10 双运动鞋或者 30 个电子产品,而中国投入一个劳动力,能分别生产 5 双鞋或者 8 个电子产品。从表面上看,中国制鞋和制造电子产品的效率都没有美国高。但是从机会成本看,美国人生产 1 双鞋的机会成本是 3 个电子产品,而中国则是 8/5 个电子产品,于是就出现了美国人生产电子产品,而中国人生产鞋的分工,这样双方都获得了好处。

现在中国确实很好地利用了自己的比较优势,成为世界的加工制作工厂,但是似乎又走向了另一极端——只会加工制作。比较优势战略没有改变中国经济落后的面貌,也无法改变国际贸易利益分配中的不公平现象。长期执行单纯的比较优势战略会造成一国的产业结构不能得到升级,而且具有固化原有产业分工的作用,使中国在国际分工中处于不利地位。由于侧重于发挥资源和劳动力的优势,还会引起对与强化资源和劳动力优势关系不大的先进技术特别是劳动替代技术或资源替代技术的不重视甚至是排斥,这会使中国享受不到现代高新技术进步带来的利益。

比较优势

中国必须调整自己的贸易发展战略,突破比较优势战略的束缚,实行竞争优势战略,以技术进步和制度创新为动力,以产业结构升级为特征,全面提高本国产业的国际竞争力,生产具有竞争优势的产品参与国际竞争,分享国际贸易利益,彻底改变在国际贸易中的不利地位,充分发挥对外贸易作用。

 世界贸易的协调者
——WTO

WTO 是世界贸易组织(World Trade Organization)的英文简称,是一个独立于联合国的永久性国际组织。WTO 于 1995 年 1 月 1 日正式开始运作,负责管理世界经济和贸易秩序,总部设在瑞士日内瓦莱蒙湖畔。世贸组织是具有法人地位的国际组织,在调解成员争端方面具有更高的权威

性。世贸组织与世界银行、国际货币基金组织一起,并称当今世界经济体制的"三大支柱"。

世界贸易组织的宗旨是:促进经济和贸易发展,以提高生活水平、保证充分就业、保障实际收入和有效需求的增长;根据可持续发展的目标合理利用世界资源、扩大商品生产和服务;达成互惠互利的协议,大幅度削减和取消关税及其他贸易壁垒并消除国际贸易中的歧视待遇。WTO作为正式的国际贸易组织在法律上与联合国等国际组织处于平等地位。它的职责范围除了关贸总协定原有的组织实施多边贸易协议以及提供多边贸易谈判所和作为一个论坛之外,还负责定期审议其成员的贸易政策和统一处理成员之间产生的贸易争端,并负责加强同国际货币基金组织和世界银行的合作,以实现全球经济决策的一致性。WTO协议的范围包括从农业到纺织品与服装,从服务业到政府采购,从原产地规则到知识产权等多项内容。

WTO是一个国际性的贸易组织,其成立的目的就在于要公平、公正地处理各国贸易活动中所发生的争端,建立平等、互利、健康的国际贸易秩序。然而,在美国向欧盟出口的使用激素的牛肉这一案例中,我们不难发现虽然WTO不断完善其规章法案,但是仍然有不少国家和经济体,出于各种不同的原因,寻找种种借口,不遵守贸易条款。虽然一些权威的认证机构可以通过实验等方法,证明贸易品完全符合要求,但是贸易方仍会通过其他因素,控制贸易。

2001年11月10日,世界贸易组织多哈会议批准我国为正式成员。中国加入世贸组织,成为该组织第143个成员。2001年12月11日,中国正式成为世贸组织成员。

加入WTO是我国深化改革、扩大开放和建立社会主义市场经济体制的内在要求,是我国经济发展的需要。以发展中国家身份加入WTO,对我国经济发展有利有弊,但总的来看,利大于弊。

加入WTO有利于进一步扩大出口和吸引外资。加入WTO后,我国要履行WTO规定的义务,逐步开放国内市场,这将进一步改善外商投资环境,增强我国市场对外商的吸引力,有利于更多地引进外国资本、技术和管理经验。

加入WTO有利于加快国内产业结构的调整和优化。通过WTO其他成员方对我国开放市场,可以将我国一些长线产品和产业转移出去;通过我国对其他成员方开放市场,可以利用外国资金、技术改造我国传统产业,

## 第九章 和你的生活成本、工资收入息息相关——国际贸易活动中的经济学

加快高新技术产业和服务业的发展,提升我国产业发展的整体水平。

加入WTO有利于继续深化我国经济体制改革。加入世贸组织,将会推动我国改革的进程。同时,将推动国有企业改革,建立现代企业制度;还将推动外贸、银行、保险、证券、商业等方面深化体制改革,以适应这些领域逐步开放的需要。

加入WTO有利于我国参与国际贸易新规则的制定,维护我国的正当权益,提升我国的国际地位。同时,我国还可以利用多边争端解决机制,减少与其他国家发生正面摩擦和冲突,有效维护我国的正当权益。

加入WTO有利于中国参与世界经济全球化进程。加入WTO,我国与其他成员方均须严格按照国际规则办事,相互开放市场。这将有利于我国全面参与国际竞争和国际合作,充分发挥我国的比较优势。同时,加入WTO还有利于我国与跨国公司进行广泛合作,引进跨国公司的资金、技术和管理经验,利用跨国公司的销售渠道和网络,扩大出口;也有利于建立我国自己的跨国公司,走出国门,到其他国家设厂办企业,提高中国经济的国际竞争力。

当然,加入WTO,我们既要享受应有的权利,又要承担相应的义务,这就免不了给我们带来一定的压力和挑战。首先,进一步开放市场会使国内一些产品、企业和产业面临更为激烈的竞争。随着市场准入的扩大、关税的削减和非关税措施的取消,外国产品、服务和投资有可能更多地进入我国市场,国内企业将面临更加激烈的竞争,特别是那些成本高、技术水平低和管理落后的企业,将面临更加严峻的挑战。其次,我国的对外经贸管理将在一定程度上受到WTO规则的制约。我国现行有关涉外经济法律、法规和政策还不完全符合WTO规则的规定,虽然这也是我国深化对外经贸管理改革的重要任务,但目前我们在观念和体制上都存在许多不太适应的地方,政府机关和企业管理人员的工作效率也有相当大的差距。最后,多边争端解决的裁决也可能出现对我国不利的结果。由于我国市场经济有待完善,还有一些政策规定和企业行为与WTO规则不一致,再加上对WTO规则了解不够,经验不足,即使投入相当多的人力和物力,我们还是有可能在WTO的争端解决机制中打输官司。

## 两国货币兑换的比率
## ——汇率

2008年4月10日,中国外汇交易中心经中国人民银行授权公布信息:银行间外汇市场人民币对美元汇率中间价首度升值"破7",比价为6.992∶1。这一消息引起了外汇市场的高度关注。"破7",这一天成为人民币对美元汇率持续升值、屡创新高的一个具有标志性意义的日子。

说起人民币升值,就必然会谈到一个基本概念——汇率。汇率,也称作汇价,是国家与国家之间兑换货币时的比率。通俗地说,如果把另一个国家的货币视为商品,那么汇率就是买卖该国货币的价格。当今世界上的货币种类繁多,名称不一,币值不同,所以货币与货币之间兑换时要规定汇率。

举个例子来说,一件价值100元人民币的商品,如果美元对人民币汇率为8.25,则这件商品在国际市场上的价格就是12.12美元。如果美元汇率涨到8.50,也就是说美元升值,人民币贬值,用更少的美元可买此商品,这件商品在国际市场上的价格就是11.76美元。所以该商品在国际市场上的价格会变低。商品的价格降低,竞争力变高,便宜好卖。反之,如果美元汇率跌到8.00,也就是说美元贬值,人民币升值,则这件商品在国际市场上的价格就是12.50美元,买的人就少了。简要地说,汇率就是用一个单位的一种货币兑换等值的另一种货币。

从短期来看,一国的汇率由对该国货币兑换外币的需求和供给所决定。外国人购买本国商品、在本国投资以及利用本国货币进行投机会影响本国货币的需求。本国居民想购买外国产品、向外国投资以及外汇投机会影响本国货币的供给。从长期来看,汇率主要取决于商品在本国的价格与在外国的价格的对比关系。以一种商品为例,如果1单位商品在美国生产需要5美元,在中国生产需要50元人民币,则就这单位商品而言,美元与人民币的汇率就是5∶50,即1美元兑换10元人民币。汇率则是所有进出口商品本国价格与外国价格的相对比价。长期影响汇率的主要因素主要包括相对价格水平、关税和限额、对本国商品相对于外国商品的偏好以及生产率。

汇率会对经济造成影响。首先,汇率变动会影响国际收支。一国的货币贬值导致相对价格变低,出口增加,抑制进口;实际的市场汇率与人们预期的市场汇率不相等时,造成国际资本的流动,影响资本项目。其次,

第九章 和你的生活成本、工资收入息息相关——国际贸易活动中的经济学

汇率变动会影响国内经济。本币贬值,一方面导致进口的商品价格上涨,另一方面由于出口的商品需求增长,导致出口商品的价格上涨;本币贬值,利于出口,限制进口,限制的生产资源转向出口产业、进口替代产业,促使国民收入增加,就业增加,由此改变国内生产结构。最后,汇率变动还会影响世界经济。汇率变动被视为一种国际竞争与扩张的手段:货币贬值可以达到扩大对外销售的目的;货币高估可以实现对外掠夺的目的;因此汇率的频繁波动会增加发达国家与发展中国家的矛盾。

我们应该客观分析汇率变化给我国经济带来的影响,对其有利之处充分利用,对其不利之处要采取必要措施加以化解,这不仅会起到稳定我国经济的作用,还将对世界其他国家产生有利影响。例如,在亚洲金融危机期间,东南亚国家的货币纷纷大幅贬值,它们的出口结构与我国大致相同,但中国却坚持人民币汇率不贬值,对整个国际社会做出了重大贡献。

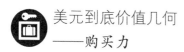

美元到底价值几何
——购买力

在中国一个肉包 1 元,10 个也就是 10 元,按照 2015 年 10 月 21 日的即期汇率换算,约为 1.58 美元。在日本购买 10 个肉包子需要 1100 日元,大致是 10 美元。而在美国购买 10 个肉包平均需要 5 美元。究竟一个包子多少钱?是包子的定价有问题吗?怎么会有如此大的差异?这主要是因为同种货币在不同国家的购买力是不一样的。

所谓购买力就是指人们支付货币购买商品或劳务的能力,或者说在一定时期内用于购买商品的货币总额。它反映的是该时期全社会居民支付能力的大小,一切不通过货币结算的实物收支和不是用来购买商品和劳务的货币支出,如归还借款、交纳税金、党费、工会会费等,均不属于社会商品购买力范围。

要比较一国的经济实力,第一个搬出来的数据肯定是 GDP 排名,但是这个排名真的可以反映一国的经济实力吗?答案是未必。GDP 排名的得出过程一般是先计算出本国的 GDP,比如日本是多少日元,中国是多少人民币,然后根据官方的汇率换算成美元,再进行比较。比如说,中国的 GDP 总额至今都没有美国多。但这个官方汇率在一定程度上却是不准确的,因为它总会存在高估和低估的问题。正如文章开头所讲的那样,同样的 1 美

元,在日本和中国的购买力是不一样的。同样是10个肉包,按说对GDP的贡献是一样的,可是要按美元来衡量,中国的GDP只有日本的十几分之一!现在你明白为什么你所看到的数据是"错误"的了吧?

按照国际货币基金组织(IMF)公布的数据,中国2014年的GDP达17.6万亿美元,超过美国的17.4万亿美元,从而成为世界第一大经济体。IMF还预计,到2019年,中国经济规模将超过美国20%。IMF的数据是基于购买力平价计算得出的,在人均购买力平价方面,中国相当于美国的四分之一。

但是购买力平价相对于汇率法,虽然解决了一些问题,但也带来了一些问题。根据IMF数据,如果按实际汇率计算,美国2014年GDP为17.4万亿美元,而中国则为10.4万亿美元,中美之间的差距依然较大。

可能有人会觉得奇怪,为什么发达国家的物价水平会偏高呢?由于国际贸易的发展,贸易商品如笔记本、小汽车等产品的价格在各个国家都是相差无几的,但是发达国家的劳动生产率要高于发展中国家,每个人相同时间内能生产的笔记本、小汽车更多些,自然平均下来每个人的产量就高了,工资也就比不发达国家的工人要高。同一国家的可贸易商品部门的工资和不可贸易部门的工资是相差无几的,不然工人都到工资高的部门去了,所以在发达国家不可贸易商品部门的工人工资也要高于不发达国家,但是不可贸易商品,比如汉堡包、肉包,还有理发等服务在各个国家的劳动生产率都差不多,所以要想赚更多的钱,只有收取更高的价格了。这就解释了为什么发达国家的肉包子会那么贵。

其实,知道购买力是很有必要的。至少当你知道一国的购买力情况时,你在该国消费的时候,就知道自己手中的钱可以用来买多少东西,能买些什么样的东西,可以有节制地进行消费,而不至于出现超前消费或者冲动消费,让自己负债。这样,不管你走到哪里,你都能成为一个理性的消费者,合理地花钱。

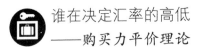

谁在决定汇率的高低
——购买力平价理论

打开电视,任选一经济频道,大都有最新的外汇牌价。对于投资者来说,外汇市场一有风吹草动,就会牵动他们的神经。可就政府而言,更关

## 第九章 和你的生活成本、工资收入息息相关——国际贸易活动中的经济学

注外汇的长期走向,以便审时度势,从长计议,制定符合国情的汇率政策。比如人民币对美元的汇率,1979 年为 1.5∶1,1986 年为 3.7∶1,1994 年年初为 8.7∶1,2010 年 5 月为 6.8∶1。30 年来,汇率如此变化调整,依据何在?汇率决定理论中,有一个购买力平价说,或许我们可以从中找到答案。

经济理论大都有假设前提,购买力平价说也不例外。为了便于推演展开,此说首先假定两国之间贸易自由,商品、劳务交流不受关税、配额限制,即便有限制,双方外贸政策对等,没有相互歧视。同时,假设两国商品的运输成本大致相同。在此基础上,得出了购买力平价说的理论前提:同样货物无论在哪里销售,其价格必然相等。也可以这么理解,如果世界上只有一种货币,那么在任何地方购买同质的商品,花销应该一样。这个假设前提,被称为"一价定律"。

实际上,各国货币大不相同。但是,由一价定律不难推出,两种货币的汇率,等于它们的购买力之比。比如一个同样的汉堡包,在美国卖 1 美元,而在日本卖 150 日元,那么就可以认为,1 美元相当于 150 日元,美元对日元的汇率是 1∶150。如果一国的货币购买力下降,商品的国内价格上升,该货币就会对外等比例贬值;反之,购买力上升,货币则会相应升值。刚才例子中,如果由于某种原因,汉堡包在日本售价上升为 200 日元,在美国仍卖 1 美元,那么日元贬值,美元对日元的汇率降为 1∶200;反之,如果美国的汉堡包售价上涨到 1.50 美元,在日本仍为 150 日元,就说明日元升值,美元对日元的汇率变为 1∶100。当然,该理论所说的货币购买力,不只表现在汉堡包一种商品上,而是就国内所有商品的平均水平而言的。

以上推论讲的是在某一时点,两国价格水平与汇率的关系,被称为绝对购买力平价。与此对应,卡塞尔又提出相对购买力平价。他认为,在一段较长时间里,两种货币汇率变化的百分比,等于两国国内价格水平变化的百分比之差。举例来说,如果法国的物价一年上涨 10%,而荷兰的物价只上涨 5%,那么根据相对购买力平价,法郎对荷兰盾将会贬值 5%。汇率变动将不多不少,刚好抵消法国通胀超过荷兰的 5 个百分点。照此看来,汇率的涨跌,与同一时期两国物价水平的相对变动,恰成反比关系。为了给"一战"后的世界提供一个重整汇率的参照,卡塞尔主张,汇率不能盲目调整,必须先确定一个基期汇率,也就是"一战"之前,符合绝对购买

力平价的时期。在基期汇率的基础上,根据"一战"后各国通货膨胀的变化,制定恰当的新汇率指标。对各国货币当局来说,此说犹如醍醐灌顶,豁然开朗:当两国经济冷热不均、物价水平涨跌不同时,货币之间的汇率可以根据相对购买力平价,进行适当调整。

应该说,购买力平价理论,对指导"一战"后各国重整汇率,是功不可没的。随着时间的推移,后来学者也逐步发现了它的不足。第一,从理论基础上看,购买力平价说的基础是货币数量论,卡塞尔认为两国纸币的交换,决定于纸币的购买力,因为人们是根据纸币的购买力来评价纸币的价值的,这实际上是本末倒置。事实上,纸币代表的价值不取决于纸币的购买力,相反纸币的购买力取决于纸币代表的价值。第二,它假设所有商品都是贸易商品,忽视了非贸易商品的存在。第三,它还忽视了贸易成本和贸易壁垒。第四,它过分强调了物价对汇率的影响,汇率的变化也可以影响物价。第五,它忽视了国际资本流动对汇率所产生的冲击。第六,它只是一种静态或比较静态的分析,没有对物价如何影响汇率的传导机制进行具体分析。

尽管如此,大多数学者还是认为,对于长时期汇率变化,购买力平价说的魅力仍在,并没有过时。两国之间如果能盯住相同的一篮子商品,正确估计价格水平变化,还是能够判断出汇率的基本走向的。

 奥巴马为何如此关注人民币汇率
——本币的升值与贬值

近年来,人民币汇率成为美国总统奥巴马重点关心的对象,为什么呢?道理很简单,人民币汇率的变化会导致美元兑人民币的升值与贬值,从而会对美国国内的经济造成重大影响,同时也会影响到美国对中国的负债——巨大的外汇储备。

本币的升值就是本国货币相对于其他国家来说价值增加;而本币贬值则恰恰相反,是指本国货币相对于其他国家来说价值下降。一般认为,自己持有的东西增值是件好事,贬值是件坏事。但是这个想法放到本币上就未必正确了。

本币升值或贬值都是双刃剑,既有有利的一面,又有不利的一面。

当本币升值时,意味着本币的国际地位提高,本国在世界经济中的地

## 第九章 和你的生活成本、工资收入息息相关——国际贸易活动中的经济学

位有所提升。第一，老百姓手中的货币更加值钱了，财富也开始增值，人均GDP全球排名也可以往前挪一挪。第二，外债压力的减轻和购买力的增强。第三，有利于进口产业的发展。尽管如此，本币升值还是会造成本国经济增长放缓。第一，升值会影响出口。由于本币升值，商品价格提高，出口产品竞争力下降，从而会引发国内经济不景气。一国货币的升值，带来的是该国出口产品竞争力的下降。在这个问题上，日本是有血的教训的。在1985年，为了遏制廉价日货出口狂潮，美国、法国、德国、英国的财政首脑就采取过相应的手段，迫使日本签署了"广场协议"，从而逼迫日元升值30%。此后，1985—1996年的10年间，日元兑美元比率由250：1升至87：1，升值近3倍。而"广场协议"被公认为引发日本经济衰退的罪魁祸首。第二，影响本国企业和许多产业的综合竞争力。第三，升值后导致投机不可避免地盛行，使经济濒临爆发危机的边缘。第四，升值还会带来通胀压力，等等。

当本国货币贬值时，会给国际收支、国内经济等带来一定的好处。首先，本国货币贬值，降低了本国商品相对外国商品的价格，使国外消费者增加对本国商品的需求，本国居民减少对外国商品的需求，从而有利于本国的出口，减少进口；外国货币的购买力相对提高，本国商品、劳务、交通、住宿等费用相对便宜，有利于吸引外国游客，扩大旅游业发展，推动就业增加和国民收入的增长。其次，整个经济体系中外贸部门所占比重会扩大，从而提高本国的对外开放程度，可以有更多的商品同国外商品竞争。但是，贬值还是会带来更多的不利影响。第一，如果贬值趋势不断发展，那么人们将会把资金从本国转移到其他国家，引起资金外流，引起严重的资本项目逆差。第二，一方面出口扩大，引起需求拉动物价上升；另一方面通过提高国内生产成本推动物价上升，货币贬值对物价的影响会逐步扩大到所有商品，易引发通货膨胀。第三，小国的汇率变动只会对贸易伙伴国的经济产生轻微的影响，但主要工业国的货币贬值会影响其国家的贸易收支，由此可引起贸易战和汇率战，并影响世界经济的发展。第四，主要工业国汇率的变化还会引起国际金融领域的动荡。在国际贸易和借贷活动中，将使吸进贬值货币的一方遭受损失，而要付出贬值货币的一方将从中获利。第五，主要货币的汇率不稳定还会给国际储备体系和国际金融体系带来巨大影响。1997年亚洲金融危机就是首先从泰国货币贬值开始的。1998年日元对美元的比价持续下跌，降到8年来最低点。这对亚洲各

国无疑是一个沉重的打击，而且在美国的股票市场和外汇市场引起轩然大波。

所以，需要辩证地看待本币升值与贬值，而不要盲目地认为升值好或者贬值好。认识它们的利弊，才可以让我们对货币更了解，能更好地利用货币的升值、贬值效应来为我们的经济生活服务。

出口与进口的关系
——贸易顺差与逆差

出口与进口之间可以有两种关系，一是出口大于进口，这表现为贸易顺差；二是出口小于进口，这表现为贸易逆差。所以，要真正了解贸易顺差与逆差的关系，首先需要分清究竟是出口大于进口还是进口大于出口。

在一定的单位时间里（通常按年度计算），贸易双方互相买卖各种货物，互相进口与出口，甲方的出口金额大过乙方的出口金额，或甲方的进口金额小于乙方的进口金额，其中的差额，对甲方来说就叫作贸易顺差；反之，对乙方来说就叫作贸易逆差。一般就贸易双方的利益来讲，其中得到贸易顺差的一方是占便宜的一方，而得到贸易逆差的一方则是吃亏的一方。可以这么看，贸易是为了赚钱，而贸易顺差的一方，就是净赚进了钱；而贸易逆差的一方，则是净付出了钱。

贸易顺差，又称"出超"，表示该国当年对外贸易处于有利地位。但是，贸易顺差越多并不一定越好，过高的贸易顺差是一件危险的事情，意味着本国经济的增长比过去几年任何时候都更依赖于外部需求，对外依存度过高。巨额的贸易顺差给货币带来了更大的升值压力，也给国际上贸易保护主义势力以口实，认为巨额顺差反映的是货币被低估。这增加了货币升值压力和金融风险，为货币汇率机制改革增加了成本和难度。通常情况下，一国不宜长期大量出现对外贸易顺差，因为此举很容易引起与有关贸易伙伴国的摩擦。例如，美国、日本两国双边关系市场发生波动，主要原因之一就是日方长期处于巨额顺差状况。与此同时，大量外汇盈余通常会致使一国市场上本币投放量随之增长，因而很可能引起通货膨胀压力，不利于国民经济持续、健康发展。

贸易逆差，又称"入超""贸易赤字"，反映该国当年在对外贸易中处于不利地位。当一个国家出现贸易逆差时，即表示该国外汇储备减少，其

第九章　和你的生活成本、工资收入息息相关——国际贸易活动中的经济学

商品的国际竞争力削弱。大量的贸易逆差将使国内资源外流加剧，外债增加，影响国民经济正常有效运行。因此，政府应该设法避免出现长期的贸易逆差。如果一个国家经常出现贸易赤字现象，为了要支付进口的债务，必须要在市场上卖出本币以购买他国的货币来支付出口国的债务，这样国民收入便会流到国外，使国家经济表现转弱。政府若要改善这种状况，就必须要把国家的货币贬值，因为币值下降，即变相把出口商品价格降低，可以提高出口产品的竞争能力。因此，当该国外贸赤字扩大时，就会利淡该国货币，令该国货币下跌；反之，当出现外贸盈余时，则是利好该种货币的。因此，国际贸易状况是影响外汇汇率十分重要的因素。日本、美国之间的贸易摩擦充分说明这一点。美国对日本的贸易连年出现逆差，致使美国贸易收支恶化。为了限制日本对美国贸易的顺差，美国政府对日本施加压力，迫使日元升值。而日本政府则千方百计阻止日元升值过快，以保持较有利的贸易状况。同样，关于人民币升值的问题也有这方面的斗争因素。

但是，贸易逆差的结果也并非都是坏处。第一，适当逆差有利于缓解短期贸易纠纷，有助于贸易长期稳定增长；第二，逆差实际上等于投资购买生产性设备，只要投资项目选择得当，既可补充国内一些短缺的原材料，还能很快提高生产能力、增加就业以及增加经济总量；第三，逆差能减少人民币升值的预期，减缓资本净流入的速度；第四，短期的贸易逆差有助于缓解我国通货膨胀的压力，加大我国货币政策的操作空间。

当前，我们应当转变传统的追求贸易顺差的观念，努力追求外贸平衡，改变贸易顺差是好事、逆差是坏事的想法。从我国经济发展的实践来看，经济增长快的年份都是逆差或者顺差较小的年份。因此，在对外贸易问题上，应当彻底转变观念，放弃以出口创汇、追求顺差为目标的传统观念和做法，确立以国际收支平衡为目标的政策。

进出口贸易的津贴
——贸易补贴

国家对进出口贸易给予的津贴就是贸易补贴。贸易补贴可以是直接的，也可以是间接的。直接贸易补贴简单来说就是负税，其后果与税收正好相反。间接贸易补贴则一般采取放宽信贷、廉价使用能源或免费使用基

础设施等方式。补贴量可以与贸易量保持某一固定比例关系，称为从量补贴；也可以与贸易值保持某一固定比例关系，称为从价补贴。贸易补贴主要还是体现在出口补贴，通过补贴，一国能更好地保护本国公民的利益。

对出口给予贸易补贴有利于提高出口企业在国际贸易中的竞争力。但是，从另一个角度看，贸易补贴又会使外国同类企业受到不利影响，容易导致不公平贸易竞争。美国在《1933年农业法案》中就确立了棉花补贴政策，2002年农业法案规定对棉花实行生产补贴、销售补贴、贸易补贴（即出口补贴）和限制性补贴。仅1999年8月至2003年7月，美国2.5万名棉花生产者共得到124.7亿美元的补贴，而同期美国棉花的产值是139.4亿美元，补贴率（即补贴占整个产值的比例）为89.5%。美国每年给2.5万户棉农大约30亿美元的补贴，平均每户棉农得到的补贴高达1.2万美元，相当于中国一户棉农7～10年的产值。如此巨额的棉花补贴推动了美国棉花的种植和出口，保证了美国在全球棉花产量第二、出口第一的位置，它严重扭曲了国际棉花贸易价格，损害了其他棉花生产国及其棉农的利益。

发达国家对棉花采取高度支持和过度保护政策，造成了国际棉花市场的混乱和政府财政的沉重负担。因此，在WTO框架约束之下，开展全球范围内的棉花自由贸易和加强在棉花生产方面的国际竞争与合作，是大多数国家所需要的，取消棉花出口补贴势在必行。2002年9月，巴西依据世贸组织"和平条款"，就棉花补贴问题向世贸组织起诉美国。2003年4月，4个非洲国家向世贸组织提出申诉，要求解决棉花补贴问题。棉花问题成为2003年WTO坎昆部长级会议的重要议题。2004年6月18日，WTO争端解决机构裁定美国棉花补贴违反了WTO规则。从巴西上诉美国开始，棉花补贴博弈也正式拉开了帷幕。在2005年12月18日的多哈回合香港会议中，各发达国家及发展中国家达成一致协议：到2013年年底前取消农产品出口补贴，2006年取消棉花出口补贴。

目前，反补贴同反倾销一样，已经成为当前国际贸易中的突出问题。为了规范反倾销与反补贴的行为，关贸总协定乌拉圭回合达成了《反倾销协议》与《反补贴协议》。而世界各国为了保护国内产业，纷纷根据规定，制定了各自的反倾销、反补贴立法，并在必要时征收反倾销或反补贴税。我国在世界贸易中，也遭遇了国外的反补贴调查。

2004年4月13日，加拿大边境服务局（Canada Border Service Agency，

### 第九章 和你的生活成本、工资收入息息相关——国际贸易活动中的经济学

CBSA）对产自中国的烧烤架发起反补贴立案调查，这是我国遭受的第一起反补贴调查案件。在这之后不久，加拿大又对产自我国的碳钢和不锈钢紧固件、复合地板同时发起反倾销和反补贴调查。到 2004 年 11 月 19 日，加拿大边境服务局做出终裁，决定终止烧烤架反补贴调查，并退还已征收的临时反补贴关税。由此，我国在首起针对自己的反补贴调查案中取得了胜利。但是，产自中国的紧固件却被认为 100% 受到了中国政府的补贴，从而受到了增加关税的打击。这几起案件拉开了国外对中国出口产品征收反补贴税的序幕，对我国企业来说有着长远的警示意义。就目前的国际贸易形势看，补贴与反补贴的斗争还将会越来越频繁、越来越激烈，我国也在大力加强反倾销与反补贴的立法与实践，争取在以后的贸易大战中更好地保护自己。

获得贸易补贴的出口商品往往会在国际市场上占据显著的价格优势，有明显的竞争优势，但却会让其他国家失去公平的贸易机会。经济全球化需要贸易公平化和自由化，只有消除了贸易补贴、关税和保护主义，才能真正实现共同发展，否则势必引起愈发激烈的贸易纠纷。

### 低价卖货也有错
#### ——商品倾销

如果我国的商品在外国卖得便宜，外国的人民不会觉得这是件好事，他们反而会找你的麻烦，指控你进行商品倾销，还要对你征税。这还真是一个把东西廉价卖给别人却还要挨骂挨打的奇怪世界。

所谓商品倾销就是厂商以低于商品成本的极其低廉的价格在某一地区销售商品，以达到消灭竞争对手、垄断整个市场的目的。倾销被视为一种不正当的竞争手段，为 WTO 所禁止，因此反倾销也成为各国保护本国市场，扶持本国企业强有力的借口和理由。但是，并不是所有的倾销都对进口国不利。

按照倾销的目的，商品倾销可以分为偶发性倾销、间歇性倾销和持续性倾销三种形式。其中偶然性倾销持续时间短、数量小，比如公司为了处理在国内市场上的积压库存，而以低价在国外市场上倾销就属这种情况。它对进口国没有明显的不利影响；相反，该国的消费者还会因之受益，所以一般不会遇到反倾销的打击。间歇性倾销是指为了打击竞争对手、形成

垄断，以低价（低于国内价格或成本价格）的方式在国外市场销售，一旦目的达到，就会利用垄断力量提升价格，从而获取高额利润。这种倾销显然破坏了公平的市场竞争原则，进而破坏了国际贸易秩序，所以是各国反倾销的打击对象。持续性倾销是指无期限地、持续地以低于国内市场的价格在国外市场销售商品。该种倾销也被各国强烈反对。

2004年9月17日，在西班牙东部的埃尔切城，几百名身份不明的西班牙人涌上街头，纵火焚毁了一座来自中国温州的鞋商仓库，同时还烧毁了运载着装鞋的集装箱的汽车，直接给鞋商造成了800万元人民币的损失。这种极端的对中国鞋的反倾销暴力事件震惊了世界。

实际上，除去这种极端的民间反倾销行为，近年来中国企业被国外指控倾销的事件也屡屡发生。自从1979年欧洲共同体对我国糖精发起首例反倾销指控以来，到现在为止，我国已经成为世界上遭受反倾销最多的国家，中国的对外贸易为此受到很大影响。

2006年10月7日，欧盟正式表决通过了针对中国皮鞋征收16.5%的反倾销税的提案。其中作为中国皮鞋主要出口商的温州鞋企受到了严重的打击。事实上，在2006年的4月，欧盟就开始对中国皮鞋征收临时性反倾销税了，这直接导致了出口额的明显下降，很多温州小型鞋企甚至出现了零订单的现象。欧盟对中国鞋企征收反倾销税主要是因为中国的皮鞋价格太低了，欧盟生产商的平均价格是30～70欧元/双，中国的出口价格却只有10欧元/双，反倾销是他们为了支持本国企业，保护本国市场所采取的一种手段。

一件接一件的反倾销事件，不仅对我国的经销商造成了严重的损失，同时还对我国的出口贸易造成了很大的影响。但是，从另一角度来看，越来越多的指控中国企业倾销案，也有着积极的意义。这证明中国企业出口竞争力已经大大增强，出口价格和数额已经对别国企业的经营产生威胁。如果中国企业的竞争力弱小，则其出口价格再低，也不会引起外国企业的反倾销。现在对中国出口企业而言，当务之急是在应对反倾销时，要做好充分的准备，要合理运用世界贸易组织的《反倾销协议》等条例，以"依法、公正、合理"的原则积极应诉，通过调解争端的机制维护自己的利益。

第九章 和你的生活成本、工资收入息息相关——国际贸易活动中的经济学

 美国为什么要对中国的轮胎加税
——贸易壁垒与贸易战

2009年4月20日,美国钢铁工人联合会以中国对美国轮胎出口扰乱美国市场为由,向美国国际贸易委员会提出申请,对中国产乘用车轮胎发起特保调查。同年9月11日,美国总统奥巴马决定,对从中国进口的所有小轿车和轻型卡车轮胎实施为期三年的惩罚性关税。白宫发言人罗伯特·吉布斯表示,在现行进口关税4%的基础上,对中国输美小轿车与轻型卡车轮胎连续三年分别加征35%、30%和25%的特别从价关税。美国为什么要对中国的轮胎加税呢?道理很简单,美国就是想形成贸易壁垒,与中国拉开轮胎的贸易战,最大限度地打击中国的轮胎出口企业。

贸易壁垒又称贸易障碍。是对国与国间商品劳务交换所设置的人为限制,主要是指一国对外国商品劳务进口所实行的各种限制措施。贸易壁垒一般分关税壁垒和非关税壁垒两类。就广义而言,凡使正常贸易受到阻碍,市场竞争机制作用受到干扰的各种人为措施,均属贸易壁垒的范畴。如进口税或起同等作用的其他捐税;商品流通的各种数量限制;在生产者之间、购买者之间或使用者之间实行的各种歧视措施或做法(特别是关于价格或交易条件和运费方面);国家给予的各种补贴或强加的各种特殊负担;以及为划分市场范围或谋取额外利润而实行的各种限制性做法;等等。关税及贸易总协定所推行的关税自由化、商品贸易自由化与劳务贸易壁垒,尽管在关税方面取得较大进展,在其他方面却收效甚微。某种形式的贸易壁垒削弱了,其他形式的贸易壁垒却加强了,各种新的贸易壁垒反而层出不穷。

一些国家通过高筑关税壁垒和非关税壁垒,限制别国商品进入本国市场,同时又通过倾销和外汇贬值等措施争夺国外市场,由此引起的一系列报复和反报复,称为贸易战。如果贸易战的武器仅限于相互提高关税税率,则称为"关税战"。

美国对中国进口轮胎加征35%的关税,会对中国企业造成巨大的影响,"中国生产的轮胎中有40%出口,而其中三分之一出口美国。最高征收高达35%的关税,这意味着第一年中国的轮胎产品将不能出口到美国了。据初步测算,这会影响10万左右的工人就业,损失约10亿美元出口

额"。中国橡胶工业协会会长范仁德说。此次征税,更重要的是会引起系列的连锁反应。这还意味着,更多的国家会对中国发起特保调查,而且调查领域会由轮胎扩展到更多其他的领域。

中方强烈反对美方这一严重的贸易保护主义行为,此举不但违反世贸组织规则,也违背了美国政府在G20金融峰会上的有关承诺,是对贸易救济措施的滥用,在当前世界经济处于危机背景下开了极坏的先例。此举不仅损害了中国的利益,也损害了美国的利益,更将在匹兹堡峰会之前向世界发出贸易保护主义的错误信号,引起贸易保护措施的连锁反应,延缓当前世界经济复苏的步伐。

不仅中方强烈反对,美国舆论也认为对中国进口轮胎征收重税非明智之举。美国舆论认为,这一决定并不会改变美国本土轮胎业生产的现状,却冒着激怒美国第二大贸易伙伴中国的危险,威胁到具有战略意义的美中两国关系的发展。

美国政府这一行动令美国相关企业界十分失望。美国轮胎公司联合会的特罗斯温女士表示,这一决定将对美国轮胎经销商和消费者构成沉重负担,美国消费者将面临轮胎价格上涨和选择减少的情形,轮胎进口商将面临损失。它保护的只是特殊利益集团的利益,而无视它对更广泛的贸易政策产生的不利影响。对中国轮胎征收重税并不会为美国增加工作岗位。美国轮胎制造商多年前就已决定将低端

贸易壁垒

产品生产移到海外,这样一个临时性的关税不会改变他们的商业计划。

通过该事件,我们清楚地认识到贸易壁垒对中国出口的巨大阻碍,也看到将不断会有国家向中国展开贸易战。在这种形势下,中国只能不断学习,加强自己的法律意识,同时完善自我的法律体系,通过法律手段,来保护自己的合法权益。

# 第十章 未来的世界将会怎么样
## ——未来经济热点问题展望

 当世博会来到中国
——会展经济

为什么大家都争着抢着要做世界博览会的主办方？因为世界博览会是人类的聚会，人们从世界各地汇聚一处，展示各自的产品与技艺，赞美各自的故乡和祖国。这种聚会的方式会为中国的经济带来诸多好处，也就是所谓的会展经济。

会展经济，就是通过举办各类会议和展览，在取得直接经济效益的同时，带动一个地区或一个城市相关产业的发展，达到促进经济和社会全面发展的目的，这也被称为"会展产业"或"会展市场"。会展业作为现代化服务业的门类之一，能带动交通运输业、物流业、建筑业、商业、广告、旅游、金融等相关行业的发展，是一种新型的无烟工业。会展经济可分为政府推动型（如德国和新加坡）、市场主导型（如法国、瑞士和中国香港地区）、协会推动型（如加拿大和澳大利亚）、政府市场结合型（如美国）四大模式。

会展经济之所以现在如此受欢迎，还因为它有一些特有的好处。

第一，会展经济可以带动相关产业的发展。会展经济不仅本身能够创造巨大的经济效益，而且还可以带动交通、旅游、餐饮、住宿、通信、广告等相关产业的发展。据专家测算，国际上展览业的产业带动系数大约为1∶9，也就是说，展览场馆的收入如果是1，则相关的产业收入为9。

第二，会展经济为企业开展营销活动提供了一个很好的场所。在市场竞争日益激烈的情况下，企业都想寻找机会搜集市场信息、促进产品销售，而参加会展无疑是一个契机。一方面，企业通过参加会议和展览，可以及时、准确、低成本地获取各种有效的信息。然后，根据这些信息，实施恰当的市场营销组合策略。另一方面，企业在展览会上通过产品尤其是新产品展示，可以诱导甚至创造消费者的需求。

第三，会展经济能够促进城市的发展，提高城市的知名度和美誉度。每个城市都会为了自己承办的会议展览而加大城市建设的投入，促进城市的发展。每次会展活动结束后，无形中就相当于给城市做了一次免费广告，城市的知名度和美誉度一下子就上去了。

近年来，国内会展业以年均20%的速度增长，成为许多大城市的一道亮丽风景。鉴于会展经济对经济发展和社会生活带来的影响越来越大，人们开始从更高层次和角度上谈论会展经济以及如何迎接会展经济时代的到来。随着中国的入世，中国会展业需要立刻与国际接轨，迎接历史的机遇和挑战。而客观上，中国会展业的管理和运作模式相对滞后，会展人才相对缺乏，培养中国自己的会展人才成为中国会展业发展的重要策略。

目前，国内许多展览会在服务理念的提升，服务的专业化、标准化、规范化、人性化等方面还有待向国外一流的展览会学习。展览管理水平的参差不齐和会展专业人才的缺乏也是我国会展业当前面临的重大问题，即使我国已拥有一些管理水平较高的展览公司，展览场馆仍比国际水平差一大截。更重要的是管理人员、项目经理的业务素质亟待提高，需要更好的服务精神、宽阔的思路、敏锐的洞察力、超前的预见性以及熟练的外语。随着知识经济时代的到来，人员知识结构和素养是展览业管理水平的重要体现。另外，互联网对展览的开拓、招商、管理和服务也将起到越来越重要的作用，应引起我们充分的重视。会展经济如何与新经济更好地结合也是促进会展业发展的主要途径之一。

## 城乡差距为什么那么大
### ——二元经济

我国有着严重的城乡差距，为什么会有这样的现象呢？因为中国的工农业配置过度倾斜、农村剩余人口转移受阻等问题，造成了严重的二元经济结构，于是就出现了目前的城乡差距。

二元经济是对发展中国家早期发展阶段的一种描述，是指经济从完全

## 第十章 未来的世界将会怎么样——未来经济热点问题展望

依赖于农产品的生产状态向生计农业部门与现代工业并存的二元状态的转变,这一过程的实现是经济发展的一个里程碑。二元经济是在物物交换的自给自足经济中引入货币经济,其发展取决于货币经济的扩展。当经济发展到一定程度,二元结构逐渐转化为一元,正如美国经济学家钱纳里所说的,二元经济结构的转化具有显著的增长效应。我国在经济发展的过程中也不可避免地出现了二元结构,但是我国二元经济结构的产生有其特殊性,所以经济一元化的道路可能会更加曲折。

我国的二元经济结构主要表现为:城市经济以现代化的大工业生产为主,而农村经济以典型的小农经济为主;城市的道路、通信、卫生和教育等基础设施发达,而农村的基础设施落后;城市的人均消费水平远远高于农村;相对于城市,农村人口众多等。这种状态既是发展中国家的经济结构存在的突出矛盾,也是这些国家相对贫困和落后的重要原因。发展中国家的现代化进程,可以说在很大程度上是要实现二元经济结构向现代经济结构的转换。

我国的二元经济结构有其特殊的方面。第一,配置过度倾斜。中华人民共和国成立以后,我国在经济发展的过程中,由于国内外的环境,采取了特殊的经济发展战略,通过资源倾斜手段,在极短的时间内迅速建立了完整的工业体系。但是这一阶段所采取的过度的资源倾斜政策,成为我国经济发展的一个严重障碍。我国的资源倾斜主要是资源在工业与农业间分配的严重不均,这样导致农业发展严重滞后于工业发展,难以与工业发展相适应。纵观我国经济发展历史,由于资源过度倾斜于工业,对农业投资严重不足,引起粮食产量急剧下降,造成全国性的粮食短缺。二元结构的消除主要是依靠工业发展到一定阶段后,工业对农业的支持。但是我国的经济发展过程始终存在资源过度倾斜于工业和城市的现象,造成我国经济二元结构刚性加强。

第二,农业剩余人口转移受阻。我国的农业剩余人口转移主要通过两种途径:发展农村工业和促进跨地区流动(进城打工)。一是乡镇企业吸纳劳动能力的下降,使得通过乡镇企业转移剩余劳动力的途径受阻。从未来农村劳动力转移和二元经济转化的角度看,乡镇企业的结构调整应该重点发展农副产品加工和第三产业等与农业产业关联程度较强的产业,充分发挥乡镇企业的比较优势,避免重复建设与国有企业过度竞争。二是跨地区流动受阻。近年来,随着国有企业改革,出现大规模的下岗职工,并且下岗职工的再就业也主要集中在城市非正规部门,这就与农民形成了强烈的竞争。城市劳动力素质普遍高于农村,城市部门歧视性的劳动用工制度、教育制度以及社会保障制度对农民的自由流动有一定的限制,这些因素使农民在城市打工的处境更加不利。三是城市化进程缓慢。我国城市化水平低下,一方面制约了经济的发展,另一方面又进一步加固了二元结构的刚性。

因此,我国二元经济在向一元经济转化的路径中,受到很多的制约因素,我国经济的一元化不能按其途径顺利进行,而二元刚性的加固,不仅对我国的工业化进程造成了严重的障碍,而且也对社会的稳定造成了一定的压力。因此,我国二元经济结构的刚性问题应该引起高度的重视。

由于市场经济不能自动地消除二元经济结构,所以政府在此过程中应该起主导作用。在今后的政策中应该注意以下几点:①工业应该支持农业的发展;②加快城市化发展进程;③积极扩大城市非正规就业空间;④切实转换农民的身份,使其真正地参与经济的发展过程和分享经济发展的成果。

## 北京的"黑车"为什么那么多
——地下经济

在北京一些区域,尤其是一些不好打车的地段有很多"黑车",有些还在自己的车里挂一个小红灯,让你乍一看还以为是一辆出租,但是走近了才发现原来是一辆无运营合同的"黑车"。这种现象应该叫什么呢?这在经济学里叫地下经济。

地下经济也称非正规经济,是一种国民经济中未向政府申报登记,经济活动脱离政府法律法规约束,且不向政府纳税的经济成分。地下经济是当前世界范围内的一种普遍现象,被国际社会公认为"经济黑洞"。据国际货币基金组织估计,1998年全球地下经济规模约9万亿美元,占全球产出的23%。从表现形态看,地下经济大致可分为三大类:第一类被称为"灰色经济"或"影子经济",主要是指未经工商登记、逃避纳税的个体经济,如没有营业执照的小商小贩、家居装修、私房建筑等;第二类被称为"黑色经济",指抗税抗法的犯罪经济,包括走私、贩毒、洗钱、赌博、制假、色情业、贩卖人口等;第三类是新型的网络犯罪,指在网上搞假公司

## 第十章 未来的世界将会怎么样——未来经济热点问题展望

和假投资骗取钱财等。文章开头所指的就是第一类。

不仅仅在北京,在很多小城市也有"黑车"满街跑的现象,究竟为什么会出现这样的现象呢?概括一下,大致有三方面的原因:首先,人口压力和就业压力过大,很多人无法在正规的公司得到工作机会,只能通过非正规的渠道自谋生路。尤其是在北京这样的大城市,没有工作是很难生活下去的。其次,由于进入正规公司的成本太高,很多人宁愿选择从事地下经济的工作。最后,税费负担过重的推力和税制缺陷的拉力,为这些"黑车"司机提供了强有力的负激励。

近年来,在全球金融危机的影响下,国内一些房地产企业出现经营困难、效益下降的不景气局面。一些人鼓吹房地产项目处于"低谷",正好介入投资,特别是一些打着政府旗号的项目,欺骗群众,引诱群众上当受骗。

在就业压力成为一个突出的社会问题的背景下,一些违法犯罪分子打着找工作的旗号,诱骗并组织大学生和其他无业人员从事传销活动牟利。而一些返乡农民工或失业人员,在长期找不到工作的情况下,很容易染上赌博的恶习,将赌博牟利当成一项"新职业"。

针对这些正在崛起的地下经济,有关人士分析认为,解决这些问题必须标本兼治,一方面有针对性地加大打击力度,根据不同行业的特点进行打击;另一方面还需从根源上解决当前经济社会发展中的深层次问题,从体制上解决融资难、就业难等问题。就个人而言,要有自我防范意识,提高甄别能力。要摒弃暴富心理和贪念,树立正确的理财观念,不要被违法者的承诺和花言巧语所引诱和蒙蔽。对社会上的投资项目要多渠道、多方位了解,特别要注意一些所谓的零风险、高回报的集资方式,不要心存幻想。

 当地球成为"地球村"
——经济一体化

"二战"后,伴随着国际贸易的发展,各国都在促进本国与他国的贸易问题上不遗余力,各种地区性的经济共同体也纷纷建立,像目前比较有影响的有欧洲联盟、北美自由贸易区、亚太经合组织、中国-东盟自由贸易区。20世纪80年代之后,这种经济一体化逐渐扩展到全球,各个国家的经济政治联系更加紧密了，地球正在一步步地朝"地球村"走近，经济一体化发挥到了极致。

经济一体化是指两个或两个以上的国家在现有生产力发展水平和国际分工的基础上，由政府间通过协商缔结条约，建立多国的经济联盟。经济一体化有广义和狭义之分。广义的经济一体化即世界经济一体化，指世界各国经济之间彼此相互开放，形成相互联系、相互依赖的有机体。狭义的经济一体化，即地区经济一体化，指区域内两个或两个以上国家或地区，在一个由政府授权组成的并具有超国家性的共同机构下，通过制定统一的对内外经济政策、财政与金融政策等，消除国别之间阻碍经济贸易发展的障碍，实现区域内互利互惠、协调发展和资源优化配置，最终形成一个政治、经济高度协调统一的有机体的过程。

我们不禁要问为什么要推进经济一体化，它到底有什么好处呢？

明清时期，我国在农业、手工业和商业领域都取得很大发展，但是统治者却陷入了"天朝大国"的幻觉之中，满足于自给自足的封建经济，奉行"闭关锁国"的政策，实施海禁。由此，隔断了中国与世界的交流。无独有偶，日本在1615—1854年这200多年间，也被德川幕府彻底封闭。外国人不能进去，日本人不许出来。应该说，在一定程度上，闭关政策给国家带来了稳定的经济结构，并一度带来繁荣，然而从长远看，自我封闭阻碍了社会各方面的进步，尤其是切断了与欧洲第一次工业革命的联系，使得中国的科技远远落后于西方。而后的历史也证明，自我封闭在根本上是一种错误、愚蠢的决定，只能使你无法跟上世界发展的潮流。

由于各自生产各自有优势的产品，然后相互交易，这样降低了各自的生产成本，得到成本降低的收益，从而参与的国家都实现了互利共赢。经济一体化放宽了资本、产品流通的限制，扩大了各个国家的市场，从而获得更多的潜在收益。自由贸易还会使得技术交流变得更加方便，从而使得每个国家的技术进步能够得到分享，共同促进生产力的发展。

尽管经济一体化有很多好处，但是是否实行完全的经济一体化还是要视国情而定的。完全的经济一体化需要国内的经济能够应对国际市场带来的冲击，不会影响自身经济的发展，否则盲目地放开市场将会对经济体造成毁灭性的打击。比如中国大豆就远远不是美国大豆的竞争对手，他们大规模生产大豆，拥有优良的品种、先进的技术、低廉的成本，所以当我国一下子开放大豆市场时，美国大豆一夜之间占据了中国整个大豆市场。国家一看这样下去怎么行，不得不紧急叫停大豆市场的完全开放，这样我国生产大豆的农民才能继续生存下去。所以，即使经济一体化再好，我们也要谨慎行事，选择适当的时机开发合适的市场，慢慢地去适应经济一体化这个大潮流。

## 大家都要当城里人
——城市化

所谓城市化就是将"大家都要当城里人"的说法拿到国家层面上来，实现国家人口主要都是城市人口，形成多数人口聚集居住的格局。例如，20世纪中叶，一些西方国家的城市人口占全部人口比例分别为美国72%，英国87%，联邦德国79%，荷兰86%，加拿大77%，澳大利亚83%，全都实现了"城市化"。

用经济学的话来说，城市化是由农业为主的传统乡村社会向以工业和服务业为主的现代城市社会逐渐转变的历史进程。在这个进程中，农村人口逐渐转变为城镇人口，经济结构从以农业为主逐渐转变到以工业和服务业为主。

城市化问题一直是一个困扰中国的问题。一方面，中国的城市人口占全国人口比例偏低，平均刚过50%，但是很多城市的该比例都还不到40%，而GDP的主要贡献也只是集中在一些城市，造成了经济发展的严重不协调与人民收入的严重不平等，社会问题急剧增加。另一方面，中国的城市出现市场结构规模大，但城市人口规模与经济规模都偏小的不协调现象。根据统计资料，中国人口超过100万的城市集中度，比世界平均低5个百分点，比中等收入国家低11个百分点，比高收入国家低21个百分点，比美国低28个百分点，比日本低26个百分点，比德国低30个百分点。中国大城市的规模明显低于世界水平，尤其低于发达国家水平，导致像上海、北京这样的大城市所产出的国民财富比重远远低于世界其他大城市的水平，如东京的GDP占日本全国的18.6%，伦敦的GDP占英国全国的17%，首尔的GDP占韩国全国的26%，而北京、上海的GDP占全国的比重分别只有2.5%和4.6%。

目前，中国正在加大城市化进程，但是随之而来的也是不可避免的挑战。第一，人口三大高峰（即人口总量、劳动就业人口总量、老龄人口总量）相继来临，由此产生的城市的生存保障问题，劳动力的就业机会问题，全国社会保障体系的完善问题，老龄化社会引发的一系列问题等，都将使城市化进程面临着巨大挑战。第二，能源和自然资源的超常规利用对中国城市化的压力。第三，加速城市生态环境转变。中国城市的生态环境（大气环境、水环境、固体废弃物环境、社区环境和居室环境）目前仍然处于局部改善、整体恶化的状态。第四，提高城市基础设施建设的速度和质量对于中国城市化的压力。只有基础设施的健全与完善，城市才能担当起新一轮财富集聚的经济增长点。第五，保持不同地区间城市发展的平衡和地区内城乡之间的共同富裕。第六，国家信息化进程的急速推进和国际竞争力的培育。城市信息化水平是其综合实力和国际竞争力的基本标志，目前中国城市的信息化水平只是发达国家的8%～10%，离现代化的要求尚有遥远的路程。

在我国的城市化进程中表现出了我们所特有的问题——"大城市不大、中城市不活、小城市不强、小城镇不优"，我们需要采取针对性的解决方案，尽快地解决问题，实现实际意义上的城市化，而不是一个百分比数字。

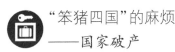

## "笨猪四国"的麻烦
### ——国家破产

无巧不成书。葡萄牙、爱尔兰、希腊和西班牙四国英语国名的第一个字母合起来，就成了英语PIGS（猪）。2010年，由于这些国家的主权债务负担很重，财政逆差居高不下，因此一些国际媒体不客气地称之为"笨猪四国"。这与"金砖四国"这样漂亮的名称相比真是令人啼笑皆非。一直以来，我们都认为希腊、意大利、西班牙和葡萄牙四国，是一片由阳光、沙滩、海浪、文艺、神话、历史组成的梦幻之地，是旅游者的天堂。但是，2008年金融危机后，企业和家庭相继"去杠杆化"，浪潮汹涌，政府也不能逃脱此难。当迪拜身陷风暴中心时，"笨猪四国"已经感受到下一个将是自己了，甚至还可能重蹈冰岛的覆辙，上演国家破产的惨剧。

所谓破产，指企业或个人的全部资产不足以清偿到期债务时，债权人有权要求法院宣布其破产，将其资产平均偿还给债权人，并且免除那些不能偿还的债务。如果一个国家资不抵债时可以被破产拍卖，这绝对是人类

第十章 未来的世界将会怎么样——未来经济热点问题展望

历史上最惨痛的破产了。国际上通常的国家破产是指一个国家的金融财政收入不足以支付其进口商品所必需的外汇，或是其主权债务大于其GDP。例如冰岛的主权债务为1300余亿美元，而它的年GDP仅为190余亿美元，这就是国家破产。

在2008年之前，冰岛一直被评为世界上最适宜居住的国家，人均国民生产总值居世界第四，公民福利好，连上大学都是免费，更难能可贵的是，其国民平均寿命是世界第二，达到81.15岁。

然而，次贷危机来了，所有的一切都变了。冰岛这个人口只有32万的迷你型国家，金融产业在国民经济中的比重远远超过其他产业，金融业在这次全球金融信贷危机中损失惨重，金融业外债已经超过1383亿美元，而冰岛国内生产总值仅为193.7亿美元！一个企业倘若身陷此等困境，唯有破产一条路可走。那么，理论上濒临国家破产的冰岛会不会破产呢？不会，冰岛再怎么小也是一个主权国家，国际上还没有相关的程序将一个主权国家进行拍卖和清算，这些债务只能靠他们的子孙后代一点一点地还了。从现在冰岛欠下的债务来看，全国老百姓就算不喝水不吃饭，不花一分钱，也要还上十来年。

"国家破产"更像是一个形容词，以体现一国经济形势之危急；而不是一个动词，并不预示着一个国家马上就会吹灯拔蜡、改换门庭。就拿冰岛来说，纵然其外债远超过其国内生产总值，但是依然可以在现有的国际秩序框架内找到克服时艰的途径，比如向俄罗斯这样的大国借债，还可以寻求国际货币基金组织（International Monetary Fund，IMF）的援助。

由此看来，在金融危机中风雨飘摇的冰岛，虽然濒临国家破产的绝境，但是它并不会成为如雷曼兄弟一样的危机牺牲品，或者说它就如同一锅金融危机煮出来的"夹生饭"，半生不熟，谁也难以将其当猎物吞下去。只是最终庞大的外债将会压在30万人的小身板上，以透支冰岛的国家信用和几代冰岛人幸福指数为代价，慢慢偿还。

 世界需要那么多的钢材吗
　　——产能过剩

前几年，由于中国城市化进程加快、世界经济繁荣等原因，对钢铁的需求量逐渐增大，钢铁价格一路上涨。国内的企业基本上都是投入重资购买设备，扩大产能。然而，随着2008年世界金融危机的到来，全球需求大幅放缓，导致此前刚刚投资的产能用不上，全国大中型钢铁公司普遍亏损。钢铁行业出现了严重的产能过剩。

产能也就是生产能力，指在一定时间内，企业参与生产的全部固定资产在既定的组织技术条件下，能够生产的产品数量。而产能过剩，通常意味着产品价格下跌、企业竞争更加激烈，甚至可能出现投资的浪费。而与此同时，淘汰落后产能成为必然，产业结构升级得以推进。所以，如果辩证地看，一定的产能"过剩"，可以降低社会采购成本，提升劳动生产率。

目前，中国许多行业如钢铁、焦炭、煤炭、汽车、航空等都存在着产能过剩的情况。当一个产业的产品供不应求、价格上涨、盈利水平高于其他行业的时候，嗅觉灵敏的各路资本便会先后进入，并促成产能与供给的增加。随之而来的，便是产品价格的逐步走低，产业利润率的逐步摊薄并回归社会平均水平。这就是市场经济"无形之手"的作用。

究竟是什么造成了产能过剩呢？

一些行业如房地产、钢铁投资明显过热，导致产能扩张速度远远超过需求扩张的速度，表现为投资增长与消费增长的严重失衡。技术层面的原因是产能扩张相当容易，其表现为供给能力的增长明显快于需求能力的增长。这种供给增长和需求增长的潜在差距，并不一定会导致生产过剩，即技术层面的因素只是为产能过剩提供了可能性。根本原因是经济增长方式不合理：首先，表现在地方政府干预投资和经济增长的能力过强，地方间形成恶性投资竞争，使产能扩张难以抑制；其次，体现在许多产业的技术水平低、企业自主创新能力薄弱；再次，产业集中度不高，特别是许多行业由于体制方面的原因，在长期的市场竞争中仍无法实现资本和品牌的有效集中，其结果往往是产业竞争过度；最后，行政垄断与自然垄断结合或其他因素形成的"暴利效应"也使一些行业投资增长不断强化，如房地产业、钢铁、汽车都存在暴利因素，使得社会资金加倍地向这些部门流入，最终使这些行业产能过度扩张。

针对这些问题，我们应该采取相应的措施，从根本上解决产能过剩的问题。比如，转变经济增长由政府直接推动的方式，形成自主创新的意识和能力，促成跨部门、跨行业、跨所有制的兼并重组，打击行政垄断与自然垄断结合的现象，保证市场供给。根本问题解决了，产能才能实现正常的供应，而不至于因产能过剩出现诸多社会问题。

# 第十章 未来的世界将会怎么样——未来经济热点问题展望

 奥巴马为什么那么急
——人民币升值

目前，最希望人民币升值的就是美国，为什么呢？因为中国是美国最大的债主，中国以外汇储备的形式握着美国两万多亿的债券，只要人民币一升值，中国这些外汇储备资产将大幅缩水，那时候美国需要还的债也就少了，这就是为什么奥巴马急着想让人民币升值。

简单地说，人民币升值是指相对其他货币来说，人民币的购买力增强，主要表现在同样数量的人民币可以换取更多数量的外币。但是人民币升值是相对外国货币来说的，在国内市场无法显现，钱并没有变得更加值钱。

其实，人民币升值是一把双刃剑，有人欢喜有人愁的。

最不高兴看到人民币升值的应该要数中国的出口企业。由于人民币的升值，它们的出口减少了。比如，一双鞋的成本是 24 元人民币，当 8 元人民币兑 1 美元时，成本也就是 3 美元；现在假如人民币升值到 6 元兑 1 美元，那么显然鞋子的成本上升到 4 美元。由于成本的提升，企业的竞争力下降了，能够出口的产品减少了，所以它们是升值的最大受害者。

另外，我们也应该从日元兑美元升值的事件中看到点什么。1985 年美国、英国、法国、联邦德国在纽约广场饭店举行会议，迫使日本签下了著名的"广场协议"，签字之前美元兑日元在 1 美元兑 250 日元上下波动，协议签订后，在不到 3 个月的时间里，快速下跌到 1 美元兑 200 日元左右，跌幅达 20%，到 1987 年最低到达 1 美元兑 120 日元。在不到三年的时间里，美元兑日元贬值达 50%，也就是说，日元兑美元升值一倍。日本人当时也以为自己一夜之间成为富翁，但事实却是日本经济所遭受的打击用了 20 年也没有缓过劲来！

不过，人民币升值对于一个普通老百姓却未必是件坏事，因为人民币升值了，你手中的钱也更加值钱了。出个国、留个学都更加便宜了，购买国外的进口产品也不用花那么多钱了，所以你可以尽管拍手叫好。此外，对于进口企业而言，人民币升值也是利大于弊。由于人民币的升值，进口国外产品不用那么多钱了，真是不亦乐乎，特别我国的很多原材料进口商，像中石化和中国的钢铁企业，每年都需要从外国进口大量的原材料，它们都是受益者。同时中国企业去购买国外的先进技术也不用那么多钱了，可以加快先进技术和设备的引进。

那么，对于普通大众来说，该如何应对人民币升值呢？面对人民币升值，普通大众应当调整储蓄、投资和消费三大结构。一是调整储蓄结构。多存人民币，少存美元。人民币是亚洲的主体流通货币，占流通量40%以上，将来升值空间大。此外，可尝试到外资银行开展人民币储蓄业务。汇率放开之后，一些外国银行相继进入我国，普通大众可以拿出一部分人民币储蓄到外国银行，通过多元化储蓄来分散风险。二是调整投资结构。因为人民币要升值，普通大众不能全依靠储蓄来保值和增值，还可以考虑拿出一部分人民币购买不动产，比如山林、土地、房产等，因为实物保值比货币保值风险性更小。三是调整消费结构。面对人民币的不断升值，人们应该调整自己的消费结构，多消费进口产品，多进行境外购物消费，最大限度地享受人民币升值带来的好处。

## 仅仅是可以买到便宜手机吗
——山寨经济

自2005年后，中国电子制造行业的产业管制和技术门槛再度降低，深圳及江浙的众多小企业开始涉足市场广阔的电子产品市场，以手机制造业为首，出现了大批依靠模仿起家的厂商，我们将这种以极低的成本模仿主流品牌产品的外观或功能，并加以创新，最终在外观、功能、价格等方面实现超越的经济现象称为山寨经济。

不仅是手机产业，随着政策门槛和技术门槛进一步降低，山寨制造正朝着IT业的各个领域扩展，山寨的含义也被无限地扩大了，不仅仅局限于模仿，而且大量具有以较小资本投入、低成本运作、具有敏捷的市场反应速度、产品周期短等特点的中小企业都被划到了山寨的范畴之中。它们以模仿或代工起家，通过渠道运作，最终在市场上超越大品牌。从2007年开始，不仅仅是制造行业，山寨电影、山寨明星、山寨春晚等，这一系列造

山寨经济

第十章 未来的世界将会怎么样——未来经济热点问题展望

就了一个以"山寨"为中心的非主流文化圈,并由此引发了各种经济行为和现象。

但是,山寨经济并没有像我们想象的那样,以其成本优势、外观优势而真正火了起来,让消费者受益,相反它给市场带来了不少问题。

第一,山寨经济出身仿冒,发展也受阻于仿冒。山寨产品在利用其低价优势打动消费者的同时,也对行业造成极大的冲击。单纯的模仿和整合,让市场准入门槛降低,如狼似虎般地加剧了行业的竞争,其结果就是产品同质化严重,价格大战爆发,利润急剧下降。第二,山寨产品搅动行业。许多山寨产品质量无法保证,造成对消费者权益的侵害。另外,大量山寨产品的存在,也扰乱了市场的正常秩序,对市场长期健康发展不利。山寨产品凭借低廉的价格,正蚕食鲸吞正规品牌厂商的消费市场,给正规品牌企业造成巨大的生存压力,为应对山寨产品低价竞争,它们不得不削减成本,节省开支,甚至放弃研发。第三,知识产权的纠纷。山寨即模仿,很多东西用了别人的,可能会卷入知识产权的旋涡中。比如还有各种商标都是受法律保护的,这样"山寨"很明显侵犯了"原版"的利益。

山寨经济该何去何从呢?

山寨产品的发展也说明产业必须走创新、升级之路。据业内人士介绍,山寨产品的发展经历过三个阶段:第一阶段是简单模仿、做工粗糙。这时的山寨产品还是依靠单纯的外形设计和低廉的价格来吸引用户的注意。第二阶段是贴身肉搏、真假难分。山寨产品在仿制热销机型方面的造诣越来越深,很多机型都能做到让业内人士难辨真假的境地,对手机稍不了解,就可能陷入消费陷阱。第三阶段是主动出击、不断创新。山寨产品后期的发展创新不断,外形方面突破很大,已经跳出模仿的圈子。功能方面的改进也不少,宣传方面同样是噱头不断,很多全新的概念都完美地融入进来。

 阿里巴巴的成长历程
——网络经济

阿里巴巴(Alibaba Corporation)是全球企业间(B2B)电子商务的著名品牌,是全球国际贸易领域内领先、最活跃的网上交易市场和商人社区,目前已经成功融合了 B2B、C2C、搜索引擎和门户,帮助全球客户和合作伙伴取得成功。良好的定位、稳固的结构、优秀的服务使阿里巴巴成为全球超过千万网商的电子商务网站之一，遍布220个国家和地区，每日向全球各地企业及商家提供数百万条商业信息，成为全球商人网络推广的首选网站，曾被《远东经济评论》读者评为"最受欢迎的B2B网站"。阿里巴巴成为电子商务的引领者，让淘宝走入了千家万户。不知不觉中，阿里巴巴也引领着网络经济向前发展。

网络经济是一种建立在计算机网络基础之上、以现代信息技术为核心的新的经济形态。它不仅是指以计算机为核心的信息技术产业的兴起和快速增长，也包括以现代计算机技术为基础的整个高新技术产业的崛起和迅猛发展，更包括由于高新技术的推广和运用所引起的传统产业、传统经济部门的深刻的革命性变化和飞跃性发展。因此，绝不能把网络经济理解为一种独立于传统经济之外、与传统经济完全对立的纯粹的虚拟经济。它实际上是一种在传统经济基础上产生的、经过以计算机为核心的现代信息技术提升的高级经济发展形态。

作为一种新经济的网络经济，与以往的传统经济相比，有着受信息网络种种特点影响而形成的诸多特点。

第一，网络经济是全天候运作的经济。由于信息网络每天24小时都在运转中，基于网络的经济活动很少受时间因素的制约，可以全天候地连续进行。只要交易系统开着，你随时都可以下单买东西，打破了商店会关门的传统局限。

第二，网络经济是全球化经济。由于信息网络把整个世界变成了"地球村"，使地理距离变得无关紧要，基于网络的经济活动把空间因素的制约降低到最小限度，使整个经济的全球化进程大大加快，世界各国经济的相互依存性空前加强了。2008年，全国奶粉出问题的时候，很多人都开始考虑使用进口奶粉，但是很多进口奶粉不好买，这时候很多妈妈开始考虑网上代购等方式，通过阿里巴巴旗下的淘宝，买到了原装进口的奶粉。

第三，网络经济是中间层次作用减弱的"直接"经济。由于网络的发展，经济组织结构趋向薄平化，处于网络端点的生产者与消费者可直接联系，导致中间层次失去了存在的必要性。当然，这并不排除因网络市场交易的复杂性而需要有各种专业经纪人与信息服务中介企业的可能性。这个特点大大地缩减了商品的成本，这也是为什么网上的商品要比市面上同款产品便宜很多的重要原因。

第十章 未来的世界将会怎么样——未来经济热点问题展望

第四,网络经济是虚拟经济。这里所说的虚拟经济不是由证券、期货、期权等虚拟资本的交易活动所形成的虚拟经济,而是指在信息网络构筑的虚拟空间中进行的经济活动。经济的虚拟性源于网络的虚拟性。转移到网上去经营的经济都是虚拟经济,它是与网外物理空间中的现实经济相并存、相促进的。培育虚拟经济的成长,促进虚拟经济的发展,已成为现代经济新潮流的历史动向。

第五,网络经济是速度型经济。现代信息网络可用光速传输信息,网络经济以接近于实时的速度收集、处理和应用大量的信息,需按快速流动的信息来进行。经济节奏大大加快,一步落后就会步步落后。产品老化在加快,创新周期在缩短,竞争越来越成为一种时间的竞争。21世纪头十年的经济将是在注重质量的基础上注重速度的经济。

第六,网络经济是创新型经济。它源于高技术和互联网,但又超越高技术和互联网。网络技术的发展日新月异,以此为基础的网络经济需强调研究开发和教育培训,若非不断创新,其新经济的"新"也就难以为继了。在技术创新的同时还须有制度创新、组织创新、管理创新、观念创新的配合。创新来自创造性。创造性的存在,要有从无序中寻求有序的环境,而创造性的发挥,则要求从有序中冲刺出来,产生适度的无序。

在网络经济日益发展的今天,我们应该全面了解它,进而接受它,加入到这个庞大的队伍中,不然有一天你会发现周围的人都在使用电子商务,而你还是思想守旧地说"网上的都是骗人的",那就显得有些另类了,至少是被时代的潮流所抛弃了。

沃尔玛离不开中国货
——中国制造

在沃尔玛、塔吉特等大型连锁超市里,到处都是中国制造的商品,而将中国制造放在购物车里的顾客也络绎不绝,试想如果不向这些大型连锁超市供应中国制造的商品,那会发生什么样的局面呢?想必超市的商品会少了很多,单调了不少,生意也会冷清很多。

中国制造的英文表述是"Made in China",是指在中华人民共和国制造的商品所使用的原产地标签,其中不包括香港特别行政区和澳门特别行政区,中国人将其通俗地称为国产。由于中国工业的发展,中国制造是全球范围内广受认识的标签。在各种商品上，不论是电子零件，还是衣物鞋帽，都能看见这个标签。

全世界每四台笔记本就有三台在中国生产，世界上使用的钢铁有将近一半是在中国冶炼，美国大型卖场里的服装基本上都贴着"中国制造"的标签，沃尔玛将其采购任务完全交给了位于深圳的全球采购中心。可以看出经过改革开放30多年的发展，中国已经不折不扣地成为世界的加工厂。世界各国的人们也已经接受中国制造的产品，并且很多人已经有些离不开它们了。

曾经住在圣路易斯安那州的萨拉就尝试过一年没有中国制造的日子，我们来看看究竟是什么样的结果呢？

在没有中国制造的日子，全家人遇到了出乎意料的烦恼。为了给孩子买童鞋，萨拉跑遍居家附近的商场也一无所得，最后只能订购了一双价格不菲的意大利童鞋。而且她看到，在沃尔玛、塔吉特等大型连锁超市里，到处都是中国制造的鞋帽、玩具和工艺品，款式多样喜人。可是，她的丈夫凯文在家里却只能穿着两只不同颜色的拖鞋。孩子们想要玩具，却只能在琳琅满目的货柜前逛来逛去，盼望着这一年赶快过去。当孩子过生日时，萨拉为了买到生日蜡烛，甚至开车跑遍了全城。除此之外，打印机墨盒、眼镜、咖啡机、捕鼠器……所有这些购物，都让萨拉大伤脑筋。

萨拉感慨地说，虽然还没有到离开中国制造就无法生活的地步，但是，美国人对中国制造的依赖，却已根深蒂固。实际上，据统计目前全世界每4双袜子里，就有1双产自中国；世界上的玩具，近70%由中国制造；世界上的牙刷，来自中国的也占据了七成……中国制造已经深入到世界的每个角落，包括发达国家和发展中国家，深深影响着外国人的工作、生活，足以令每一个中国人骄傲和自豪。

但是，在中国制造大规模经济的背后，却存在着严重的问题。首先是严重的环境和资源问题。现在的中国每日耗水量和污水排放量世界及能源消费和二氧化碳排放量世界排名靠前，这些问题都已经对中国的长期发展产生严重影响。其次是我国缺乏自己的核心技术，完全是一个"世界加工厂"，利润空间也很有限。中国制造必须走转型之路，摆脱"世界加工厂"的帽子，开拓一条新型工业化之路。为此企业就必须把更多的精力用在提高产品质量和竞争力上，掌控属于自己的技术。

只有在政府、企业、机构以及个人的共同努力下，以高质量的品牌产

## 第十章 未来的世界将会怎么样——未来经济热点问题展望

品打造出全新的中国制造,才能攻克反倾销、反补贴等贸易障碍,才能让中国制造真正成为全球市场的新贵,才能使得中国成为一个全新的"世界工厂"。

### 为了我们的地球
### ——低碳经济

随着全球经济的发展,资源环境问题越来越成为一个不可忽视的问题,在某种程度上已经开始制约经济的发展,转型经济模式势在必行,低碳经济的提法也就应运而生。

所谓低碳经济,是指在可持续发展理念的指导下,通过技术创新、制度创新、产业转型、新能源开发等多种手段,尽可能地减少煤炭石油等高碳能源消耗,减少温室气体排放,达到社会经济发展与生态环境保护双赢的一种经济发展形态。低碳经济是以低能耗、低污染、低排放为基础的经济模式,是人类社会继农业文明、工业文明之后的又一次重大进步。

低碳生活
——由我做起

低碳经济

低碳经济最早见诸政府文件是在 2003 年的英国能源白皮书《我们能源的未来:创建低碳经济》。作为第一次工业革命的先驱和资源并不丰富的岛国,英国充分意识到了能源安全和气候变化的威胁,它正从自给自足的能源供应走向主要依靠进口的时代,按目前的消费模式,预计 2020 年英国 80% 的能源都必须进口。同时,气候变化的影响已经迫在眉睫。在 2009 年 12 月哥本哈根气候大会后,低碳经济被人们提上了日程,世界各国都采取了相应的措施,以大力发展低碳经济,转变传统的经济模式,中国也不例外。在 2010 年的政府工作报告中,时任总理温家宝明确提出,要努力建设以低碳排放为特征的产业体系和消费模式。

其实,中国早就开始探索低碳之路了。

2007 年,保定市提出"建设太阳能之城"的目标,在加快发展新能源产业的同时,着力推进太阳能产品在城市生产生活等领域的应用。2008

年，提出在经济社会发展的重点领域开展低碳化建设，建设"低碳城市"的奋斗目标。通过几年的努力，保定"中国电谷"建设取得显著成效，初步形成了光电、风电、节电、储电、输变电和电力电子六大产业体系，成为世界级的新能源设备制造业集聚区。

还有水立方也很好地体现了低碳经济的思想。水立方的外表使用了一种非常独特的叫作ETFE膜的合成材料。这种膜材料非常轻便，支撑的钢结构也非常轻便，这样就节省了大量的材料。在太阳能处理和利用上采用镀点的方式控制透光和反光，具有很好的采光效果，奥运期间平均每天利用自然光照明达到9.9小时，最大限度地节约了电力资源。不仅如此，这种膜材料还具有良好的热性能，可以调节室内温度，冬天保温，夏天散热。它还可以采集太阳能，经过传导装置来给室内泳池的水进行加热。

此外，水立方膜间空隙还筑有许多结构性钢槽，膜利用雨水自然清洁表面污垢，然后经钢槽吸收雨水，最后汇总回收处理，该结构一年可回收一万吨左右的雨水，足够内部卫生设施的日常用水供给。由于水立方作为我国第一个高效的大型建筑物，它的竣工为国家《节约能源法》的颁布以及执行提供了重要的案例依据。

发展低碳经济是国家的举措、企业的行动，那我们个人能做什么呢？

据统计，使用传统的发条式闹钟替代电子钟，每天可减少大约48克碳排放量。使用传统牙刷替代电动牙刷，每天可减少48克碳排放量。把在电动跑步机上45分钟的锻炼改为到附近公园慢跑，可减少将近1000克的碳排放量。不用洗衣机甩干衣服，可减少2300克的二氧化碳排放量。在午餐休息时和下班后关闭电脑及显示器，除省电外还可将电器的二氧化碳排放量减少三分之一。因此，我们可以倡导低碳生活，从小事做起，不随手扔垃圾，珍惜资源，多坐公交车，少开私家车，拒绝用一次性筷子……让它们成为生活习惯，那么低碳生活也必将成为一种"社会习惯"。